Pierre Tiquet

Ouvrage écrit par Pierre Tiquet,
conçu par Georges Bernage
Rédaction graphique :
Christel Lebret et Harald Mourreau

Hitlerjugend

NORMANDIE 44

12.SS-PANZER-DIVISION "HITLERJUGEND"

TÉMOIGNAGES

HEIMDAL

Introduction

De plus en plus, l'Histoire s'intéresse aux destins individuels, au quotidien, surtout en ce qui concerne l'histoire militaire de la Seconde Guerre mondiale. Avec la disparition progressive des vétérans, ce « vécu » est essentiel pour les jeunes générations, et les autres... Pourquoi certaines unités et leurs soldats, ont eu un comportement exceptionnel sur la ligne de front, comment ont-ils vécu l'apocalypse de feu et d'acier alors subie par le simple combattant. Au-delà, des rapports d'états-majors, des historiens officiels, savons-nous comment ont-ils pu tenir ? L'exemple de la division *« Hitlerjugend »* est tout à fait emblématique pour la bataille de Normandie, cette unité a tenu le terrain face à des forces supérieures et à un matraquage intense de l'aviation et de l'artillerie. Ce recueil de témoignages apporte des réponses. Pierre Tiquet a consacré plusieurs décennies à collecter cette « mémoire brute », sinon brutale. Ces témoignages à la première personne nous apprennent plus de choses que les grands exposés historiques et nous montrent la motivation ou le simple instinct de survie de ces hommes. Des documents pour l'Histoire.

Georges Bernage, historien et éditeur

Une des photos montrant Erich Bissoir dans son uniforme noir des blindés (notez la baïonnette).

PREMIERE PARTIE

Première partie

Dans cette première partie, nous vous présentons plusieurs témoignages recueillis auprès des vétérans au fil des années, suite à des rencontres et à des échanges de lettres. Ce sont les rares récits de ceux qui survécurent aux combats du bocage normand et dont le lecteur pourra prendre connaissance. Ces textes sont illustrés par les photos que beaucoup ont volontiers fourni pour pérenniser leurs souvenirs. Beaucoup de ces documents ont été perdus, détruits ou subtilisés lors de leur temps de prisonniers, ceux-ci n'ont que plus de prix.

Pierre Tiquet

Et tout d'abord, deux vétérans du
SS-Panzer-Regiment 12 :

Tout d'abord le *SS Schütze* **Erich Bissoir** nous conte ses tribulations, de sa formation jusqu'à sa blessure en Normandie début août 1944.

« Juste après que Stalingrad soit tombé, je reçois l'ordre, en tant que *Scharführer* de la *Motor HJ* unités motorisés de la *Hitlerjugend*), de me rendre au centre de recrutement de la *Waffen-SS* afin d'y être incorporé.

Ainsi, le **15 juin 1943**, j'arrive à Bitsch et je suis incorporé au *SS-Ausbildung und Ersatz-Regiment 1*. Lors de mon parcours en train pour y parvenir, un sentiment bizarre m'envahit. Lors des arrêts en gare, d'autres jeunes comme moi, âgés de 18 ans, grimpent dans ce train en partance pour une destinée qu'aucun d'entre eux n'imagine. La plupart appartiennent aux années 1925-1926 et certains portent encore leur uniforme des Jeunesses hitlériennes. Les commentaires allèrent bon train durant le parcours. Arrivés à destination au camp de Bitsch (Bitche, dans le nord-est de la Lorraine), nous sommes attendus et les ordres commencent à fuser. Nous y étions déjà habitués lors des entrainements dans nos camps de jeunesse et la mise en formation et la marche au pas ne nous posent aucun problème.

Le lendemain, c'est notre première journée sous l'uniforme de la *Waffen-SS*. Certains, qui étaient arrivés avant nous, le portaient déjà. Le *Spiess* qui nous dirige est dur et déjà bien décoré, preuve de sa valeur et de sa compétence au front. Le dicton souvent entendu dans les camps d'entraînement est : *"La sueur épargne le sang"*. Cela sauvera la vie à certains d'entre nous, sans aucun doute.

Notre entraînement à Bitsch nous laissera le dicton suivant : *"Bitsch la fin de notre jeunesse"*. Après plusieurs semaines de formations aux armes et tirs à balles réelles, c'est l'apprentissage de la conduite de certains véhicules, nous devenons enfin de jeunes soldats.

Fin **août 1943**, nous sommes réunis et prévenus d'un départ imminent pour une destination qui nous est inconnue. Dans nos rangs, des rumeurs d'envoi en Italie ou en Russie circulent mais en fait c'est seulement à 300 kilomètres de Bitsch que nous dépose notre convoi. En passant par Nancy et Bar-Le-Duc, notre destination est atteinte après un trajet de 24 heures. Un nouveau terrain d'entraînement nous attend, formé de buissons de baies de genièvriers et de formations calcaires.

C'est le futur chef du régiment de chars de la *HJ Division* qui nous accueille, le *Sturmbannführer* Max Wünsche. Celui-ci vient de la Division *LSSAH* qui va fournir un bon contingent de cadres (sous-officiers et officiers) et d'hommes de troupes pour cette « jeune » division.

Là, je suis incorporé à un peloton de *Kradschützen* (motos et side-cars) de la section de reconnaissance de la compagnie de commandement du régiment de chars. Notre formation débute par de longs et astreignants exercice d'attaque et de défense qui sont loin de ce à quoi nous nous attendions, puis, enfin, nos motos arrivent et commence l'apprentissage de la conduite et de l'entretien et réparation de celles-ci.

Au début, l'effectif n'est que de 200 soldats et, en peu de temps, l'effectif théorique de 2300 hommes est atteint. A notre camp de Mailly-Le-Camp, les premiers entraînements des tankistes commencent également. Pour moi, c'est l'occasion également d'un petit voyage à Paris pour prendre possession de mon side-car BMW R 75 qui ne me quittera plus jusqu'à ma blessure le 10 août 1944. J'y dormirais aussi et elle me sera toujours fidèle lors de mes trajets périlleux. A partir du **20 novembre 1943**, c'est l'*Oberscharführer* Harry Wontorra qui sera mon chef de peloton, remplaçant l'*Unterscharführer* Dabruck. L'*Adjutant* du commandant est le *Hauptsturmführer* Georg Isecke, qui était aimé en tant que chef lors des combats mais très craint lors de la formation car il n'admettait pas les excès de vitesse dans le camp et celui qui tombait sous son regard dans ce cas était aussitôt puni et le fautif vertement réprimandé sur le non respect des consignes de circulation. Comme d'autres, ce sera mon cas et j'écoperais de trois jours d'arrêt.

Ce temps passe trop vite et nous amène rapidement vers le futur front de Normandie où notre division se distinguera particulièrement.

Malheureusement, cette formation laissera un souvenir amer avec l'exécution d'un des hommes du régiment qui avait été convaincu de viol sur une Française. Il sera fusillé devant le régiment rassemblé. La discipline était bien plus sévère dans nos rangs que dans ceux de la *Wehrmacht* et cet homme ne fut pas le seul a en faire la triste expérience. Le vol était également très mal considéré

Le *SS-Hauptsturmführer* Georg Isecke. (Coll. G. Bernage.)

Groupe d'hommes du peloton de reconnaissance de Harry Wontorra qui est le 4e en partant de la gauche. Erich Bissoir n'est pas sur cette photo.

Photo prise à Hasselt où se trouvait le groupe d'Harry Wontorra rattaché au PC du *SS-Pz-Rgt. 12 HJ.*

et sévèrement puni. A l'inverse des soldats de la Wehrmacht, aucune armoire des soldats de la *Waffen-SS* n'était fermée à clé et celui qui était pris pour vol, très sévèrement condamné et exclu des rangs de la troupe.

Notre entraînement continue à Mailly jusque début 1944, et nous y avons ainsi passé la Noël 1943/44.

Le **13 janvier 1944**, une autre destination nous attend, cette fois le camp de Beverloo en Belgique au nord-est de Hasselt, à 60 kilomètres au sud-est d'Anvers. En tant qu'estafette nous assurons les communications d'ordres entre l'état-major et les régiments. L'état-major étant situé à Turnhout. Nous y toucherons enfin nos derniers véhicules, des *Schwimmwagen*, ce qui fait que nos matériels seront au complet. Nous avons essayé nos *Schwimmwagen* dans les eaux du Canal Albert et regardons de la rive les machines avançant sur le canal comme une canne surveille ses cannetons apprenant à nager. Lors de la remontée, l'une d'elles a beaucoup de mal à sortir de l'eau et ce n'est que grâce à nos efforts qu'elle peut remonter la pente. Son conducteur, Walter Knapp, survivra aux combats de Normandie, des Ardennes et de Hongrie.

Le **3 mars 1944** a lieu un grand exercice avec la *5. Panzer-Kompanie* et le *SS-Panzer-Grenadier-Rgt. 26* devant l'*Obergruppenführer* Sepp Dietrich et le *Generalfeldmarschall* von Rundstedt. Celui-ci sera très surpris de la tenue de cette division composée essentiellement de jeunes venant des camps de la *HJ*. En **février 1944**, eut lieu également un entraînement avec les blindés dans la région d'Ostende, permettant de tester le passage des blindés sur les nombreux ponts enjambant les canaux belges.

Lors de ces exercices, je me déplaçais très souvent avec ma moto et bien souvent, par économie de carburant, avec une moto solo mais avec un passager par sécurité.

Un soir de février 1944, après avoir porté des plis urgents, nous devions repartir mais, à cette époque, le gel sévissait et un retour de nuit par cette température et le risque de chute sur un sol gelé nous contraint à rester sur place avec un retour programmé pour le lendemain. Nous en profitons pour rester bien au chaud et écouter notamment l'émission du *Soldatensender Calais* qui était en faite de l'intox faite par les Anglais à l'attention des troupes allemandes. Bien entendu, l'écoute de ces émissions était formellement interdite !

Bientôt, le temps à Beverloo prend fin et de nouveau un déplacement se prépare, avec pour destination la France et plus précisément la région d'Evreux-Louviers. Après ce voyage dans la partie Nord de la France, Asnières, près d'Evreux sera notre lieu de cantonnement. Deux semaines plus tard, nous devons changer d'endroit et Acquigny est atteint sur la route Louviers-Evreux. Notre cantonnement d'état-major est trouvé dans un vieux château très agréable. A l'arrière du château, coule le fleuve Eure qui nous permet d'agrémenter nos repas de frugales cuissons de poissons pêchés

Groupe en combinaison camouflée de reconnaissance de l'état-major, équipé de Schwimmwagen et de motos. Harry Wontorra est au milieu avec Erich Bissoir à sa gauche.

L'un des motocyclistes du peloton de reconnaissance.

Très bonne photo de la collection d'Erich Bissoir montrant son camarade, l'*Unterscharführer* Gustav Rischer. On notera les lunettes du motocycliste.

Le peloton de reconnaissance sur ses *Schwimmwagen* lors d'un exercice à Hasselt. Noter les tenues camouflées.

Sepp Dietrich indique au *GFM* la façon de manœuvrer ses troupes.

Mars 1944, exercice avec la *HJ* en présence du *Generalfeldmarechal* von Rundstedt qui passe en revue ici les équipages de *Panzer IV* du *Panzer-Regiment* avec, en arrière-plan, Fritz Witt. **Ci-dessous:** toujours passant les troupes blindées de la *12 HJ*, le *GFM* von Rundstedt sera impressionné par la tenue de cette jeune troupe.

Le *GFM* von Rundstedt passe maintenant en revue les SPW 251/1 de la IVe Section. Cette photo m'a été dédicacée par l'un des hommes à moto sur la photo. On aperçoit derrière un *SPW* équipé de lance-flammes, on peut observer la tenue particulière de ses membres d'équipage.

Autre photo de la visite du *GFM* von Rundstedt aux hommes du *SS-Pz-Gren.Rgt. 26* de la *HJ Division*. Ces photos m'ont été envoyées par un motocycliste.

Les motos et quelques véhicules du peloton de reconnaissance de l'état-major du *SS-Panzer-Regiment 12* dont Erich Bissoir faisait partie.

Tenant le trépied du MG 34 avec sa mire antiaérienne typique, Erich Bissoir pose pour une photo souvenir, Harry Wontorra est à droite.

Le *Sturmmann* L. Rickes sur son *side-car* portant l'insigne de la division. Rickes disparaîtra lors des combats d'août 44.

Un des *Schwimmwagen* du groupe Wontorra qui porte les prénoms des petites amies ! Erich Bissoir rencontrera l'un de ses camarades de la photo bien après guerre.

dans le fleuve. Les relations avec les habitants sont très sympathiques et donnent lieu à des échanges de nourriture et, quelquefois, des repas sont pris en commun. Comme nous nous trouvons dans une région où un éventuel débarquement pouvait avoir lieu, nous n'avons pas d'autorisation pour nous déplacer de plus de deux kilomètres de l'endroit où nous sommes. Notre passage, vers Acquigny restera un très bon souvenir.

Le **6 juin 1944,** vers 2 heures du matin, la compagnie de commandement est mise en alerte. Nous sommes déjà prêts en attendant les ordres dans nos véhicules lorsque l'on apprend le débarquement. Nous nous trouvons à environ 130 kilomètres du lieu de ce débarquement. Nous nous mettons en route pour le point de rassemblement prévu où Max Wunsche (le *Kommandeur* du *Panzer-Regiment*) nous précise un peu plus la situation. Il nous réitère le fait d'être fidèles à notre drapeau et au pays dans ce combat défensif.

Notre première mission consiste à flécher le lieu où se trouve l'état-major du *Panzer-Regiment* par des panneaux indicateurs comportant le nom *Wünsche,* stipulant la direction pour joindre l'état-major.

Sous les ordres de notre chef de peloton, nous avons fléché les routes de Mézidon et Manerbe en direction de Lisieux et, plus loin, vers le PC qui se trouve tout d'abord à Valsemé à 14 kilomètres au nord-ouest de Lisieux. Lors de ces premières heures du débarquement, la suprématie aérienne alliée est évidente et le ciel vrombit sans arrêt des vagues de bombardiers et du harcèlement des Jabos en quête de cibles. Nous sommes obligés de camoufler au mieux nos véhicules et de se garer dès que des jabos approchent. J'ai moi-même à subir les tirs de mitrailleuses et de roquettes que ceux-ci nous décochent sans soucis de la quantité de munitions consommées. Partout à droite et à gauche des routes, les véhicules imprudents flambent et explosent lorsqu'ils transportent des munitions. Nous sommes impuissants devant ces attaques incessantes et journalières, la Luftwaffe étant quasiment invisible. Seule la nuit, la brume matinale nous permet de nous déplacer sans trop de soucis pour gagner de nouvelles positions. Nous sommes recroquevillés dans les fossés, regardant avec crainte le ciel où tourbillonnent des essaims de Jabos en chasse de proies presque impuissantes. Malgré tout, cela n'est pas sans danger pour eux et je suis moi-même le témoin de la destruction de deux Jabos par nos *Vierlings-Flak 2cm* et l'un des pilotes essaie de s'éjecter mais, étant trop bas, son parachute n'a pas le temps de se déployer correctement et il s'écrase non loin de son appareil, son corps disloqué retenant encore le parachute.

Le *Kommandeur* du *Panzer-Regiment* de la *HJ*, le *Sturmbannführer* Max Wünsche, se tient, lors des premiers jours du débarquement avec son état-major dans l'Abbaye d'Ardenne, près de Caen afin de diriger comme il se doit l'ensemble des blindés de son régiment. Il cherche le plus souvent possible à entrer en contact direct avec ses troupes et pour cela n'hésite pas à se déplacer lui-même. Lors de l'un de ces déplacements, il sera légèrement blessé à la tête et sera alors reconnaissable à son turban blanc porté autour de la tête.

Lors de ces chaudes journées d'été, je ne cessais d'être en mission, portant sans cesse messages et instructions. Je servais également de chauffeur pour les officiers ou pour les *Kriegsberichter* qui

Erich Bissoir, ici à côté de Harry Wontorra, a dû placer sur les routes de Normandie les panneaux indiquant le PC de Max Wünsche.

relataient les combats sur le front de Normandie. Les changements constants d'emplacements rendaient ce travail harassant dans le bocage normand et sous la crainte des assauts de Jabos qui envahissaient l'air au dessus de nos têtes. Lorsque ce n'était pas eux, c'était les gros obus de marine tirés depuis la mer qui cherchaient à arroser et à neutraliser nos troupes. Lors de ces journées infernales, le repos était inexistant et, complètement exténué de fatigue, bien souvent, je dormais sur mon *B-Krad* (*side-car*) ou dans un trou d'homme. Une fois, il m'est arrivé de pouvoir dormir dans un lit d'une ferme abandonnée par ses propriétaires normands mais, mal m'en a pris, car je me réveillais au matin le corps rempli de poux. Ma chemise fut trempée dans l'essence pour détruire ces nuisibles et ma veste subit le même sort au niveau du col. Je me promis de ne plus mettre un pied dans un lit dans cette région.

Bien souvent la nuit, je n'allumais pas mon phare et me servais des lueurs de pots d'échappement pour me diriger. Totalement fatigué, il m'est arrivé de verser dans un trou d'homme et d'y rester allongé ou de m'adosser à un mur pour y trouver un tout petit peu de repos.

La portion de route entre Caen et Bayeux, entre la départementale et la voie ferrée, était bien souvent mon terrain d'action. Notre division se trouvant dans ce secteur, a alors pour mission de tenir le secteur coûte que coûte pour bloquer les Anglais. Entre le **7 et 9 juin 1944**, la ligne de front passe pour nous autour d'Audrieu, Putot-Bretteville-l'Orgueilleuse, Rots, Buron jusqu'à Cambes au nord de Caen. Cette ligne de front s'étend sur 16 kilomètres. En face, les forces bien supérieures en nombre et en matériels des Anglais et Canadiens tentent de franchir nos positions. De nombreux et coûteux combats en découleront, aussi coûteux pour eux que pour nous. Pour nous, le soutien de notre aviation est très insuffisant, ce qui se révélera fatal. Cependant, le gros travail fait par nos équipes antiaériennes, se révéla très efficace, les aviateurs alliés craindront toujours les tirs de nos canons de *Flak* dont la précision et le cran ne faisait que forcer leur admiration.

Le point névralgique des combats le long de la voie ferrée entre Caen et Bayeux, contre les forces anglo-canadiennes cherchant sans cesse à percer se trouvait le long de la voie ferrée près de la Villeneuve *(de Rots,* NDE*)*. Par un dénivelé à l'abri des regards alliés, je parviens à porter mes messages aux blindés et aux troupes qui résistent aux assauts de l'adversaire. Les carcasses fumantes des véhicules alliés et des nôtres encombrent ma petite route mais me rendent invisible aux yeux de l'ennemi. Ce chemin est l'unique voie d'accès à nos hommes. Cela me permet également plusieurs fois de ramener des camarades blessés à l'arrière afin qu'ils soient rapidement soignés dans nos hôpitaux de campagne qui ont fort à faire. Lors de ces combats je peux me considérer heureux de trouver un abri sûr, sous un blindé, dans une cave où quelques heures de sommeil me permettent de récupérer un peu.

Peu de temps après le combat de Michael Wittmann, le 13 juin 1944, à Villers-Bocage, notre chef de peloton, Harry Wontorra, se rendra sur place et n'en finira pas de nous narrer comment le fameux chef de char de la *LSSAH*, avait anéanti toute la colonne ne laissant que des carcasses fumantes sur le terrain.

Photo en couleur du *Hauptsturmführer* Michael Wittmann qui se distinguera sur le front normand en détruisant une colonne blindée anglaise avec son char *Tiger*.

Autre photo en couleur du *Hauptsturmführer* M. Wittmann en couleur, le montrant avec le général Guderian.

Le PC du régiment de panzers de la *HJ* se trouve fin juin 1944 à **Rauray**. Notre escadron motocycliste est basé dans un grand jardin fruitier. A la recherche d'une place pour nos machines, nous tombons sur un dépôt de la firme Bols, qui fabriquait des spiritueux, et dont nombre de bouteilles vont faire la joie de notre estomac et nous apporter un peu de détente lors de ces combats. Nous n'avions pas remarqué une unité de *Nebelwerfer* qui avait pris position, temporairement, juste le temps de charger leurs tubes, de faire le point vers leur cible et de tirer leurs salves, et ensuite de chercher un autre site, sachant que l'artillerie adverse ne tarderait pas à répliquer car les fumées de départ et le bruit d'enfer de leurs tirs les faisaient rapidement repérer. Est-ce la grande fatigue ou les spiritueux, nous dormons dans nos tentes sans chercher le moindre trou d'hommes. Heureusement pour nous, les tirs alliés ne feront aucune victime.

Les attaques incessantes des alliés se font un peu plus pressantes car nous retardions trop leur avance et leurs objectifs ne sont pas atteints en temps et en heure, loin de là ! Lors d'un de mes trajets pour porter des ordres aux blindés, je suis témoin de l'un des assauts anglais contre nos lignes.

Bien à l'abri avec nos hommes dans de bonnes positions, bien camouflées, les mitrailleuses MG 42 anéantissent les vagues de fantassins anglais qui, pris de panique, vont s'enfuir, tout au moins pour ceux qui n'avaient pas été touchés. La deuxième vague, constituée de blindés, subit le même sort lorsque nos blindés ouvrent le feu.

Ce ne sera qu'après plusieurs attaques, avec les mêmes conséquences, que nos positions doivent être abandonnées de quelques centaines de mètres car nous subissons nous aussi des pertes, sans avoir, comme les Anglais, des fantassins ou des chars de remplacement. La différence de force dans notre portion de front entre Fontenay et Saint-Manvieu tient du 1 contre 4, que se soit en fantassins, blindés, artillerie. L'aviation allemande est, elle, pratiquement absente du ciel normand.

Fin juin, une attaque est prévue pour soulager la ligne de front et nettoyer une avancée alliée un peu trop gênante pour nous. Un souvenir m'est resté de cette action. Il fait nuit noire et donc je me déplace sans lumière à la recherche d'un semi-chenillé (*SPW*) afin de délivrer un message lorsque des obus de mortiers explosent non loin de là. Le *SPW* stoppe net et moi je percute son arrière en vociférant dans mon patois de la Pfalz *(du Palatinat)*. J'entends à l'intérieur du *SPW* une voix m'invectivant de la sorte : *"Seul un* Pfälzer *peut brailler de cette façon !"* Le temps m'est compté et je dois remettre au plus vite le message, mais j'aurais aimé connaître le camarade originaire de ma région se trouvant dans le *SPW*. Après avoir remis le pli, je rejoins au plus vite le PC régimentaire et, le lendemain, l'attaque prévue débute. Malgré le courage et l'abnégation de nos hommes, l'attaque s'enlise face à des forces bien supérieures en nombre et surtout avec l'apparition à nouveau des bombardiers et des *Jabos* mettant fin à notre attaque et nous obligeant à revenir sur nos positions de départ avec de lourdes pertes. Tout le monde jure contre le "gros Hermann" et sa prestigieuse *Luftwaffe* quasi absente du ciel normand et dont nous aurions eu tant besoin dans ces heures délicates.

Je peux me considérer heureux chaque fois qu'après avoir délivré mes messages je reviens sain et sauf au PC. La ligne de front évolue sans arrêt au gré des combats et délivrer les messages est à chaque fois un exploit en soi. De plus, les trous d'obus et de bombes empêchent toute avance rapide. Sans compter les cadavres de bêtes, gonflés comme des outres par un soleil de plomb en cet été 1944. Le PC se replie sur Grainville-sur-Odon.

J'ai alors pour mission de conduire le *Kommandeur*, l'*Obersturmbannführer* Max Wünsche, vers ses commandants de char ou vers la ligne de front car il n'avait de cesse d'être au plus près des combats et de ses hommes. Ses cigares ne le quittaient jamais et même à l'arrière de ma moto il fume l'un de ceux-ci ! Un jour, lors d'un repli, ayant oublié sa boite de gros cigares à l'avant, il m'ordonne d'aller les rechercher ! Je m'exécute car un ordre est un ordre mais je peste contre cet ordre insensé, néanmoins j'aurais la chance de revenir dans la ferme que les Anglais n'avaient pas encore investie et je peux ramener ses cigares au *Kommandeur*... Par contre, celui-ci est au petit soin pour ses jeunes et l'évacuation des blessés et l'enterrement des morts sont une priorité qu'il ne faut pas contourner. Ses hommes en ont un grand respect. Le ravitaillement m'incombe de temps à autre et c'est avec grande joie que j'apporte aux premières lignes des conserves de graisse d'oie, du pain noir ou du cidre provenant des fermes normandes. Lorsque l'on peut, nous utilisons le lait des vaches normandes survivantes des terribles bombardements et qui gémissent dans le bocage car elles n'avaient pas été traites.

L'un des points forts des combats en Normandie sont ceux menés pour la **cote 112** près de Maltot. Sa situation de hauteur surplombant tout le terrain environnant en fait un but pour les troupes alliées et pour nous. Après un déluge d'obus et de bombes, les Anglais et Canadiens attaquent pour prendre possession de la hauteur. Mais je conduis Max Wünsche auprès de ses blindés et, après une réaction de nos *Nebelwerfer* et l'attaque de nos blindés, les Anglo-Canadiens sont refoulés. La hauteur sera prise et perdue puis reprise et perdue à nouveau. Plusieurs divisions participèrent aux combats sur cette si importante cote 112. Les alliés laisseront plus de 50 blindés sur le terrain, détruits par nos propres blindés ou par l'action héroïque de nos fantassins avec leur *Panzerfaust*, *Panzerschreck* ou avec des mines.

Les combats de chars sur cette hauteur et dans la région **Grainville-Maltot** coûteront autant que les premiers combats lors des premières journées après le débarquement dans les villages de Bretteville et Norrey, sur la voie ferrée Caen Bayeux. Notre peloton de reconnaissance a également des pertes lors des nombreuses allées et venues, mais du fait des obus d'artillerie terrestre ou de marine et par les bombardements de l'aviation alliée qui largue véritablement un tapis de bombes dès que la moindre résistance de notre part se présente. L'insolente domination des Jabos oblige nos courageux motocyclistes à des prouesses pour passer au travers des dédales de trous de bombes et d'obus, des cadavres et carcasses fumantes, en ayant toujours un œil sur le ciel.

L'intensité des combats ne permet pas d'avoir tout de suite des nouvelles, de ceux des nôtres qui sont portés disparus. Plusieurs jours sont nécessaires pour en savoir plus.

J'ai moi-même survécu à un immense bombardement de centaines de bombardiers alliés lorsque je devais amener un courrier à Caen. Au soir du **7 juillet 1944**, les bombardiers alliés larguèrent des tonnes de bombes sur la ville normande, la réduisant en cendres et en amas de ruines, sans état d'âme pour la population française qui y résidait encore alors qu'aucune force allemande digne d'un tel bombardement ne s'y trouvait. Seul le PC de notre régiment se trouvait dans la cave d'un hôtel caennais.

Lorsqu'après plusieurs heures d'un bombardement sans fin nous mettons le nez dehors, c'est un spectacle d'apocalypse qui se révèle à nos yeux. Tout n'est que maisons détruites et cris des populations prises sous les bombes. Je cherche après ma moto et la trouve remplie de morceaux de briques et couverte de poussière blanchâtre mais sinon en bon état de marche malgré ce terrible bombardement, preuve que l'efficacité des bombardements alliés est loin d'être vraiment effective. Après que nos troupes aient dégagé quelque peu les rues, je peux rejoindre mon unité située hors de la ville et ainsi découvrir l'étendue des dégâts. Après tous ces combats, notre division a perdu environ 5 000 hommes plus beaucoup de matériel et est retirée provisoirement du front pour être réorganisée.

Les voies de communication étant pour la plupart détruites, il ne faut pas compter sur un gros renfort en hommes et en matériels. Malgré tout, après une petite semaine de repos mérité, le combat nous attend à nouveau avec quelques matériels récupérés ou réparés. Le reste de notre division se retrouve sur la route Nationale 158 entre Caen et Falaise. L'offensive suivante des Anglais partant de Caen pour élargir leur périmètre est précédée à nouveau d'un tapis de bombes, nuit et jour ! Détruisant ou endommageant nos blindés et autres matériels.

Notre peloton de reconnaissance motorisé est sans arrêt sur la brèche pour établir le contact avec l'adversaire et notamment lors d'une reconnaissance en soirée. Avec deux *Schwimmwagen* et ma moto BMW, nous avons établi le contact avec l'ennemi mais, ayant un peu trop avancé, nous faisons prestement demi-tour pour faire notre rapport et nous devons notre salut au fait que les Canadiens ou les Anglais sont eux-mêmes trop occupés pour avoir fait attention à notre approche et nous avoir repérés trop tard alors que nous avons fait demi-tour. Lors de ce retour, l'axe d'arbre de roue de l'un de nos *Schwimmwagen* se casse sur le terrain accidenté et nous devons le laisser là.

Nos renseignements permettent l'établissement d'une ligne défensive sur notre droite et, le lendemain, une grosse attaque anglo-canadienne, viendra s'y briser avec la perte de 60 chars.

A la suite des combats du 7 juillet, notre groupe de combat se retrouve sur la route Nationale 158 dans les environs de Bretteville-sur-Laize avec le PC au **château de Quesnay**. Le lendemain déjà, les blindés anglais attaquent le PC en venant du nord. Cette attaque peut être repoussée avec pertes pour les Anglais sans aucune perte de notre côté. Deux blindés britanniques manquent de chance et s'enlisent dans un lisier. Les équipages quittent leurs chars, laissant les moteurs tourner et s'enfuyant sans demander leur reste. Nous les sortons du fumier et, après inspection, ce seront des victuailles anglaises qui viendront faire le bonheur de nos estomacs. Avec l'écoute de leur radio et en utilisant des documents trouvés à l'intérieur, par l'intermédiaire de l'officier de renseignement (Ic de l'état-major), le *Hauptsturmführer* Schlauss, nous nous réjouissons que l'ennemi pense avoir en face de lui un adversaire bien plus nombreux (en hommes et en blindés) qu'il ne l'est en réalité. La qualité de la défense allemande leur fait en fait grossir le nombre de leur adversaire.

Lors de ce séjour au château du Quesnay, je reçois avec d'autres camarades l'*EK II* et suis promu au grade de *Sturmmann*.

Au petit matin du **10 août 1944**, je me trouve sur la fameuse route Nationale 158 avec mon side-car pour porter un message à une *Kampfgruppe* se trouvant à Hautemesnil. Je dois rouler lentement car les trous de bombes et véhicules en flammes sont nombreux et dangereux. Cette Nationale est surnommée "la route préférée des *Jabos*". Entre Le Quesnay et le lieu-dit "Langannerie", je m'arrête sur un petit sommet sur la route, pour orienter mon trajet. Lorsque je remonte sur ma moto, je reçois soudainement des projectiles. Je ressens un grand choc à mon bras gauche et je bascule avec mon side-car dans le fossé. J'observe à ce moment-là deux véhicules blindés de reconnaissance adverses, du type M5 Greyhound, à peu près 500 mètres au nord-est, positionnés sur la route. J'attends et, au bout d'un moment, les deux véhicules disparaissent dans la nature.

Après cela, je ne sens rien et décide de me relever mais j'observe que mon uniforme camouflé est déchiré et que je ne peux bouger mon bras gauche. Un petit obus explosif a atteint ma moto *side-car* et les éclats de l'obus ont atteint mon

Ci-dessous à gauche : Erich Bissoir à l'hôpital militaire de Köthen/Anhalt en janvier 1945. (Coll. P. Tiquet.)

Ci-dessous à droite : Erich Bissoir en juin 2016 près de Rots, en Normandie, à l'occasion d'une rencontre avec des commandos britanniques, pour la commémoration de la bataille de Rots. (Photo Stiri.)

bras gauche au niveau de l'articulation du coude et du haut de mon corps. Je me mets en marche, à pied, pour revenir d'où j'étais parti. Arrivé au PC, je fais part de mon aventure et de la rencontre avec les deux blindés légers adverses. L'infirmier, l'*Unterscharführer* Fabian, me fait les premiers soins et, avec un *Kübelwagen*, me conduit à l'hôpital de campagne pour une première constatation des dégâts par un docteur.

Ces journées, où je passe des heures que je n'oublierais jamais, restent gravées dans ma mémoire. Le spectacle, sur les marches de l'escalier du château servant d'hôpital de campagne de blessés et de mourants, est une image tragique de la guerre. Les infirmières et les docteurs et chirurgiens sont débordés par l'afflux sans fin de blessés plus ou moins graves et doivent avec peu de moyens et dans l'urgence, opérer, sauver des vies et amputer parfois. Sous un soleil de plomb, beaucoup sont allongés là, attendant que l'on s'occupe d'eux. Pour moi, la peur de perdre mon bras me terrorise. Après avoir été endormi, mon premier souci est de vérifier que mon bras est encore présent. Ce n'est que dans un hôpital en Allemagne, établi dans un cloître qu'un médecin-chef, tout en me faisant hurler de douleur, permettra, après une bonne convalescence et des soins thérapeutiques à mon bras et à ma main de retrouver leur mouvement.

Je ne retrouverais le combat qu'en fin de guerre et pour être fait prisonnier par les Américains en Allemagne. »

Voici un autre témoignage d'un vétéran du ***SS-Panzer-Regiment 12***:

« Je m'appelle **Raimond Fromm**. Tout comme bon nombre de mes camarades entre 10 et 14 ans nous faisions partie du *Jungvolk* et déjà la camaraderie régnait en maître et l'organisation pointait son nez. Entre 15 et 18 ans, nous passions dans la *Hitlerjugend*. En tant que jeunes nous avions suivi les événements ayant entraîné le second conflit mondial avec le redressement du pays après l'humiliation des accords de Versailles et ses conséquences pour la vie des Allemands. Nous nous sentions forts et de nouveau fiers de notre pays qui reprenait enfin la place qu'il méritait.

Un jeudi après-midi de l'automne 1942, nous avons été réunis dans une grande salle de sport où un chef de la jeunesse de la région nous parla longuement et nous informa de la création envisagée d'une division basée sur un personnel venant de la jeunesse. Pour nous, faire partie d'une unité militaire bien spécifique à l'engagement de notre jeunesse était une fierté et nombre de participants se montrèrent prêts à faire également le sacrifice d'une vie pour notre pays et pour son chef.

Il fallait avoir au moins 16 ans et mesurer 1,72 m, ne pas avoir eu affaire à la justice, ne pas porter de lunettes.

Une solide préparation militaire allait faire de nous des soldats exemplaires. Nous allions également pouvoir choisir notre arme. Après avoir fini mes études fin juillet 1943, je pus enfin m'inscrire sur la liste des futurs membres de la future division *Hitlerjugend*. J'avais choisi l'arme blindée qui m'attirait mais je fus tout d'abord refroidi lorsque je me retrouvais à Nuremberg à l'école des transmissions. Là l'instruction et l'apprentissage des moyens de communications fut dur mais nécessaire et les exercices de tirs, de marche etc. firent de nous de très bons soldats.

Un jour, après un bombardement de la ville, nous avons été requis pour aller aider à l'extinction des feux et au sauvetage des blessés ainsi qu'au nécessaire nettoyage pour que la vie reprenne son cours, malgré tout, au plus vite. Ce que nous avons vu et vécu alors nous a confortés dans notre engagement pour la défense du pays. Ces moments très durs et ce que nous avons vu sont restés dans mon esprit.

Photo de studio de **Raymond Fromm** en tenue noire des panzers avec ses décorations et la bande de bras très lisible. La photo est dédicacée au dos.

A l'entraînement à Sissone, des jeunes tankistes avec leur char *Panzer IV*. L'un d'eux tient l'obus de 75 mm à la main. Ils portent des tenues d'entraînement.

Les futurs grenadiers de la *HJ Division* étaient déjà répartis dans leurs formations alors que nous, nous étions encore à l'école de Nuremberg. Enfin, en septembre 1943, nous avons reçu l'ordre de marche pour le camp d'entraînement de Mailly-Le-Camp en France, afin d'être également incorporés. Là se formait le futur régiment de chars de la division et cela fut pour moi un soulagement de savoir que j'allais être incorporé comme je le souhaitais dans l'arme blindée. Dans la précipitation de l'époque, afin d'accélérer la formation de cette nouvelle division, après avoir prêté serment, il fut oublié de nous tatouer le groupe sanguin sous le bras, pour toute notre compagnie, comme c'était la règle à la *Waffen-SS* dans le but de soins rapides en cas de blessures.

Tous les radios destinés aux équipages de panzer furent réunis, tout d'abord, dans une compagnie de transmissions afin de parfaire l'apprentissage de notre future fonction.

Vers la fin de l'année 1943, les radios furent répartis dans chaque *Panzer-Kompanie*. Le régiment de chars comportait une unité d'état-major, huit compagnies de chars, quatre dans la 1ère *Abteilung* équipée de *PzKw. V Panther*, et quatre dans la 2e *Abteilung,* équipée de *PzKw IV*.

Après ce premier entraînement en Champagne près de Chalons sur Marne (Mailly-Le-Camp), nous avons été transportés en convoi ferroviaire vers le camp d'entraînement de Beverloo et de là, après une période à nouveau d'entraînement, vers la France à nouveau en Normandie, dans les environs d'Evreux. Notre compagnie se trouvait dans un château près de Saint-Aubin-d'Ecrosville. Tout ce que nous avions appris fut à nouveau remis à l'épreuve.

Un char *Panther* que les hommes de la *I. Abt.* du régiment de *Panzer* ont touché avant leur montée au front normand.

SS-PANZER-REGIMENT 12

L'attitude de nos hôteliers forcés envers notre troupe, si elle ne fut pas franchement amicale resta toujours très correcte.

Au cours des premiers jours de juin, vers le 4 juin je crois, nous avons encore fait un entraînement avec le *SS-Panzer-Grenadier-Regiment 25*. Quelques jours plus tard, l'annonce du débarquement nous a surpris. A ce moment-là, notre division était parfaitement préparée pour le combat.

Le 6 juin au matin notre division est mise en alerte maximum car l'annonce d'un débarquement parcourt les états-majors. Notre chef de compagnie (la 4e), le *Hauptsturmführer* Hans Pfeiffer, nous fait un petit discours en ces termes : « *Je n'attends de vous aucun acte héroïque insensé. Avec des héros morts je ne peux conduire une unité au combat, seulement avec des soldats vivants* ». Hans Pfeiffer fut un temps *Adjutant* auprès du Führer et était très estimé et une référence en tant qu'officier.

Au soir du 6 juin, nous avons enfin reçu l'ordre de marche vers le front de Normandie où avait déjà débarqué, depuis de longues heures, tout le matériel allié. Notre *4. Kompanie* n'atteint le front qu'au soir du 8 juin 1944 à Carpiquet, aérodrome situé près de Caen. Déjà, un premier combat de nuit nous attend à Bretteville. Notre émoi est grand et nous chantions les premières strophes du chant des blindés : « *Mit donnerden Motor, etc.* ». Notre

Ci-dessus : deux des sous-officiers mutés au *SS-Pz-Rgt. 12 HJ* en formation en Belgique. Celui de droite porte encore la bande de bras de la *LAH* et celui de gauche vient, lui, de la division *Totenkopf.*

Ci-contre : lors de la formation de l'unité blindée en Belgique, des sous-officiers en tenue noire avec quelques sous-officiers de la future division *Hitlerjugend*.

Très beau contre-jour détaillant les contours d'un char *Panther* du *SS-Pz-Rgt. 12*.

attaque s'arrête au milieu du village de Bretteville lorsqu'un important barrage antichar, constitué de canons de Pak bien camouflés par les Canadiens, nous attend. Près de l'église, lors de cette attaque, le premier char *Panther* de la division est détruit par ces canons de *Pak*. Il appartenait à la *4. Kompanie*. Notre attaque destinée à prendre Bretteville échoue. Les Canadiens s'y sont très bien embusqués et camouflés avec de nombreux engins antichars. Nous ne possédons pas à ce moment de l'appui d'armes lourdes pour nous aider à briser leur barrage. Mon char *Panther* est également détruit le 9 juin au soir lors d'une nouvelle attaque. Le commandant, le pointeur et le chargeur sont tués, le chauffeur et moi (le radio), nous pouvons nous échapper malgré des brûlures.

Au cours du transfert en camion et bus ornés de grosse croix rouge, nous sommes mitraillés malgré tout par des *Jabos*. Il y a de nouvelles pertes parmi les blessés et les infirmiers. Encore aujourd'hui, j'ai le souvenir émouvant d'un sous-officier infirmier brandissant un grand drapeau de la croix rouge sur la route face aux *Jabos* qui nous arrosent. Son geste héroïque n'a malheureusement aucun résultat et le mitraillage continua.

Ci-dessus : un autre char *Panther* de la *4.Kompanie* de Raymond Fromm sur une des routes de Normandie. Le front gronde déjà au milieu des combats.

Ci-contre : char de la 4e compagnie traversant un village normand. Notons les gros chiffres « *401* », char du commandant de compagnie.

Ci-dessous : un *Panzer IV*, traversant ici Paris équipé de ses *Schürzen* latérales en route vers le front. Il appartient à la *II. Abteilung* du *SS-Panzer-Regiment. 12*.

Ci-dessus : autre photo d'un char *Panther* du *SS-Pz-Rgt. 12* lors des combats de Normandie, tel que les a vécus Raymond Fromm.

Ci-contre : un homme du *SS-Pz-Rgt. 12 HJ* à la tourelle de son char *Panther* très bien camouflé.

Après quelques jours passés à l'hôpital de campagne non loin du front, je rejoins mon unité. Cette fois-ci, c'est pour vivre les intenses combats sur la Cote 112. De nouveau, notre char est réduit à l'état d'épave mais, cette fois, sans qu'aucun des membres de l'équipage ne soit touché.

Fin juin, lors d'une nouvelle attaque nocturne, notre char est à nouveau touché et tous, nous pouvons nous échapper malgré quelques blessures pour certains, mais aucun mort à déplorer.

Notre compagnie se comportera très bien mais perdra beaucoup de monde (morts et blessés) lors de combats acharnés où la supériorité ennemie tant au sol qu'en l'air réduit nos effectifs inéluctablement.

Milieu juillet, nous nous trouvons à Saint-Aubin. Là, je reçois l'*EK II*, le *Panzerkampfabzeichen* et la médaille des blessés. Plusieurs de nos chefs, tels que Hans Pfeiffer, le *Ritterkreuzträger* W. Beck et le *Kommandeur* de la *II. Abteilung,* le *Sturmbannführer* Karl Heinz Prinz sont enterrés dans les jardins du château. Ils reposent maintenant dans le grand cimetière de La Cambe.

De Saint-Aubin, huit équipages, dont le mien sont envoyés en camion vers le Reich pour y prendre possession de *Panther* flambant neufs afin de reconstituer l'unité suite aux pertes des derniers combats. Lors du retour vers le front, les alliés l'avaient déjà percé et nous sommes déchargés avec nos engins près de Reims et, pour continuer la route par nos propres moyens.

Ci-dessus : photo de presse montrant un *Panther* de la *12 HJ* dans Fontenay-le-Pesnel, lors de l'opération *Epsom*.

Ci-contre : photo dédicacée de Max Wünsche adressée à l'auteur.

Il ne faut plus alors trop parler de compagnie mais plutôt de groupe de combat. Ainsi nous avons remonté vers le Nord en combattant par contre-attaque puis repli stratégique, en essayant d'infliger des pertes à notre ennemi, du retard sur ses plans et éviter de trop lourdes pertes à ce qui restait de notre belle division. Le 3 septembre 1944 nous atteignons ainsi la frontière franco-belge et le destin de notre char se termine lors de l'attaque d'un *Jabo* qui détruit le train de roulement gauche, blessant le pointeur et rendant notre *Panzer* inconduisible. Il faut se résoudre à le détruire avant de poursuivre à pied notre retour vers l'Allemagne où nous atteignons enfin Düren. »

Ci-contre à gauche : le *Kommandeur* Fritz Witt, petite photo sur laquelle il porte les feuilles de chêne à son *Ritterkreuz*.

Ci-dessus et page suivante : beaucoup de photos montrent Fritz Witt avec son chien.

Ci-contre : lors de son anniversaire, au château de Tillières sur Avre, le 27 mai 1944, il recevra beaucoup de témoignages de sympathie de ses hommes.

Ci-dessus à droite : Fritz Witt vient de recevoir des cadeaux pour son anniversaire (36 ans) le 27 mai 1944.

Ci-contre : très beau portrait original d'époque de Fritz Witt. Nous remarquons les décorations.

Ci-dessous : la garde présente les armes au *Kommandeur*. On remarquera la taille de l'*Unterscharführer* à gauche.

Il me faut également parler du *Kommandeur* de la jeune division, le *SS-Brigadeführer* et *Generalmajor* Fritz Witt porteur de nombreuses décorations dont les feuilles de chênes à sa croix de chevalier qui tombera le 14 juin lors d'un important tir de la marine alliée sur son PC de Venoix près de Caen. Il m'a été donné de rencontrer son fils, qui à l'époque était tout jeune, et qui a par hasard pu récupérer le casque de son père qu'il portait lorsque les gros éclats de l'obus de marine l'ont atteint à la tête. Lors de son premier enterrement, il avait été enfoui avec lui mais, lors d'un changement de cimetière, l'un de ses hommes reprit le casque et le garda pour l'offrir après la guerre au fils du *Kommandeur*.

Ci-dessus : toujours sur le terrain près de ses hommes, Fritz Witt inspecte les positions avec Hubert Meyer. Celui-ci a dédicacé la photo à l'auteur.

Ci-contre : au PC divisionnaire, à Tillières sur Avre, le *SS-Brigadeführer und Generalmajor der Waffen-SS* Fritz Witt et son *Ia,* le *Sturmbannführer* Hubert Meyer ainsi que le chien de Fritz Witt. Photo dédicacée à l'auteur par Hubert Meyer.

Voici les circonstances de sa mort :

Le chef de la Division était toujours soucieux du sort de ses jeunes soldats. Aussi, il se renseignait toujours de l'état de la troupe, des combats et autant que possible se rendait lui-même au front. Ce jour-là, il envoya son *Ia*, le *Sturmbannführer* Hubert Meyer avec son chauffeur, le *Rottenführer* Helmut Schmieding, à bord d'un VW Kübelwagen vers Rauray afin d'y visiter le PC du régiment blindé, le groupe de reconnaissance à Cristot et le *III./26* au sud de Brouay pour finir par le PC du *SS-Pz-Gren.-Rgt. 26* au Haut du Bosq. Sur son chemin, il aperçoit dans le ciel un *Jabo* cherchant sa proie et intime l'ordre à son chauffeur de freiner. Il se gare rapidement sur le côté et ils bondissent dans le fossé. Déjà, les claquements secs des balles et obus du *Jabo* se font entendre sur la route. Mais en même temps, le staccato d'un *Flak Vierling 2cm* tire lui aussi et le *Jabo* traîne rapidement une grande traînée blanche et va s'écraser un peu plus loin. Le *Sturmbannführer* H. Meyer aperçoit à la lisière d'un bois voisin le char équipé de l'affût quadruple vainqueur du *Jabo*. Le peloton auquel il appartenait est rattaché à la *II. Abteilung* du *SS-Pz.Rgt. 12* et est constitué de trois engins de ce type construits par l'atelier de réparation et qui servira de base pour la construction en série du Wirbelwind. L'un des servants de ce peloton est le *Sturmmann* Richard Schwarzwälder et, ce jour-là, il atteignit son 7e avion et pour cela reçut l'*EK II*, il totalisera 14 victoires au total. Il sera gravement blessé au bras droit, lors de l'offensive des Ardennes et il devra être amputé. Le *Ia* remercie aussitôt le victorieux équipage qui lui a ainsi épargné un mauvais sort. C'est alors que survient un appel du PC de Division demandant à Hubert Meyer de revenir le plus vite possible. Avec une grande rapidité, tout en observant le ciel, ils rebroussent chemin puisqu'il n'y a plus que quelques kilomètres. Lorsqu'ils s'approchent très près de la demeure où se trouve le PC, ils observent beaucoup de branchages au sol mais le PC ne porte aucune trace d'impact. Le 1er officier d'ordonnance, Bernhard Meitzel, se manifeste aussitôt en prévenant Hubert Meyer que le *Kommandeur* vient d'être tué par un tir d'artillerie de marine. Avec lui, l'*Obersturmführer* G.W. Hausrath, un sous-officier et un homme de troupe de l'état-major, trois sous-officiers et six hommes de troupe ont été blessés. Bernhard Meitzel explique ce qui s'est passé : le *Kommandeur* et lui-même étaient dans la demeure lorsqu'ils entendirent les bruits d'obus sifflant en approchant de leur cible. Ils sortirent derrière celle-ci. Plus bas, à quelques centaines de mètres, se tenait la 10e Batterie lourde et ces gros obus de marine lui était destinée. Pensant que le PC divisionnaire pouvait également être pris pour cible, Fritz Witt décida très rapidement d'envoyer tout le monde dans les tranchées sous les arbres pour s'abriter d'un éventuel tir. C'est alors qu'un des obus tiré trop court atteignit la cime des arbres et explosa, envoyant autant d'éclats d'obus que de morceaux de bois tout aussi dangereux. Seuls quelques obus arrivèrent sur le PC, tuant et blessant plusieurs hommes et tuant notamment le *Kommandeur* qui n'avait pas encore atteint la tranchée lorsque plusieurs éclats, dont deux assez gros, l'atteignirent à la tête, le tuant immédiatement. Les blessés furent transportés à l'hôpital de campagne à Louvigny et les morts furent provisoirement enterrés dans le jardin du château. Meitzel, contrairement aux autres, était resté à l'abri dans la demeure.

Au soir, tous ceux de l'état-major firent leurs adieux à leur bien aimé *Kommandeur*, notamment le *Hauptsturmführer* Albert Schuch, ancien combattant de 14-18 et grand ami personnel de Fritz Witt. Ce dernier reposera provisoirement, mais pour un certain temps dans le jardin du château de Tillières-sur-Avre où il avait fêté avec ses hommes son 36e anniversaire. Puis, lorsque les alliés s'emparèrent des lieux, les corps furent transportés au cimetière du village pour être finalement inhumés définitivement au cimetière militaire allemand de Saint-André de l'Eure, à 20 kilomètres au sud-est d'Evreux.

Un *Flak Vierling* sur gros semi-chenillé tel que celui qui descendit un *Jabo* lorsque H. Meyer se rendait sur le front le jour où le *Kommandeur* F. Witt fut tué.

Par le plus grand des hasards, en rendant visite à un vétéran de la Division *« Frundsberg » (10.Kpie* du régiment mais équipée de *Sturmgeschütz III*), qui connaissait très bien le fils de Fritz Witt habitant non loin, une visite fut vite organisée et qui me permit de voir et de photographier le casque que portait Fritz Witt lorsqu'il fut tué. (*cf.* photos).

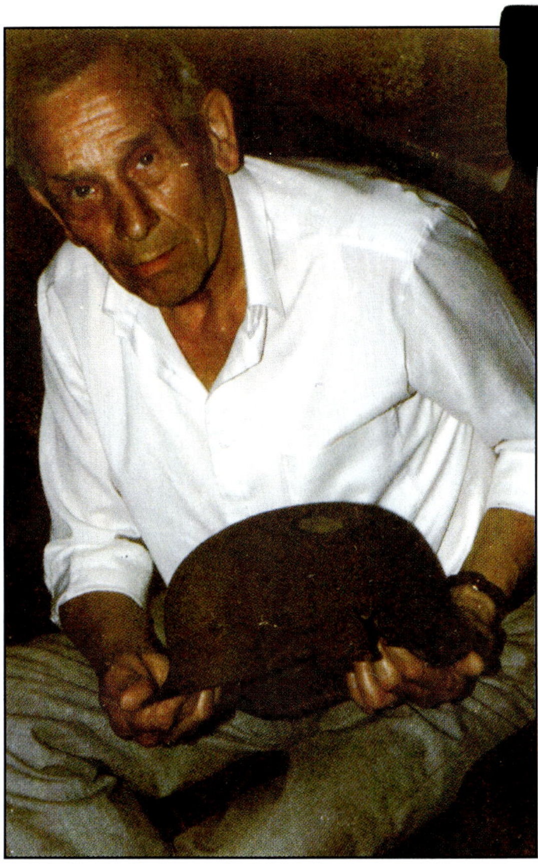

Ci-dessus : les décorations originales de Fritz Witt que son fils possède encore. Le *Ritterkreuz*, les feuilles de chênes et l'*EK I*.

Ci-contre : photo du casque de Fritz Witt incroyablement récupéré par un membre de sa division lors de la première exhumation et redonné à son fils (à l'époque Peter Witt n'était qu'un petit gamin). Il porte les impacts du gros obus de marine qui tua le *Kommandeur* de la Division. C'est un ancien *Rottenführer* du *SS-Pz.-Rgt. 10 « Frundsberg »* qui le tient dans ses mains.

Ci-dessus: l'*Untersturmführer* Theo Flanderka de la *1. Kpie* de la *SS-Aufklärungs-Abt. 12* avec, en arrière-plan, l'un des véhicules de reconnaissance à huit roues. **Ci-contre à droite:** très bonne photo du *Kommandeur* de la *SS-Aufklärungs-Abteilung 12 "Hitlerjugend"*, Gerd Bremer. **Ci-dessous:** 23 décembre 1943, la *SS-Auklärungs-Abteilung 12* vient de percevoir ses premiers véhicules.

SS-PANZER-AUFKLÄRUNGS-ABTEILUNG 12

Ci-dessus : photo de groupe de la 1re compagnie de la *SS-Aufkl.-Abt. 12* avec l'*Obersturmführer* H.

Ci-contre à droite : portrait de l'*Untersturmführer* Theo Flanderka de la *SS-Aufkl. Abt. 12.*

Ci-dessous : l'*Aufklärungs-Abteilung* perçoit ses véhicules à Turnhout, en Belgique. On peut nettement voir que l'un d'eux est encore immatriculé dune plaque WH

SS-PANZERGRENADIER-REGIMENT 25

Erhard Kinscher, autre membre de la division *Hitlerjugend,* a raconté brièvement son engagement et son combat en Normandie. Voici ce qu'il a vécu :

« Je suis né le 30 avril 1926 dans un petit village des Sudètes (actuellement République Tchèque) au sein d'une famille paysanne.

D'avril à juillet 1943, j'effectuais ma période au *RAD*. Le 30 août 1943, comme bon nombre des camarades de mon âge, je fus incorporé dans les rangs de la *Waffen-SS*. Ma première étape fut le camp de Weimar et, de là, après avoir revêtu l'uniforme de la *Waffen-SS*, nous avons rejoint en convoi le camp d'entraînement de Beverloo en Belgique. Là, j'intégrais, tout d'abord, la 11e compagnie du *III. Bataillon* du *SS-Pz.-Gren. Regt. 25* de la *12 SS-Pz. Division « Hitlerjugend »*. Au bout de six jours, je fus muté à la 9e compagnie et, en tant que plus âgé, j'instruisis mes camarades plus jeunes au sein du 3e Groupe du *I.Zug* (peloton). Après cinq semaines d'intenses exercices, la majeure partie de notre compagnie fut transférée à la *16.Pionier-Kompanie* et les meilleurs à la *14. Kpie (Flak)* où je demandais la fonction de messager motocycliste. Malgré tout, je fus formé à toutes les armes.

Ci-contre : portrait dédicacé d'Erhard Kinscher alors qu'il a revêtu l'uniforme de soldat de la *12. HJ-Division.*

Ci-dessous : *Soldbuch* d'Erhard Kinscher montrant qu'il a été nommé *Sturmmann* le 1er août 1944.

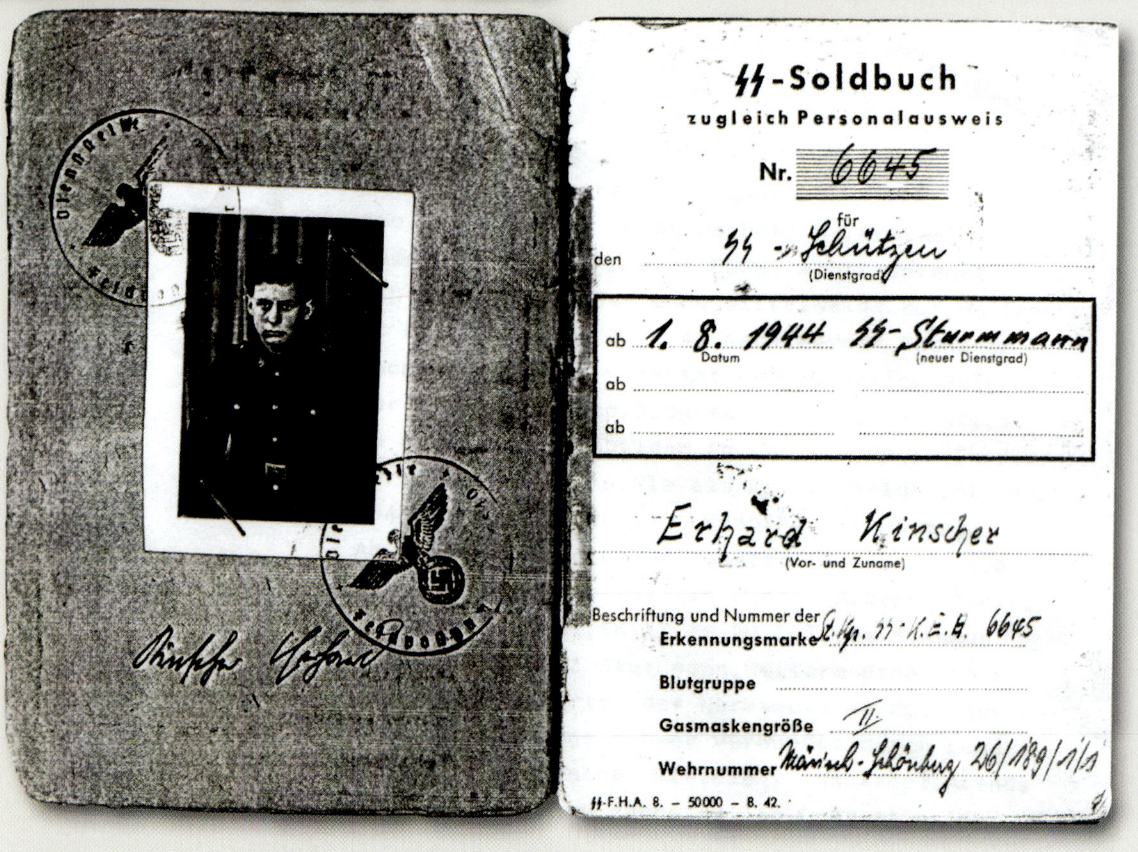

SS-Soldbuch
zugleich Personalausweis
Nr. 6645
für
den SS-Schützen
(Dienstgrad)
ab 1. 8. 1944 SS-Sturmmann
Datum (neuer Dienstgrad)
ab
ab
Erhard Kinscher
(Vor- und Zuname)
Beschriftung und Nummer der Erkennungsmarke St.Kp. SS-K.E.B. 6645
Blutgruppe
Gasmaskengröße II
Wehrnummer Mährisch-Schönberg 26/189/1/1
SS-F.H.A. 8. – 50000 – 8. 42.

Ci-dessus : groupe en tenues camouflées lors d'un exercice.

Ci-contre : autre groupe de jeunes combattants de la *12. HJ* mené par un *Unterscharführer*. Photo prise en automne/hiver 1943. Ils portent non pas des bottes mais des brodequins avec des guêtres, le cuir se fait rare.

Photo de groupe de jeunes *HJ* dont le chef, un *Unterscharführer*, a déjà connu le front, très certainement avec la *LAH,* étant donné ses décorations.

Ci-dessus : un jeune du *SS-Panzergrenadier-Regiment 25* dans sa tenue camouflée taillée dans une toile italienne.

Ci-dessous : entraînement dans la lande de Beverloo au tir au MG 42.

Ci-dessus en haut : un groupe de jeunes *HJ* revenant d'un entraînement sur l'un des terrains jouxtant Beverloo. On notera les routes pavées et les jeunes chantant pendant la marche. **En-dessous :** au cours d'une halte, les jeunes soldats ont mis les fusils en faisceaux et la mitrailleuse MG 42 repose sur son bipied.

Ci-dessous : entraînement au tir avec le MG 42 et sous les ordres d'un sous-officier en uniforme noir.

Ci-dessus : un des camarades d'Ehrard Kinscher lors de la formation et de l'entraînement en Belgique.

Ci-dessusà droite :un motocycliste du service de l'atelier de réparation qui a beaucoup de travail pour garder en état de marche les véhicules italiens et, ensuite, ceux neufs venant d'Allemagne.

Ci-contre : un *Hauptscharführer* avec deux jeunes de la *12 HJ*, on notera qu'il porte des décorations attestant de son ancienneté, très certainement à la *LAH*.

En bas à droite : un groupe de jeunes lors d'exercices, on notera le MG 34 et les caisses de munitions.

Un *Schwimmwagen* traverse un cours d'eau en Flandres où ce petit véhicule fait merveille sur l'eau.

Ci-dessus: prestation de serment, ici à Kaiserslautern, de nouvelles recrues de la *12. HJ Division*. Martin Glade figure sur cette photo, il ne pourra cependant pas prendre part aux combats de Normandie ni à ceux des Ardennes mais sera des derniers combats en Hongrie et en Autriche.

Ci-contre: une *Kompanie* du *SS-Panzergrenadier-Regiment 25* à l'entraînement en Belgique.

Ci-dessus : un tireur d'élite de la *12 HJ* avec son Mauser 98 K équipé d'une lunette ZF 40 et surtout de la baïonnette au bout du fusil !

Ci-dessous : une équipe de mitrailleurs MG 42 en train de changer le canon de l'arme car, avec la cadence de tir élevée, le changement de canon rapidement fait est prépondérant pour la survie de l'équipe.

Un sous-officier, de la *11. Kp.* du *III./SS-Panzer-Grenadier-Regiment 25,* observe avec ses jumelles comme il le fera bientôt en Normandie. Il s'agit d'un *Unterscharführer* en Belgique lors de la formation de la Division. Il porte la tenue camouflée *Waffen-SS* classique. Par manque de matériels, certains porteront des tenues taillées dans des toiles camouflées italiennes de récupération.

Une équipe de radios transmetteurs à l'entraînement en Belgique.

Malgré la faible qualité de la photo, elle n'en donne pas moins une idée de l'environnement d'une équipe de tir de MG 42 de la *12 HJ*.

Après de nombreux exercices avec nos véhicules, nous avons effectué un stage à Epernay en janvier 1944, afin d'y effectuer des tirs à balles réelles. Fin mars, j'obtins une permission. En revenant de celle-ci mon unité s'est retrouvée en France à La Ferté-Fresnel et ensuite à Bernay. Là, je rejoignis l'état-major du régiment sous les ordres de *Panzermeyer*, à Gâcé. J'y logeais dans un baraquement que nos pionniers avaient construit.

Le **6 juin**, tout de suite après avoir appris le débarquement, nous sommes envoyés dans la région de Caen et nous serons la plupart du temps basés à l'Abbaye d'Ardenne.

Au cours de nombreux assauts et de nombreux combats défensifs, je suis blessé légèrement deux fois, mais je reste en ligne. Lors des derniers combats à l'aérodrome de Carpiquet, je serai chargé de couvrir le repli de mes camarades avec mon MG 42. Cela sera fait dans les règles apprises en Belgique.

Le **8 juillet**, notre division se retrouve dans les ruines de Caen, bombardée sauvagement par l'aviation alliée. Les décombres nous offrent plus de couvert alors que nous n'y étions pas. Les combats de rue, de maisons à maison s'enchaînent des jours durant. J'y reçois, lors d'une courte pause, l'*EK II*. Ma compagnie n'aligne plus que 30 hommes. Le **1er août**, je suis nommé *Sturmmann*. S'ensuivent les combats de la poche de Falaise. Au **19 août**, notre effectif a fondu à 20 hommes. Le même jour, au soir, une attaque de blindés alliés nous coûte 18 hommes, tous touchés par des obus au phosphore qui infligent de graves brûlures à mes camarades. Les bombes au phosphore furent également énormément utilisées lors des bombardements sur les villes allemandes et notamment la ville de Dresde qui fut détruite à 90% par un brasier gigantesque suite à deux jours consécutifs de bombardements dantesques. Il ne restait presque plus rien de « la Florence de l'Est » comme était surnommée cette superbe ville. Nous avons incorporé d'autres combattants isolés et, ce groupe de combat retardera les soldats alliés qui tentaient de nous annihiler.

Le **20 août**, un peu avant midi, me servant d'un canon de *Pak* abandonné, je détruis un char anglais. Pour cette action, un lieutenant de la Wehrmacht se trouvait avec nous, décroche son *EK I*

Une moto du *SS-Pz-Gren. Rgt. 25* dans un des villages normands lors des combats de juillet.

Un autre motocycliste de l'unité d'Erhard Kinscher. Pour ces jeunes, la moto est un moyen de locomotion particulier et très apprécié.

pour me le donner. Celui-ci, en effectuant une patrouille un peu plus tard dans la journée, trouvera la mort en recevant une balle dans le cou. Je reçois l'ordre, avec ce qu'il restait de troupes de nous faire un chemin pour sortir de ce chaudron. Lors de cette sortie et au cours d'un dernier combat au corps à corps, je reçois une grave blessure au poumon, causée par un tir de pistolet presque à bout portant. Notre attaque est victorieuse et, hormis les blessés graves (comme moi), le reste passe au travers des mailles du filet qui se ressert. Après un peu plus d'une heure, je suis ramassé et emporté dans une ferme où un médecin me prodigue les premiers soins. Je ne peux plus marcher seul car j'ai perdu beaucoup de sang suite à ma blessure. Des civils normands nous apportent de quoi boire car la soif est intense. Le docteur et les infirmiers ont un travail énorme, qui ne sera jamais assez remercié. Des huit blessés graves qui se trouvaient dans la ferme, seuls six ont survécu au soir lorsque nous sommes chargés sur un véhicule endommagé mais qui peut encore rouler et, ainsi, nous atteignons les lignes anglaises afin de nous rendre et être soignés. Là, un docteur anglais envoie un pasteur pour me donner l'extrême-onction, car ne voyant pas d'autre issue. Le lendemain, étant toujours vivant, je suis transporté dans un hôpital plus grand à Bayeux où un chirurgien opère et enlève la balle qui m'avait touché. Lors de mes différents passages dans divers hôpitaux, je ne reçois pas moins de 69 injonctions de pénicilline et une deuxième fois m'est donnée l'extrême-onction ! Après de très long mois, ce ne sera que milieu 1945 que mon état s'améliorera. Après guerre, début 1948, je pus rejoindre ma famille qui avait migré en Bavière, chassée par les Tchèques qui avaient pris possession de notre maison.

Remise d'*EK II* à certains membres de la division *« Hitlerjugend »* par K.H. Prinz ou *Panzermeyer* ? **(ci-dessus)**. Après de sérieux combats, Heinz Degenhardt reçoit l'*EK II* des mains de Hubert Meyer **(ci-dessous)**.

Ci-dessus : très bon portrait de Karl Heinz Decker (dédicacé au dos), ici avec le grade de *Sturmmann*.

Ci-dessous : très bonne photo de groupe de jeunes des *Hitlerjugend* commandés par leur chef dans l'uniforme de la *HJ* avec le brassard prêt pour le passage à la division « *Hitlerjugend* ».

8./SS-PANZERGRENADIER-REGIMENT 25

Karl-Heinz Decker, a envoyé le récit suivant :

« Je suis né en 1925, à Königsberg, en Prusse orientale. Début 1943, je me suis porté volontaire comme nombre de mes jeunes amis faisant partie des Jeunesses hitlériennes pour incorporer la division qui était à notre image. Je me suis tout d'abord retrouvé dans le camp de Lauenburg en Poméranie où je fus instruit pendant neuf mois. Après cette première formation, je fus transféré vers la Belgique au Régiment 25, dont le Kommandeur était *Panzermeyer* au *II. Bat.* avec comme chef Scappini, et à la 8e compagnie, comme chef de groupe.

Le jour de l'Invasion, à marche forcée, nous sommes dirigés vers les forces alliées fraîchement débarquées en Normandie. Les *Jabos* nous infligent, dès cette marche, plusieurs pertes. Nous nous mettons en position dans la région de Caen. Nous y resterons un mois en position.

A partir du **7 juillet**, d'incessantes attaques précédées par d'intenses bombardements d'artillerie nous forceront à changer d'emplacements, mais cela uniquement de nuit car les *Jabos* nous survolent sans arrêt à la recherche de la moindre cible. Les bombardiers alliés ayant rasé la ville de Caen, nous avons pu nous y installer. Le front avait cédé à droite et à gauche.

Lors d'une attaque, je crois qu'il s'agissait de réduire une percée ennemie, nous subissons les tirs très intenses de mitrailleuses qui ont fait de nombreuses victimes dans mon groupe. Un obus de mortier blesse aussi très gravement deux de mes camarades. Un autre a eu les deux jambes et le bras transpercés par les balles qui sifflaient

Ci-dessus : très bonne photo du *Sturmbannführer* Hans Scappini qui tombera en Normandie, dans les combats de Caen, le 8 juin 1944, à la tête du IIe bataillon du *SS-Pz-Gren.Regt. 25*. **Ci-dessus à droite :** autre photo de l'état-major du *II. Bat.* avec le *Sturmbannführer* Hans Scappini.

Ci-contre à droite : deux jeunes dans leur uniforme camouflé mais composé de la veste de la *Waffen-SS* classiques et d'un pantalon taillé dans une toile camouflée italienne.

Ci-dessous : ce jeune volontaire ne possède que la veste typique camouflée de la *Waffen-SS*. L'uniformité des uniformes n'est plus celui des premières années de guerre.

Des jeunes de la Division *Hitlerjugend* à l'entraînement dans le camp de Beverloo en Belgique. Ces jeunes recrues doivent être rapidement en position de combattre et être en très grande forme. Les exercices se succèdent.

Cette photo montre très bien combien les jeunes soldats de la division *Hitlerjugend* sont à peine sortis de l'adolescence.

dans tous les sens. N'ayant aucun infirmier dans les environs, nous le déposons dans une toile de tente pour le ramener en arrière afin de pouvoir nous en occuper et le bander. Ainsi, je perds le contact avec ma compagnie et je m'intègre à un autre groupe de combat de la division.

Nous parvenons, dans la nuit du **16 au 17 août**, aux alentours de Falaise. Nous avons été l'objet de nombreux tirs de mitrailleuses ennemies dont les balles traçantes nous sont passées entre les jambes. Nous avons pu trouver l'abri des murs

Une équipe de jeunes *HJ* sur un *SPW* équipé d'une antenne dite « parapluie ».

Deux jeunes *Panzerknacker* (« casseurs » de chars), l'un portant le *Panzerschreck* et l'autre un *Panzerfaust*. Nul doute qu'ils comptent s'en servir efficacement.

des habitations ou comme pour nous de « l'école supérieure ». Des fenêtres de celle-ci, nous pouvons voir la circulation des véhicules de ravitaillement (munitions, armes, etc.) de l'ennemi et les tirs de nos meilleurs tireurs leur infligeant des pertes. Pour nous réduire, ils amènent un blindé qui est détruit par un tir bien ajusté de Panzerfaust. Ils récupéreront le blindé en le tractant avec un autre véhicule mais en faisant très attention car ils craignent les tirs de nos jeunes soldats avec leur Panzerfaust. Les Canadiens essaient de nous

Bonne photo d'un jeune de la division *"Hitlerjugend"* dans son uniforme camouflé et représentant parfaitement le combattant de cette division en Normandie.

Ci-dessus : une *Kompanie* s'en va à l'exercice en Belgique. Il est à noter que l'*Uscha.* est en tenue noire des blindés et porte encore la bande de bras de la *LAH* et que l'homme à droite porte la bande de bras « *Totenkopf* ».

Ci-contre : trois hommes de l'unité de transmission dont on aperçoit l'insigne sur le bras du *Sturmmann* de droite.

Ci-dessous : très belle photo d'une équipe de tir de MG 42 dans leur tenue camouflée malgré la neige qui a commencé à tomber en ce début d'année 1944.

Un groupe de la *12. HJ* est parfaitement camouflé dans cette petite forêt à l'abri de la vue des *Jabos*.

repousser dans la ville mais sans y parvenir et en laissant pas mal de monde sur le terrain. Ils se contentent des maisons de l'autre côté de la rue. Je me souviens encore bien des grands et longs murs de l'école ainsi que du verger.

Dans un des immeubles de l'école, nous avions installé tant bien que mal nos blessés qui étaient soignés par un infirmier et un prisonnier. Parmi ceux-ci, un Canadien très gravement blessé avait besoin d'urgence de soins appropriés. Aussitôt est organisé le transfert dans les lignes canadiennes de ce grand blessé avec un drapeau blanc sur lequel une croix rouge a été tracée avec du sang. Une pause est organisée pour permettre son déplacement. Notre infirmier nous revient un peu plus tard.

La situation devenant inquiétante, tant les munitions deviennent rares, nous programmons une sortie pour le soir du **17 août**. Nous quittons donc l'abri de notre école en passant par le verger. Notre infirmier reste avec les blessés ne pouvant se mouvoir afin de se rendre aux Canadiens. Notre sortie se fait sous les balles ennemies et en jouant avec les maisons où nous nous sommes abrités jusqu'au petit matin suivant. Une attaque aérienne allemande perturbe les Canadiens et nous permet de traverser leurs lignes qui se trouvent sous les tirs de notre artillerie. Nous suivons les tirs de nos canons qui nous protègent afin de rejoindre nos propres lignes. Nous ne trouvons aucune de nos troupes. Nous sommes 18 hommes. Nous avons marché plusieurs heures et n'ayant plus mangé depuis bien longtemps, nous sommes complètement exténués. Nous trouvons une ferme où nous demandons de la nourriture et là tout va extrêmement vite. En l'espace d'une heure, nous nous retrouvons dans les mains de l'ennemi. Le paysan nous a livré aux Anglais et c'est la fin pour nous du Kessel de Falaise. De là, les soldats nous ont poussé dans une forêt où nous avons dû creuser nos tombes. Fort heureusement pour nous, un officier anglais arrive et met fin à ce qui devait être pour nous notre dernière heure. L'officier anglais nous ramena vers la route où nous grimpons dans des camions et, sous les quolibets des soldats anglais, nous rejoignons un camp où les *Waffen-SS* étaient rassemblés.

Ces trois hommes ont mis en position leur appareil radio et sont protégés par quelques arbres qui les protègent de la vue des « maudits » *Jabos* qui ont la maîtrise totale du ciel.

Très intéressante vue intérieure d'un *SPW 251* permettant de voir comment le pilote est disposé ainsi que le radio qui a les écouteurs sur les oreilles.

15./SS-PANZERGRENADIER-REGIMENT 25

Très bonne photo de studio de K.H. Marckert qu'il a dédicacée. Notez la tenue camouflée à motifs palmes.

Un jeune de la *HJ Division* enseignant le tir avec une lunette de tir ZF 40 à un encore très jeune *HJ*. Nul doute que celui-ci s'engagera dès l'âge atteint dans la division reflétant l'univers des Jeunesses hitlériennes.

Groupe de jeunes de la division lors de l'entraînement en Belgique avant l'envoi vers la Normandie et leur épreuve du feu.

L'un des vétérans rencontrés est **Karlheinz Marckert**. Il fit partie du 3e peloton de la 15e compagnie du *SS-Pz.-Gren.-Rgt. 25*. Son 1er groupe était commandé par l'*Unterscharführer* Christian Wächter qui tombera le 8 juin 1944. Il sera *Oberschütze* et *Scharfschütze* (tireur d'élite).

Ses premiers combats auront lieu devant Caen face aux Canadiens.

Le IIIe Peloton est commandé par le *Hauptscharführer* Boigk qui fera les gros titres des journaux allemands de l'époque. Pour le 1er groupe, commandé par l'*Unterscharführer* Christian Wächter, il est temps de trouver de la nourriture car les ventres réclament leur pitance. KH. Markert ramène un sac qu'il a trouvé dans une position de la *Flak* de la *Luftwaffe* et qui était abandonnée. Christian Wächter les prévient de ne pas trop manger car, en cas de blessure au ventre, cela se passe généralement mal. Ce chef de groupe se fera une toilette complète et se présentera pour le futur combat dans une belle tenue comme s'il savait que son heure allait venir. Les combats pour Bretteville se profilent et sont engagés de nuit le **8 juin**. KH. Marckert va être témoin de la perte d'un très grand nombre de ses camarades lors de l'attaque face aux Canadiens. Les tirs viennent de partout et Canadiens et Allemands s'effondrent dans un incroyable enfer dantesque où les bruits de la bataille assourdissent les jeunes de la *Hitlerjugend*. K.H. Marckert verra ainsi le commandant de la *15./25*, le *Hauptsturmführer* Horst von Bütt-

Une équipe de pièce de MG 42 à l'œuvre avec leur fantastique engin.

Un *Untersturmführer* et un *Unterscharführer* sourient lors d'un exercice en Belgique. L'officier porte une MP 40, sans chargeur.

Un MG 42 est mis en batterie sur son trépied lui assurant une précision de tir alliée à une fabuleuse cadence de tir (1200 coups/ minute). Ici en Belgique lors d'un exercice. Une habitante passe la tête pour les observer !

Exercice de tir au pistolet (Lüger P 08 ou Walther P 38 ?) en Belgique.

Entraînement pendant la mauvaise saison de fin 43, début 44, avec ce gros engin semi-chenillé. En Normandie, c'est une autre saison qu'ils auront à affronter.

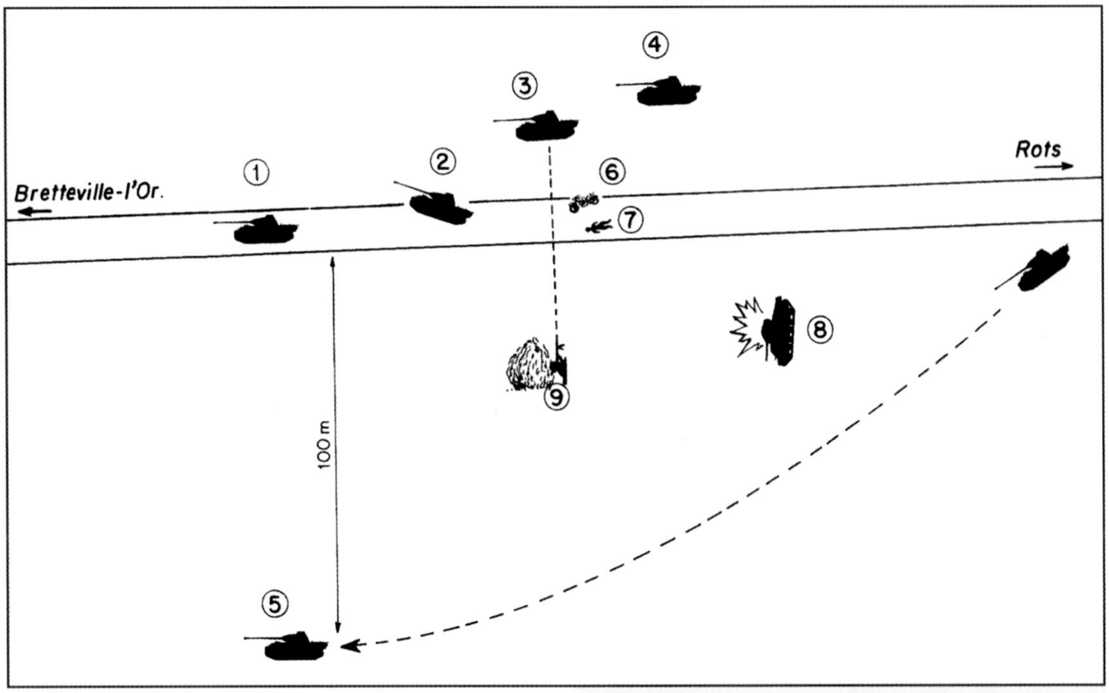

Pour son ouvrage *Trois jours en enfer*, Georges Bernage était aussi entré en contact avec K.H. Marckert, qui lui avait communiqué son témoignage. Avec ceux d'autres vétérans (dont un croquis), il avait pu réaliser le plan ci-dessus. Plan du combat de la soirée du 8 juin 1944 dans la plaine entre Rots et Bretteville **1.** Le premier *Panther* se dirige sur Bretteville où il sera détruit au PIAT par Joe Lapointe. **2.** Le *Panther* du *SS-Hstuf.* Pfeiffer qui est détruit par une pièce antichar canadienne placée à la lisière nord-est de Bretteville. **3.** Le commandant de la *15./25*, von Büttner, est tué sur ce char *Panther*, Sander est blessé, le *SDG* Waldvogel tué. **4.** Tous les hommes de la *15./25* grimpés sur ce char *Panther* sont tués ou blessés : Wachter (tué), Hermann (tué), Strelow (blessé), Molter (blessé), Weis (blessé). **5.** Le char *Panther* sur lequel se trouvent R. Fuss et W. Zimmermann. Il brûlera. **6.** Kurt Meyer et sa moto avec side. **7.** Helmut Belke, le conducteur de la moto de K. Meyer, est tué sur la route. **8.** Char canadien détruit, il brûle dans la nuit. **9.** Mitrailleuse canadienne installée dans une meule de foin et qui tire sur les attaquants. Partout, au milieu des champs, une centaine de soldats canadiens attendaient les Allemands.

Ce plan a pu être établi grâce aux témoignages très précis de trois vétérans allemands, communiqués à Georges Bernage en 1990. Le croquis de base avait été établi par un travail commun. (B. Paich/Heimdal.)

Cette photo est un fantastique document. Elle a été retrouvée après la guerre à Rots avec les affaires du *SS-Hstuf.* Pfeiffer. Elle montre Bretteville vu depuis Rots, une photo de repérage qu'il a alors faite. Nous voyons ici la partie du village située au sud de la RN 13. (Coll. Musée Mémorial de Bayeux.)

K.H. Marckert sur une des *Schwimmwagen* de son unité.

ner s'effondrer touché par balles au ventre alors qu'il était à la tête de ses hommes. *Panzermeyer* se rend à son chevet car c'est un grand ami qu'il va perdre tout comme Helmut Belke. Il a vu une meule de foin en forme de maison devant abriter des Canadiens qui ont arrosé les hommes se trouvant sur les chars allemands qui attaquaient. L'*Unterscharführer* Wächter, qui se trouve lui aussi, avec sept de ses hommes, sur l'un des chars Panther de la compagnie du *Hauptsturmführer* Pfeiffer, dans son plus bel uniforme reçoit une rafale de mitrailleuse qui le projette à terre et trois hommes d'une section de MG sont transpercés par les balles qui pleuvent de partout. K.H. Marckert décide de cogner sa caisse à munition sur la trappe du char. Un *Untersturmführer,* comprenant les drames qui se jouent sur les superstructures des chars, lui passe des bandages afin de soigner les blessés. Ce qu'il fera en bandant ses camarades Strelow et Molter, tous les deux touchés au pou-

Preis 20 Pfennig

IB Illustrierter Beobachter

DONNERSTAG, 22. JUNI 1944
19. JAHRGANG ⁘ FOLGE 25

Mit herzlichen Heimatgrüßen
an die Front von:

VERLAG FRANZ EHER NACHF. GMBH MÜNCHEN 22

Copr. Franz Eher Nachf., G. m. b. H., München 22.

Ihre erste Bewährung.

Bereits bei den Anfangsgefechten im Zuge der deutschen Gegenmaßnahmen gegen die Invasion haben sich die Panzergrenadiere der ϟϟ-Panzerdivision „Hitler-Jugend" hervorragend geschlagen. Schnell hat sich die Härte des Geschehens in ihre jungen Gesichter gegraben.

ϟϟ-PK.-Aufn.: ϟϟ-Kriegsberichter Zschäckel.

Journal d'époque l'*Illustrierter Beobachter* du 22 juin 1944 montrant le *Hauptscharführer* Wilhelm Boigk chef de la *15./25* en discussion avec Max Wünsche de dos que l'on reconnaît à son bandage qu'il porte à la tête.

Stuttgarter Jllustrierte

STADT DER AUSLANDSDEUTSCHEN

Nr. 25 21. Juni 1944 20 Pfg.

Frei Haus 22 Pfg. Ausland mit ermäß. Porto 30 Pfg., Italien 2 Lire, Frankreich 4 frs., Schweiz 40 Rappen, Spanien Ptas. 1.25, Portugal 2 Esc., Ungarn Filler -.36, Belgien 2 bfrs., Holland 20 Cents, Bulgarien 8 Lewa, Rumänien 20 Lei, Schweden 0.50 Kr.

INVASION!
Die deutschen Gegenmaßnahmen laufen!

Bereits in den ersten Gefechten haben sich die Panzergrenadiere der SS-Panzer-Division „Hitler-Jugend" hervorragend geschlagen. Schnell hat sich die Härte des Geschehens in ihre jungen Gesichter gegraben.

PK-Aufnahme: SS-Kriegsberichter Zschäckel (PBZ.)

Journal d'époque, *Stuttgarter Illustrierte* du 22 juin 1944 également et montrant les membres de l'équipe de MG 42 de la *15./25* de la *12. HJ Division*.

mon et au ventre mais qui sont déjà sans connaissance, et ne s'occupera que du troisième garçon, Günther Weiss, qu'il enverra vers Rots pour se faire soigner. Il ne reste que deux hommes valides avec Karlheinz. Il envoie l'un deux demander des ordres au *Hauptscharführer* Boigk. Le chef de char ne pouvant ramener morts et blessés vers Rots, ceux-ci sont déposés le long d'un fossé en attendant l'arrivée rapide d'un véhicule que le chef de char a appelé par radio.

Sur la gauche de la route de Bretteville, les blindés de la 1re compagnie traversent les champs mais des canons antichars canadiens leur décochent quelques obus qui font descendre très rapidement les grenadiers qui se trouvaient sur les superstructures. Un premier char est détruit et flambe illuminant la scène. L'*Untersturmführer* Reinhold Fuss, qui avait sauté du char avant sa destruction, se replie et tombe sur Karlheinz Marckert. Celui-ci lui demande d'autres pansements car il a utilisé tout ce qu'il avait, son agent de liaison le ravitaille. Puis ils se dirigent vers Bretteville. Un engin PIAT bloquera l'avance des blindés allemands qui allaient tomber sur le PC du lieutenant-colonel Matheson qui était à ce moment-là dans une situation dramatique, ayant subi d'énormes pertes suite à l'assaut des grenadiers de la *HJ*.

Karlheinz Marckert aperçoit de chaque côté de la route beaucoup de matériels abandonnés par les Canadiens ainsi que de nombreuses mines en plastique, qui pourraient se révéler mortelles dans la nuit. Il verra aussi comment un soldat canadien blessé et allongé sera écrasé par un *Panther* qui reculait après avoir vu le char précédent se faire détruire par un engin PIAT. Il ne sentira même pas le corps être réduit en bouilli sous les larges chenilles.

De nouveaux combats vont entraîner Karlheinz Marckert dans un repli inexorable.

Le **26 juin**, après une nouvelle attaque canadienne soutenue par des blindés dans le village de Mouen près de Cheux, il sera blessé par une rafale de mitrailleuse qui l'empêche d'échapper à l'attaque canadienne et sera fait prisonnier. Il ne sortira des camps de prisonniers que plus de 40 mois plus tard !

Photo connue d'un mitrailleur de la *12 HJ* en Normandie parue dans le journal d'époque hollandais *Echo* qui relate les combats de Normandie.

Page intérieure originale du magazine Hollandais *Echo* de juillet 1944 et relatant les combats de la *Division Hitlerjugend* en Normandie.

ECHO VAN HET wereldgebeuren

DE EINDSTRIJD IS ONTBRAND

DE WERELD HOUDT DEN ADEM IN

EXCLUSIEVE FOTO'S VOOR „ECHO" VAN HET INVASIEFRONT

Het beslissende oogenblik, waarop het lot van Europa zal worden beslist, is aangebroken. Twee wereldbeschouwingen, de nationaal-socialistische en de joodsch-bolsjewistisch-kapitalistische, maar tegelijk ook twee ontzaglijk gewapende machten, staan tegenover elkander. Gigantische hoeveelheden wapens en troepenmassa's zijn door beide partijen ingezet. De verliezen van de invasoren gedurende de eerste weken zijn zeer hoog, zóó hoog o.a., dat zij niet in staat zijn de lijken der gevallenen te begraven en een cholera- en typhusepidemie gevreesd wordt.

Het is nog te vroeg om een gedetailleerd overzicht te geven van de strategische ontwikkeling, daar er nog te veel onbekende factoren zijn, die in één klap het beeld kunnen wijzigen. Zoo juist is Duitschland, getrouw aan zijn talloze waarschuwingen, de vergelding tegen het Britsche eiland begonnen met een wapen waarvan de verschrikkelijke uitwerking nog verstrekkende gevolgen kan hebben. Dagelijks zullen nieuwe tijdingen de wereld in spanning houden, in razende vaart zullen de gebeurtenissen elkaar opvolgen. De teerling is geworpen, er is geen terug, voor geen van beide partijen. Doch zij die dezen oorlog ontketenden, zullen weten wat het beteekent het Duitsche volk in zijn geheel te willen uitmoorden, Europa en zijn cultuur aan het bolsjewisme te willen uitleveren en de jonge, ontembare en sterke dragers van de nationaal-socialistische idee tegenover zich te hebben.

Portrait de Wilhelm Lexow
(SS-Panzergrenadier-Regiment 26).

Un autre vétéran, **Wilhelm Lexow** écrira qu'après avoir été envoyé à Berlin Lichterfelde à la caserne de la LAH pour la formation de la future division *Hitlerjugend,* le 5 juillet 1943, y avoir subi les premières grosses attaques aériennes sur Berlin, début août 1943, il est envoyé en Belgique au camp d'entraînement de Beverloo. Il est alors attribué au *SS-Panzer-Grenadier-Regiment 26*. Après l'instruction et la familiarisation à plusieurs armes, ils partent en convoi vers la France pour la protection des ponts sur la Seine. Il fait partie de la *12. Kompanie,* équipée de pièces de Flak légère de 2 cm. Mais leurs petites pièces ne sont d'aucune utilité contre les vagues incessantes de gros bombardiers qui larguaient leurs bombes de plus de 10 000 mètres d'altitude.

Au début des combats, son unité se retrouvera aux alentours de Bayeux. Plusieurs gains de terrain lors de violents combats, galvaniseront cette jeune troupe. Au loin, ils purent apercevoir, écrira-t-il, les ballons protégeant le débarquement.

Lors de la grosse offensive alliée du **26 juin** 1944, sur Cheux-Saint-Manvieu, il se retrouvera isolé avec ses camarades, sa compagnie ayant perdu un tiers de l'effectif au combat. Avec d'autres camarades d'une autre compagnie voisine, ils seront faits prisonniers. Il écrivit qu'il ne savait pas combien de ses camarades purent rejoindre la nouvelle ligne de front établie par la division.

Pour lui, comme pour beaucoup d'autres jeunes soldats de cette division, l'espérance de vie sur le front de Normandie était assez courte !

SS-PANZERGRENADIER-REGIMENT 26
12. KOMPANIE (FLAK)

Ci-dessus : un peloton avec ses mitrailleuses MG 42 prêt pour partir à l'exercice. Ceux-ci sont nombreux car la division doit être rapidement opérationnelle.

Ci-contre : petit discours lors de l'instruction. Le drapeau orne la tribune.

Ci-dessus: instruction au petit télémètre qui permet de donner les instructions au tir. Un tir bien dirigé épargne le nombre d'obus à tirer.

Ci-contre: une équipe de pièce MG 42 dans un trou quelque part sur le sol normand. Les visages sont crispés et tendus, l'heure est grave.

Ci-dessous: lors d'un entraînement, les hommes poussent le canon de *Flak* léger 2cm dans une rue en Belgique. Ils attendent les ordres.

Ci-dessus : entraînement en Belgique. Un canon de *Flak* léger 2 cm a été placé dans un trou pour le camoufler quelque peu.
Ci-dessous : exercice à balles réelles ou plutôt ici à obus réels. Notez le camouflage que se sont peints les jeunes volontaires sur le visage.

Une autre équipe de mitrailleurs MG 42 se déplace dans une tranchée. On notera l'étui pour le canon et l'étui de pistolet.

Le bocage normand offre de par lui-même une certaine protection mais il est également redoutable pour les hommes.

Ci-contre à droite : faire-part de décès d'un jeune soldat de la division *Hitlerjugend* tombé, lui, à Thury-Harcourt. Rarement le nom de la division apparaissait sur les faire-part de décès, les *Sterbebilder*.

Ci-dessous : faire-part de décès *(Sterbebild)* d'un jeune soldat de la *HJ* tombé dans les combats pour Caen.

ALOIS BLIEML

SS-Sturmmann
in der SS-Division Hitlerjugend
Bäckermeisterssohn in Stadt Haag

welcher am 8. August 1944 bei den schweren Kämpfen nordostwärts Thury-Harcourt im 19. Lebensjahre für sein Vaterland den Heldentod starb.

Geliebter Sohn du liegst begraben
In fremder Erde Schoß
Als Held bist du gefallen
Das Leid um dich ist groß.
Leb wohl geliebter Sohn
Der Abschied war so schwer

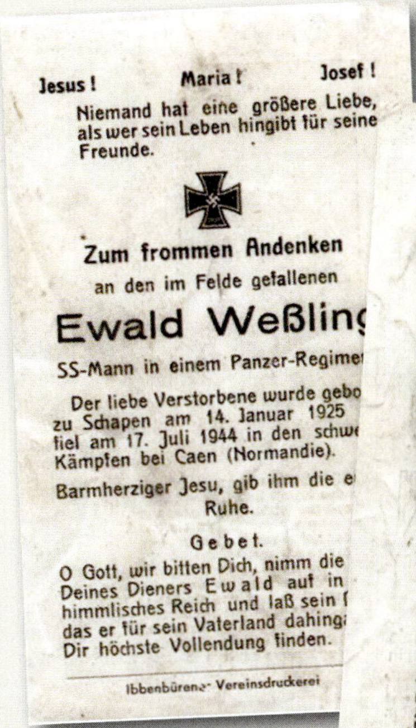

Jesus! Maria! Josef!

Niemand hat eine größere Liebe, als wer sein Leben hingibt für seine Freunde.

Zum frommen Andenken

an den im Felde gefallenen

Ewald Weßling

SS-Mann in einem Panzer-Regime

Der liebe Verstorbene wurde gebo zu Schapen am 14. Januar 1925 fiel am 17. Juli 1944 in den schwe Kämpfen bei Caen (Normandie).

Barmherziger Jesu, gib ihm die e Ruhe.

Gebet.

O Gott, wir bitten Dich, nimm die Deines Dieners Ewald auf in himmlisches Reich und laß sein das er für sein Vaterland dahinga Dir höchste Vollendung finden.

Ibbenbürener Vereinsdruckerei

Mutig bist du ausgezogen,
In den Kampf fürs Vaterland,
Und beim letzten Abschiednehmen,
Reichten wir uns stumm die Hand.
Jeder hoffte nur das eine,
Jeder sprach vom Wiedersehn,
Doch die Hoffnung ist verschwunden,
Auf Erden werden wir uns nicht mehr sehn.
Du warst so jung und starbst so früh,
Wir denken Dein mit Schmerzen.
Die Kugel, die Dich zu Tode traf,
Zerreißt auch uns die Herzen.
Nun schlummre sanft in Gottes Frieden,
Beweint von Deinen Lieben.

SS-PANZER-FLAK-ABTEILUNG 12

Hans Krieg appartenait à la *Flak-Abteilung 12* équipée de 3,7 cm sur semi-chenillés. Voici ce qu'il a transmis dans ses lettres :

Etant né en 1926, je fus incorporé en 1943 à la *Waffen-SS* et en particulier à la future et nouvelle division *Hitlerjugend*. Ma première caserne fut celle de Munich-Freimann où la première instruction fut donnée. Après quelques semaines, je me portais volontaire pour une formation aux appareils de mesure pour canons antiaériens. Cela fut fait dans une école de la *Luftwaffe* à Schöngau-Altenstadt en Bavière. Après trois mois de formation, je rentrais en octobre 1943 à Munich-Freimann. Après deux jours, trente hommes furent dirigés vers Beverloo en Belgique. Là, par groupe de dix, nous avons été affectés aux batteries de 8,8 cm. Je fus pour ma part attribué à la 2e Batterie et je continuais mon entraînement et formation. Toutes les sortes d'appareils de mesure furent testées et aucun n'avait plus de secret pour nous au bout d'un moment. Les exercices avec tirs réels débutèrent aussi. Mi janvier 1944, je fus envoyé définitivement à la toute nouvelle 4e Batterie équipée de canon de *Flak* 3,7 cm. J'appartenais au *III. Zug* (peloton) composé de trois canons montés sur semi-chenillés.

Photo portrait de **Hans Krieg** de la *Flak 12 HJ*. Hans porte l'insigne de sport de la Jeunesse hitlérienne.

Très belle et intéressante photo montrant le canon de *Flak* 3,7 cm de l'unité de Hans Krieg, ici à l'entraînement.

Position de tir terrestre pour la même pièce de *Flak* 3,7cm. On voit l'un des hommes apporter un container d'obus.

Autre vue de l'une des pièces de 3,7 cm de l'unité.

Entraînement en Belgique de la *4. Batt./SS-Flak 12 HJ* à laquelle appartient Hans Krieg. Les pièces sont disposées sur le quai de déchargement dont on aperçoit la voie à droite.

Ci-dessus : la garde présente les armes. Cela fait partie également de l'entraînement du militaire.

Ci-contre à droite : l'un des hommes porte sur les épaules le télémètre qui permet de guider le tir de la pièce de 3,7 cm *Flak*.

Mi-février, nous nous sommes installés à Herentals, à environ 30 kilomètres de Beverloo. Là, le travail d'instruction et d'exercice continua avec de temps à autre les premières alertes. Le 10 avril 1944 la 4e Batterie fut envoyée en France, à Ivry-La-Bataille et, de là, par la route, jusqu'à Dreux.

La *Flak* de la *HJ* devait y défendre un aérodrome et notre batterie se trouvait à 1,5 km de la gare. Il faisait chaud et nous transpirions sous nos tenues camouflées. Nous y avons construit des tranchées et des abris pour nous, tout en étant de plus en plus souvent alertés par la venue de formations d'avions alliés.

Le **11 mai 1944**, la 4e Batterie et une bonne partie de notre *Flak* est dirigée vers Vernon, sur la Seine, afin d'y être placée en protection aérienne du pont qui y enjambe la Seine. Le pont ferroviaire avait été peu de temps auparavant détruit par des *Jabos*. Deux pelotons se trouvaient à droite et le nôtre à gauche. Non loin de la gare, nous avons enterré nos engins de *Flak* afin de les dissimuler le plus possible aux vues des Jabos. Nous étions le plus souvent en poste à nos canons de Flak, sauf lorsque, par petits groupes, nous pouvions nous rendre au bord de la Seine et nous y baigner. Chaque jour, les alertes se succédaient car les bombardements se faisaient de plus en plus fréquents. Cela nous stressait mais la population souffrait encore plus de ces bombardements alors que les bombes ne leur étaient pas destinées. Ces bombardements allaient devenir encore plus violents après le 6 juin.

Les jeunes hommes vont boire une bouteille peut-être achetée dans un magasin belge.

Le **20 mai** 1944, nous avons perçu un SdKfz 7/2 sur lequel nous avons pu encore monter un canon antiaérien de 3,7 cm.

Le **26 mai**, un essaim de bombardiers moyens de type *Marauder* survola nos positions afin de bombarder le pont et la ville. Notre peloton ne fut que très légèrement touché mais un canon léger de 2 cm du Régiment 25 de la *HJ* fut détruit. La population fut cruellement touchée.

Le **28 mai**, Pâques, changement de position vers un autre pont, celui de Gaillon (Courcelles). Le *I. Zug* est cantonné à Elbeuf pour y protéger le pont avec ses canons de 88mm et, à droite et à gauche, les *II.* et *III. Zug* à un kilomètre de nos positions. Plusieurs fois par jour, des nuées de Jabos surgissant du soleil attaquaient le pont pour le détruire. Grâce à notre feu très précis, celui-ci sera préservé mais la ville de Courcelles sera, elle aussi, très touchée par les bombes ainsi que par les balles de mitrailleuse et canons des avions. Comme, le 4 juin, le pont était toujours intact, au soir trois vagues de bombardiers *Marauder* apparurent à très haute altitude, pour éviter nos tirs trop précis, et le détruisirent. Quelques bombes tombèrent près de nos positions et, heureusement, ne firent que nous enterrer sous des masses de terre et de gravats. Si des camarades s'étaient trouvés dans leurs trous il aurait été vraisemblable que nous ne les aurions pas retrouvés.

Nos engins très bien enterrés et camouflés furent tout de même ensevelis sous des montagnes de terre mais, après quelques heures d'effort, tout était remis en place sans dégâts. Le **5 juin**, nous avons écrit des lettres à nos parents sans savoir que, le lendemain le débarquement allait s'opérer non loin de nous. Malgré tout, la fréquence des allées et venues de Jabos et de bombardiers nous le faisait pressentir mais tout là-haut ils n'y croyaient pas vraiment !

Ce n'est que vers minuit, le lendemain (le **6 juin 1944**) qu'un motocycliste vint nous prévenir du débarquement et nous mettre en état d'alerte pour un déplacement rapide. Nous sommes prêts très rapidement mais il faut encore attendre une paire d'heures pour recevoir l'ordre de départ. Le *III. Zug* reçoit l'ordre d'avancer jusqu'aux Andelys afin d'y prendre position pour défendre les bateaux servant aux traversées et le *II. Zug* doit prendre position de l'autre côté après avoir traversé. L'incursion permanente de Jabos oblige très souvent nos hommes à camoufler les bateaux et pontons de transport. Puis, en fin de soirée, nous parvenons aux alentours de Lisieux. Parvenus en dehors de la ville, nous nous installons dans un jardin fruitier, la ville ayant subi d'intenses bombardements la nuit précédente. Au matin, alors que nous allions partir pour nous rapprocher du front, un *Jabos* surgit du ciel et nous mitraille endommageant fortement notre engin, tuant un homme et en blessant gravement deux. Nous restons deux hommes valides sur l'effectif de cinq d'un canon de 3,7 cm ! Nous repoussons notre véhicule jusqu'au jardin

L'équipe de pièce entourant leur pointeur qui a abattu un *Jabo*. On voit très bien le pare-flammes de la bouche du canon de 3,7 cm.

Par convoi ferré la division *Hitlerjugend* gagne la Normandie où d'ici peu se déverseront les troupes alliées. On distingue ce qui semble être des canons de *Pak* 7,5 cm.

4./SS-Flak-Abt. 12 à gauche, l'*Untersturmführer* Sascha Bibrich (venant de la *LAH*). Au milieu l'*Unterscharführer* Conrad Reinhold (venant de la *LAH*) et, à droite, le *Rottenführer* Siegfried Huth (venant de la *Wiking*).

Le *Hauptsturmführer* Fendt, *Kdr* de la *Flak HJ*.

4./SS-Flak 12 HJ. A gauche, l'*Unterscharführer* Otto Geissler, à droite, l'*Unterscharführer* Heinz Chauer.

fruitier pour le mettre à l'abri et pouvoir le réparer. Les autres véhicules de notre peloton continuent leur avance vers le front. Le jour suivant et, avec l'aide d'un mécanicien et de pièces de rechanges, notre véhicule est de nouveau prêt au combat. Au soir, nous partons donc un peu à l'aventure mais tombons avec de la chance sur les deux autres pièces de notre peloton, le long de la route N 175, entre Verson et Mouen.

Le terrain d'aviation de Carpiquet près de Caen est le but final et il est atteint rapidement et nous y resterons jusque mi juillet 1944. Nous y œuvrerons tous les jours car l'activité aérienne alliée sera très intense et l'aviation allemande quasi absente ! Par contre les gros obus de marine nous inquiètent davantage, étant donné les dégâts qu'ils causeront et contre lesquels nous ne pourrons rien faire.

Lentement mais inexorablement, le recul se fait jour jusqu'à la sortie du Kessel de Trun, le 19 août 1944, par la Cote 262. Seul notre engin parvient jusqu'au train de combat qui se trouve déjà à Louviers. Trois engins sont détruits par nous-même, faute de munitions ou de carburant. Ainsi la 4e Batterie récupérera deux engins (*2 Flak Vierling 2 cm*) qui se trouvaient en réparation à l'atelier et donc seuls trois *Sfl (automoteurs)* pourront rejoindre l'Allemagne (et non neuf comme il est souvent écrit !), grâce au train qui débarque en Belgique notre engin de 3,7 cm et les deux *Flak Vierling*.

Le **22 août**, la batterie atteint la Seine à Elbeuf et, sur un ponton, peut traverser le fleuve le soir même, sous une pluie battante qui interdit l'envol des *Jabos*. »

Un autre vétéran de la *Flak-Abteilung* a également écrit et décrit, lors de plusieurs rencontres, comment il s'était engagé en mai 1943 à l'âge de 17 ans et après avoir suivi quelque temps l'instruction à Wildflecken et à Prague, il a été envoyé avec d'autres jeunes en Belgique et par la suite en France, à Moulin-la-Marche près d'Evreux. Son unité fut engagée dans les combats autour de Caen et dut faire repli après repli, un retour derrière la Seine. Il mentionna toujours le manque de munitions et de carburant qui ont perturbé les actions. Cela indiquait, dira-t-il, que déjà le vent avait tourné et qu'il ne fallait plus escompter une victoire. Le 14 août, il sera blessé lorsqu'un *Jabo* attaquera son *Flak Vierling*, tuant et blessant plusieurs des membres de l'équipe de tir qui aura tout de même eu le temps d'incendier son attaquant. Blessé, il sera dirigé sur Paris et, dans un train sanitaire pourvu de grandes croix rouges, sera la cible de «partisans» dans certaines traversées et surtout des *Jabos* qui faisaient fi des grandes croix rouges.

Canon de 3,7 cm de la *4. Batterie SS-Flak 12 HJ* en action en Normandie en 1944.

Un autre canon de 3,7 cm *Flak* de la *12. HJ* en pointage très positif pour atteindre plutôt des bombardiers légers type *Marauder*.

Voici maintenant le témoignage de **Karl Heinz Aevers** qui fit partie de la ***SS-Panzer-Flak-Abteilung 12*** de la *HJ* et prit part aux combats de Normandie.

« Tout d'abord, je suis né en 1926 et les jeunes, comme moi, nés cette année-là, devront fournir une très grosse partie des nouveaux jeunes soldats de la *Division "Hitlerjugend"* qui devait être le "diamant" des divisions de cette époque, montrant comment les jeunes du régime hitlérien se comportaient au front. Ils devaient être le reflet d'une jeunesse forte et saine et surtout combative jusqu'au sacrifice pour la patrie. Ce fut ainsi aussi qu'elle se comporta et nombre de volontaires de cette division laisseront leur jeune vie sur les champs de bataille de Normandie où ils devaient livrer leurs premiers combats.

Déjà, fin novembre 1942, nous avons été appelés à nous réunir dans une salle de la ville voisine pour une grande discussion. Personne ne nous avait en fait dit que cette réunion avait pour but de nous faire signer un engagement dans la Waffen-SS et plus précisément pour la future division *Hitlerjugend*. Les membres de la *HJ* y étaient plus ou moins contraints de s'y engager et l'effet de groupe, pour ne pas trahir ses camarades, joua à plein. Donc moi aussi, pour ne pas sortir du rang, je signais un engagement pour cette division et, étant donné que nous étions tous membre des Jeunesses hitlériennes, l'autorisation parentale n'était pas nécessaire.

Ci-contre : portrait de **K.H. Aevers** ayant fait partie de la *Flak HJ* (8,8 cm) comme membre d'un appareil de mesure pour cette arme.

Ci-dessous : journal d'époque, de juin 1943, montrant H. Himmler et A. Axmann passant en revue les premiers volontaires pour la nouvelle division « *Hitlerjugend* ».

Carte postale d'époque prônant l'engagement dans la *Waffen-SS* et plus particulièrement pour les jeunes de la *Hitlerjugend* dans la division portant le même nom.

AKTUELLE
BEILAGE
rscheint wöchentlich
. Juni 1943 Nr. 25
daktion, Druck und
rlag Conzett & Huber,
rich · Morgartenstr. 29

In freien Stunden

Deutscher SS-Nachwuchs

diesen Tagen wurden ehrere tausend Kriegsfreiilige der Hitlerjugend von r Waffen-SS übernommen. handelt sich hierbei um gehörige des ältesten hrganges, die sich vorzei der Fronttruppe zur Verung gestellt haben. Ihre herige militärische Ausdung, die sie in den sogenten Wehrertüchtigungsern der Hitlerjugend erten, dauerte 4 Wochen. dem dort erreichten sen und Können werden nun — 17- bis 19jährig in die Einheiten der ffen-SS eingereiht, wo sie die richtige gründliche bildung erfahren. Nachkommen sie zum Frontsatz. *Bild:* Reichsführer Himmler und Reichsndführer Axmann beim hreiten der Front eines tingents Hitlerjugendilliger.

Russische Kriegsflieger

Wir sind an der Mittleren Ostfront auf russischer Seite unter Kursk, über welcher Stadt sich in den ersten Tagen des Juni eine große Luftschlacht abgespielt hat, bei welcher die Deutschen — nach russischen Angaben — von etwa 500 eingesetzten Flugzeugen 162 verloren haben. In der Mitte des Bildes sehen wir den Piloten und rechts von ihm den Bordschützen eines russi-

Le grand télémètre utilisé pour donner les coordonnées de tir pour le canon de 8,8 cm.

Et puis, en juillet 1943, je reçus la feuille m'indiquant que je devais me rendre pour le 10 août 1943 à 8 heures à la caserne de München-Freimann afin d'y être incorporé au *SS-Flak Ausbildung und Ersatz-Regiment 25/26*. J'étais étonné de ne pas être incorporé parmi les motocyclistes pour lesquels j'avais opté lors de ma signature.

Aussi, le 9 août 1943, je quittais la gare de Wesermünde à 6 heures pour arriver à Munich à l'heure prévue. Le trajet durera 20 heures et c'est vers 3 heures du matin que la gare de Munich fut atteinte. Petit à petit, le quai de la gare vit arriver des trains de toute l'Allemagne, amenant les jeunes volontaires. Puis à 7 heures, les trams et bus nous ont enfin conduit à la caserne. Enfin, cela nous permit de faire un tour de la ville qui, contrairement à Francfort, Hanovre ou Cologne, n'avait pas encore trop subi de bombardements. L'arrêt se fit face à une imposante caserne. Après avoir contrôlé nos papiers, la sentinelle nous fit entrer.

Peu à peu, les conscrits volontaires firent grossir leur nombre jusqu'à ce que nous soyons une cinquantaine. Alors, peu avant midi, un sous-officier se présenta et là commença pour nous la vie de soldat. Nos cantonnements nous furent montrés et les cinq étages du bâtiment n'avaient pas de secret pour nous. La propreté et l'ordre qui y régnait nous ont fortement marqué. Vers midi, ce fut un frugal repas bavarois qui nous fut servi et nous avons testé des plats que nous ne connaissions pas comme les saucisses blanches bavaroise avec une sauce aigre-douce ou les klösels à la mode bavaroise. A 14 heures, suivit la perception de l'habillement. Nous espérions enfin chausser les fameuses bottes allemandes mais notre vœu ne fut pas rempli car le cuir à cette époque de la guerre était rationné et une bonne paire de chaussures cloutées et des guêtres nous furent remises.

Après quatre semaines d'instruction de base à la caserne de Munich-Freimann, nous avons été

Canon de 8,8 cm à l'exercice, il s'agit du canon *Dora*.

4. Batt./SS-Flak 12, le chef de peloton était l'*Ustuf.* Horst Czymik.

escortés par le peloton de musique pour atteindre la gare afin d'être convoyés par train vers la Belgique et la gare de Leopoldsburg et pour le camp de Beverloo, situé un peu en dehors de la ville. Nous y cantonnerons avec l'interdiction de quitter le camp sous peine de graves sanctions. Cette ancienne caserne coloniale belge était propre mais pas des plus modernes. Les repas étaient bons avec, à la place des cigarettes, des bonbons, car nous étions trop jeunes pour fumer, et aussi, chaque jour, un grand bol de lait nous était versé.

Enfin le chef de l'*Abteilung* de *Flak* de la *HJ* se présenta et chacun fut attelé à l'une des fonctions nécessaire à la constitution d'un tel groupe. Les différentes armes nous furent présentées par notre chef, l'*Obersturmbannführer* Fendt. Toutes les fonctions devront être remplies afin que l'*Abteilung* soit en état de combattre rapidement. Pour ma part, je ferais partie des équipes faisant l'apprentissage des grands engins de mesure de la 2e Batterie, sous les ordres d'officiers ou de sous-officiers venant pour une bonne partie d'anciens de la division mère *LAH*. Notre adjudant avait été blessé au genou à Charkow et, après sa guérison, fut versé à notre division. Les semaines se passèrent avec un apprentissage profond et un stage dans une usine à Roubaix avec des cantonnements non loin près de Lille où nous avons tout appris sur nos appareils de mesure. Ce stage et cette période ne m'ont laissé que de bons souvenirs. A Beverloo commença aussi une longue et bonne instruction pour l'utilisation du *Kommando Gerät 40* de 4 mètres de long destiné à donner les informations nécessaire à la justesse d'un tir de notre Flak, surtout pour les bombardiers volant assez haut.

Le temps passa ainsi et, en octobre 1943, je fêtais mes 17 ans. Nous avons également pu constater qu'il fallait au moins huit hommes pour sortir l'appareil de mesure de sa caisse pour l'installer sur son affût. Mais pour installer la caisse pleine sur un camion ou sur un semi-chenillé, ce fut une autre histoire et, malgré les bras de huit gars, nous ne parvenions qu'à mi-hauteur et l'équipage du véhicule n'était pas de trop pour pouvoir installer la caisse ! Lorsque j'y repense, je me demande encore comment nous avons fait lors des combats !

Début d'année 1944, arriva notre chef de batterie, le *Hauptsturmführer* Riedel. Celui-ci était d'une tenue remarquable et toujours impeccable. Il nous dirigera jusqu'à la Normandie puis nous ne le verrons plus. Petit à petit, nous recevions les véhicules manquants. Beaucoup étaient italiens. Même si ceux-là n'étaient pas de toute première valeur, cela valait mieux que rien. Les semi-chenillés qui tiraient nos 88 étaient eux de fabrication allemande. L'un de mes camarades, conducteur d'un de ces énorme engin, m'initiera à sa conduite car, sans cela, impossible de s'en servir. Pour certains véhicules plus légers, les manœuvres se faisaient en les poussant autant que possible à la main pour économiser l'essence qui était une denrée rare. Au début de l'année 1944, nous avons fait un trajet vers la côte hollandaise pour y concrétiser notre apprentissage et voir la justesse de nos tirs. Ils furent tout d'abord effectués sur des cibles fixes puis, ensuite sur des cibles plus appropriées à la fonction antiaérienne, en tirant sur des cibles tractées par des avions. Fin mars-début mai, nous avons été envoyés en convoi ferroviaire vers notre nouvelle destination, la France, dans la région parisienne nous avait-on dit. Depuis le début mai, l'aviation alliée se déchaînait sur les voies ferrées

Trois membres des transmissions de la Flak de la *HJ* devant leurs véhicules.

et les gares afin de perturber au maximum les liaisons ferroviaires. Nous avons reçu comme ordre, en pénétrant en France, de doubler les hommes de garde, pour éviter les problèmes avec les actes terroristes de la résistance, et afin de prévenir, bien en temps, les hommes des attaques aériennes. Mais pour nous, tout se passa bien. Début juin, notre batterie se trouvait dans la région de Gaillon.

Puis arriva la nouvelle, tant soit peu attendue mais redoutée, du **Débarquement** allié en Normandie. L'alarme générale nous envoya le plus rapidement possible dans la région de Caen. Je me souviens encore être perché sur un camion rempli de munition et de chercher le moyen de traverser la Seine dans ses méandres. La majeure partie des ponts ayant été détruits par les nombreux raids de l'aviation alliée, ce sont alors des pontons qui nous feront passer de l'autre côté. Sur les routes nous menant au front, nous subissons les constantes attaques de Jabos, que nous devons éviter en nous protégeant comme nous pouvons de leurs mitrailleuses et de leurs bombes mais aussi, ce qui est nouveau pour nous, de leurs roquettes qui font tellement de dégâts sur nos véhicules. Mais tout ce qui bouge est une cible potentielle et certains pilotes s'amusent à tirer même les soldats isolés. Le lendemain de notre arrivée au petit matin, le brouillard nous protège un moment puis, se levant lentement, les *Jabos* apparaissent aussi, à un moment j'en aperçois un qui vire pour nous aligner, je préviens tout le monde et saute pour m'abriter dans un fossé, heureusement vide d'eau. Le chauffeur a conduit le véhicule un peu à l'abri d'arbres avant de sortir aussi. Le pilote du Jabo n'est pas des plus habiles et ses tirs se dispersent à droite et à gauche sans faire de blessés ou de dégâts. Puis, sans doute à court de munitions, il retourne d'où il venait. Nous remontons dans nos véhicules et, par Gaillon, Evreux, Lisieux et Caen, nous atteignons l'aérodrome de Carpiquet sans avoir à subir l'attaque de l'aviation alliée. Notre batterie est arrivée à destination sans encombre.

Le lendemain, déjà en position, notre batterie abattra un premier Jabo. Celui-ci, ayant remarqué la batterie se met en position d'attaque et nous voyons nettement les petits obus de Flak de 2 cm le toucher mais ricocher sur ce qui semble être un blindage ! Mais, après avoir bien donné les coordonnées, l'un de nos 88 lui envoie un obus qui le touche. Je ne sais plus si le pilote put s'échapper

Exercice avec le petit télémètre pour donner les coordonnées de tir qui permettront d'abattre sûrement les *Jabos* ou bombardiers à basse altitude.

Un *Scharfschütze* (tireur d'élite) de la *Hitlerjugend* avec une lunette de tir ZF 40 sur le Mauser 98 K. Les garçons de la *Hitlerjugend* avaient une grande expérience du tir et nombre d'entre eux étaient d'excellents tireurs.

mais l'avion émet un gros panache de fumée et va s'écraser un peu plus loin. Ceux des engins de mesure reçoivent l'*EK II* pour leur bon travail. Cela est également fêté. Les jours suivants nous devons encore changer de position, cette fois vers la route Nationale 13 près de Franqueville.

Là, nos pièces sont dirigées contre les blindés anglo-canadiens, avec autant de réussite. Le jour suivant, nous voyons un avion que nous pensions, tout d'abord, être un *Jabo* mais, de par sa lenteur et après qu'il ait largué quelques bombes fumantes qui indiquent nos positions, nous comprenons rapidement qu'elles sont destinées à leur artillerie de marine. Rapidement aussi, nous gagnons nos trous d'hommes et tranchées qui étaient préparés pour cela. Bien nous en prit car, peu de temps après, les premiers obus dégringolent sur notre position. Heureusement, en ne faisant que peu de dégâts, seul un homme est légèrement blessé au bras par des éclats. Preuve que nos trous étaient bien faits.

Un *Hauptscharführer* et un *Untersturmführer* de l'état-major de la *Flak 12 HJ*.

Le lendemain, nous avons, par contre, enterré le chauffeur du chef de batterie, un Suisse alémanique du nom de Fritz Fisser, très aimé de ses camarades, qui en allant chercher la voiture pour son chef fut touché par un obus qui explosa non loin de lui, le transperçant d'un grand nombre d'éclats. Ses restes sont maintenant dans le grand cimetière de La Cambe. Ce sera le premier mort de la batterie que nous enterrerons mais pas le dernier, malheureusement. Notre position n'est pas très loin de Bretteville-sur-Odon où se trouve alors le PC divisionnaire. Nous apprenons que nos camarades avaient fait prisonnier des Canadiens et nous voulons les voir. Malheureusement, lorsque nous pouvons nous y rendre ceux-ci sont déjà partis.

Plus tard, nous devons nous rendre à Caen pour y enlever des munitions et du matériel. Nous traversons une ville ravagée par les bombardements incessants des alliés. Et, même lorsque nous traversons, des projectiles éclatent ça et là. L'artillerie de marine écrase tout de ses tirs de gros calibres.

Un jour, le *Spiess* me demande de l'emmener, avec ma Fiat, en passant par Carpiquet, jusqu'à Franqueville. Comme je dois le déposer au PC de direction de tir, je me faufile avec ma petite auto italienne entre les batteries et les tranchées, sans me rendre compte que je pouvais servir de cible pour l'aviation ou l'artillerie et leur provoquer des dégâts. Heureusement, notre visite ne dure pas trop longtemps et n'entraîne aucun tir. Cela me servira de leçon. La nuit, lorsque nous sommes de factions, l'horizon s'éclaire de tirs et d'explosions plus ou moins proches qui illuminent le ciel. J'observe même les lueurs d'un pot d'échappement de char.

Nous sommes sur cette position depuis environ une semaine lorsque nous parvient la nouvelle de la mort de notre *Kommandeur*, Fritz Witt. Son PC n'était distant de nous que de 1,5 à 2 kilomètres.

Un tir d'artillerie de marine fit quelques morts et blessés parmi les membres du PC divisionnaire. Il était très apprécié de sa jeune troupe dont il était très fier, tout comme son successeur *Panzermeyer* que nous connaissions depuis Beverloo où il avait circulé avec un *Panzer* de prise T-34 pour habituer les jeunes volontaires à l'apparence des chars ennemis.

Les jours sur ces positions nous sont comptés car la pression alliée devient de plus en plus forte. De plus, la *Luftwaffe* est pour ainsi dire absente et l'aviation alliée s'en donne à cœur joie, ne craignant, en fait, que les tirs de nos canons de *Flak*.

Entre-temps, je dois encore conduire un autre véhicule italien, par contre celui-là doit être démarré à la manivelle et cela devient par moment assez dur. Le *Rottenführer* qui m'accompagne ne m'est pas très agréable, aussi, lorsque cela est son tour d'aller tourner la manivelle, je ne pompe les gaz que très peu pour démarrer ce qui entraîne plus de tours de manivelles ! Deux jours plus tard, nous avons rempli notre véhicule de quoi nourrir notre batterie.

Nous devons de nouveau changer de positions et, encore une fois de nuit, pour échapper au tracas des *Jabos*. Seulement, les phares sont interdits et la conduite dans de telles conditions est un challenge incroyable. J'avais demandé à un membre du véhicule précédent de tenir une petite lumière rouge à l'arrière afin que je puisse m'orienter et ne pas le percuter. De plus, ma « carriole » italienne, une fois démarrée, offre beaucoup de difficultés à un redémarrage en cas de calage. Le parcours se fait sans trop de problèmes mais avec un grand stress. L'abri de grands arbres nous procure un grand soulagement en arrivant à destination.

Nous sommes un groupe de 10 à 15 chauffeurs et lorsque notre nouveau chef, l'*Oberscharführer* Hauffe, demande des volontaires pour se rendre de Lisieux à Sens (au sud-est de Paris) afin d'aller y chercher de nouveaux véhicules neufs pour l'*Abteilung*, je me précipite en espérant trouver autre chose qu'un véhicule italien. Le trajet n'a rien d'une partie de plaisir avec l'activité intense des Jabos mais il faut le faire. Malgré tout, la route est calme et bien asphaltée. Le départ à la tombée de la nuit nous permet d'arriver au petit jour à Paris et nous nous stationnons sous les ombrages du Bois de Boulogne en attendant la nuit pour repartir vers Sens. Cette ville est atteinte le lendemain au petit matin. Un peu à l'écart de la ville, dans une forêt, se trouve le dépôt de matériels avec de flambant neufs camions Ford, Type V 3 000 de 3 tonnes et demi. Tous ont une peinture jaune sable et devaient certainement être destinés auparavant aux troupes d'Afrique. Il y a là non seulement de tels camions mais aussi des versions semi-chenillées que nous appelions *Maultier*.

La nuit une fois tombée, nous prenons la route dans l'autre sens et, rapidement, Paris devait être atteint mais une pause urgente est nécessaire car nous roulons un peu vite et le liquide de refroidissement avait besoin d'une halte. A Paris, notre chef prit de nouveaux ordres et nous devions charger des munitions pour les ramener au front. Le dépôt de munitions se trouve entre Paris et Reims. Après un long cheminement de nuit, nous sommes parvenus au but. Un dépôt enterré avec des tas de routes à l'intérieur d'un véritable gruyère ! Un ensemble de tunnels bien organisé amène à différentes sortes de munitions et notre camion est chargé avec des obus de 15 cm. Que dire de l'impression de conduire une bombe roulante que le premier *Jabo* venu se ferait un grand plaisir d'envoyer au ciel dans une grande gerbe de flammes. Mais je pensais alors qu'en ce cas je n'aurais pas

La tombe de Fritz Fisser (Suisse) et qui fut tué en tant que chauffeur de son chef de batterie.

L'*Obersturmführer* Fritz Ritscher chef *4./SS-Flak Abt. HJ*.

Semi-chenille portant un canon de *Flak* 3,7 cm faisant partie de la *4./Flak 12 HJ.* Les canonniers Jäger *(à gauche)* et Megow *(à droite)*.

beaucoup le temps de penser et qu'il ne resterait pas grand-chose de moi. Par un autre tunnel nous sortons de nuit encore pour rejoindre le front en essayant de nous orienter. Nous contournons Paris et prenons la direction de Caen. Aux lueurs des explosions et des combats nous savons que nous approchons du front. Chaque camion est dirigé vers des batteries d'artillerie où les canonniers déchargent rapidement notre dangereux chargement. La rapidité a beaucoup d'importance car l'artillerie alliée et celle des navires sur la côte est loin d'être muette.

D'autres voyages entre la Normandie et Sens, en passant par Lisieux et Paris, auront lieu afin d'amener du ravitaillement en armes, munitions, vivres et matériels de remplacement. Heureusement pour moi, chacune de mes allées et venues se terminera bien et le fait de rouler de nuit et pratiquement sans lumière, seule la lune nous donnait parfois un peu de lueur, ne causera pas de problèmes.

Comme notre propre unité est logée dans un château sur une hauteur, nous pouvons observer, avec les jumelles et appareils d'observation, une unité de notre *Flak* installée dans une petite vallée en contrebas. Nos batteries sont toujours prêtes à faire feu sur les incessantes concentrations de bombardiers qui s'en vont bombarder la région et, de plus en plus loin, pour casser nos voies de communications et de ravitaillement. Un jour, je peux ainsi observer l'approche d'une telle formation ainsi que la mise en alerte de notre *Flak* et les 16 à 20 canons ouvrent le feu de concert aux ordres de nos officiers. La première vague passe au-dessus de la position et, de ce premier tir, quatre machines de type *Marauder* sont touchées et, pour certaines, vont s'écraser au sol. Les vagues suivantes subissent le même sort et un vent de panique parcourt leurs rangs. Mais également, ayant rendu compte des pertes, immédiatement, un feu de contre-batterie, de la part des navires situés au large, commence et les obus se mettent à pleuvoir plus ou moins sur la position. A croire que toute la marine anglaise nous tire dessus. La puissance de leurs canons leur permet en fait de tirer jusqu'à une bonne distance dans l'arrière-pays. Lors d'un changement de position, nous nous portons volontaire pour conduire un coupé sport BMW qui appartenait à l'état-major et se trouvait en réparation. Un camion le tractait mais nous ne nous étions pas aperçus que les freins ne marchaient plus très bien et, lors des embouteillages de la circulation et alors que le camion tracteur freine brutalement, nous avons beaucoup de mal à nous arrêter et, plusieurs fois, le heurtons. Le *Spiess*

L'un des neuf canons de 3,7 cm *Flak* de la 4e Batterie. On voit ici toute l'équipe de pièce avec le chef de pièce. **De gauche à droite :** Jäger, Megow, Deml, *Uscha* Scharrer, canonnier Fiedler, Vogdt et le chauffeur du véhicule, Salm.

Vue latérale d'un de ces engins sur lequel ont combattu Paul Baier et aussi Hans Krieg, avril-mai 1944 en France.

croit que nous avions bu mais, lorsqu'il lève le capot, il se rend compte de son erreur. Nous démontons le câble de remorquage, poussons le cabriolet sur le côté, en demandant à l'atelier de réparation de s'en charger différemment qu'en le tractant. Nous montons dans le camion et rejoignons notre nouvelle position. Nous nous trouvons à nouveau dans la région d'Evreux comme lorsque nous sommes arrivés début juin, bien avant le débarquement. Mais cette fois il s'agit de recul et de repasser autant que possible la Seine. Les ponts sont presque tous détruits par l'aviation alliée.

Il faut maintenant, de nuit chercher un endroit où se trouve un moyen de passage. De longues colonnes s'établissent ainsi aux endroits où les pionniers ont construit des pontons pour traverser. Cela ne se fait que de nuit, par crainte des *Jabos*, mais dès que la nuit finit, les pionniers démontent les installations afin de les dissimuler à la vue des aviateurs. Mais les colonnes encore en attente et bloquées par le nombre de véhicules, deviennent des proies faciles pour l'aviation.

C'est alors notre cas, car la clarté ne va pas tarder à pointer et les pionniers de la Wehrmacht vont commencer à démonter leur ouvrage. Nous sommes à quelques véhicules prêts à passer. Devant nous, un *Kübelwagen* avec un *Untersturmführer* en tenue noire d'un *Panzer-Régiment* de la *Waffen-SS*, sort du véhicule et, avec sa MP, convainc ceux-ci de faire encore quelques navettes. C'est notre chance. Mon camion qui, en plus, transporte du carburant aurait constitué une cible de choix. De plus, je tractais un autre véhicule semi-chenillé qui transportait, lui, des pièces de véhicules dont un gros moteur, très lourd et qui dépassait du véhicule. Sur le ponton, je faillis passer à l'eau et, ralentis par la traction du véhicule, j'ai beaucoup de peine à remonter sur l'autre rive, jusqu'à ce que, d'un coup, tout est plus facile, en fait, le gros moteur est tombé à l'eau ! et, nous allégeant, a facilité la remontée. Nous bénéficions aussi du brouillard qui émane de la Seine à cette heure très matinale et de la pénombre encore présente. Les pionniers peuvent ensuite démonter leurs ouvrages et les camoufler en attendant la prochaine tombée de la nuit. Mais les véhicules qui n'avaient pu traverser vont constituer des colonnes qui se transformeront en brûlots, victimes des obus, des bombes et des roquettes. Impossible pour ceux-ci de bouger, bloqués dans des embouteillages incroyables. Nous avons, avec beaucoup de chance, put ainsi sortir du grand chaudron de Normandie. Nous avons traversé Rouen dont la cathédrale brûlait et notre colonne se fit un chemin parmi des décombres fumants. Notre étape suivante devait être Beauvais que nous atteignons vers midi. Eh oui, c'est en plein jour que nous faisons le chemin en longues colonnes. Sous un soleil de plomb et sans que nous ayons à subir l'attaque d'un seul avion ! Ils sont probablement tous concentrés sur ce qui restait des troupes allemandes en Normandie.

Je n'ose penser à ce qui se serait passé si une vague de bombardiers était survenue car se trouve là, dans un énorme embouteillage, des véhicules de toutes sortes et aussi des engins tractés par des chevaux. Par miracle rien ne s'est passé ! Nous demandons les ordres afin de rejoindre notre unité et pourvoir en carburant les véhicules de notre unité qui en ont en fait bien besoin. Ainsi ravitaillé, le retour vers l'Allemagne peut se faire. Nous devons aussi abandonner le véhicule que nous tractions car il rendait ardu notre repli. D'une part, il fatiguait notre propre embrayage, ensuite cela nécessitait plus de carburant pour le tracter. Aussi nous recevons l'ordre de le laisser, non sans l'avoir auparavant détruit. Un baril ayant contenu de l'essence suffit à l'embraser. Nous passons ensuite par la Belgique jusqu'aux environs de Namur où notre véhicule rend l'âme. Le moteur hoquette une dernière fois après nous avoir rendu tant de services. Notre véhicule stationne dans le centre du village. Après avoir testé la population locale par crainte des partisans, nous pouvons percevoir un peu de nourriture, puis nous rencontrons le *Kübelwagen* d'une unité du *Heer*, elle aussi en retraite qui, après avoir pris connaissance de notre situation, nous promet de venir nous prendre le lendemain matin mais en nous enjoignant l'ordre de rendre notre véhicule hors d'état de servir pour l'ennemi. Nous demandons alors à la population de nous aider à emmener notre véhicule à l'extérieur du village pour le détruire sans endommager quoique ce soit du village. Ce qui est fait sans aucun problème. Nous disposons deux têtes de *Panzerfaust* dans le compartiment moteur et mettons le feu au véhicule, au bout d'un moment celles-ci explosent, rendant le véhicule inexploitable. Le lendemain, comme promis, le *Kübelwagen* est là pour nous emmener vers l'Allemagne où nous rejoignons notre unité et, plus précisément en premier lieu le reste de l'unité sanitaire. Par chance, nous avions survécu aux combats de Normandie, mais d'autres nous attendaient.

SS-KRIEGSBERICHTER SS-KB HJ WILFRIED WOSCIDLO

Page ci-contre : très bon portrait d'un jeune de la *Hitlerjugend,* dans sa tenue camouflée immortalisé par les nombreux clichés du *KB* Woscidlo.

Ci-contre à droite : photo dédicacée du *KB* Woscidlo auquel on doit beaucoup de photos de cette division en Normandie.

Ci-dessous : autre très belle photo couleur du *KB* Woscidlo.

Ci-dessus : les *SPW* de la *SS-Pionier-Abteilung 12* ont été montés sur les wagons plats afin d'être transportés vers la Normandie.

Ci-contre : l'*Untersturmführer* Hans Richter, alors qu'il porte le grade de *Standartenoberjunker*. Il m'a envoyé cette photo en y agrafant le ruban de son *EK II*.

SS-PIONIER-BATAILLON 12

Un officier du ***SS-Pionier-Bataillon 12***, l'*Untersturmführer* **Richter**, a écrit un récit sur ses combats lors du repli au sud-est de Norrey :

« Les ordres divisionnaires étaient de rejoindre la nouvelle ligne de front plus au sud mais les pionniers n'ont pas trouvé le reste du *SS-Pz.-Gr.-Rgt. 26*. Le *Kommandeur* des Pionniers, le *Sturmbannführer* Siegfried Müller, s'était décidé à effectuer une sortie pour essayer de rejoindre nos nouvelles lignes. Nous nous tenions dans le bunker de commandement. Jusqu'à 21 heures, tout alla bien. Puis une voix se fit entendre, très proche. De nouveau l'adrénaline nous envahit. Puis celles-ci disparait et le calme revient. Soudain, un soldat anglais se tient devant la porte d'accès du bunker. Il crie : *"Hello Boys!"*. Les blessés se redressent et gémissent, l'Anglais tire. Il grimpe sur le toit du bunker et nous balance une grenade, elle explose et il en profite pour entrer dans le bunker la lame d'un couteau brillant à la main. Le *Kommandeur* réagit de suite et tire deux fois, l'Anglais tombe mortellement touché. Des bruits de chenilles se font entendre et des rafales de mitrailleuses sont tirées dans l'entrée. Des grenades explosent et, de nouveau, il y a des blessés. Ils nous crient de nous rendre. Le *Kommandeur* nous demande de combattre jusqu'au bout et jusqu'au dernier homme. Un homme ne se contrôle plus et court se rendre. Il est aussitôt utilisé par les Anglais pour nous pousser à cesser le combat. Il nous dit qu'au moins quarante chars sont là et qu'ils vont tout faire sauter ! L'homme est poussé par un

Photo d'un groupe de futurs pionniers à Turnhout en Belgique lors de l'instruction. Richter est le 3e à gauche.

Anglais qui le tient en joue avec son pistolet-mitrailleur, des grenades volent à nouveau, causant des blessures. L'un de nous sort et abat d'une seule balle l'Anglais qui tombe à terre. Devant cette riposte, les Anglais reculent et leurs chars nous envoient quelques obus sur le bunker qui ne cède pas et ils tirent avec leurs mitrailleuses. L'homme qui avait perdu les nerfs en profite pour revenir et s'excuser devant le *Kommandeur* lui promettant de tenir maintenant jusqu'au bout. Un peu de calme revient et une bouteille de champagne fait le tour des hommes. Aucune autre attaque ne suit. Le *Kommandeur* s'assoit en ôtant son casque. La pénombre tombe et la pluie rend ces moments plus durs.

Ci-dessus : de jeunes pionniers de la *12 HJ* revêtus de leur tenue camouflée et de camouflage supplémentaire dans un véhicule portant l'inscription de sa limite de vitesse !

Ci-contre : voici la particularité du bocage normand ! Les haies et la végétation ne sont pas propices au combat tel que l'on vécu les anciens sur le front Est. On aperçoit le MG 42 sur le *SPW*.

Ci-dessus : Autre vue montrant la difficulté du combat dans le bocage normand et plus propice à des embuscades qu'à un combat net.

Ci-contre : un autre jeune *HJ* dans sa tenue camouflée et armé d'un *Panzerfaust* qui sera la terreur des équipages de chars alliés. Les jeunes *HJ* n'écoutant que leur courage.

La sortie prévue est programmée enfin pour minuit. Il reste dans le bunker neuf hommes en état de sortir. Deux blessés graves y sont laissés avec leur accord. La tension est vive et serons nous remarqués par l'ennemi ? Tout se passe bien. En tête, le Kommandeur avec dans une main son pistolet et dans l'autre la boussole réglementaire. Le but étant de rejoindre nos nouvelles lignes plus au sud. Les hommes de tête font des pauses car les hommes légèrement blessés ont un peu de mal à suivre. Chaque trou rencontré est rapidement fouillé car un ennemi peut y être endormi. La pluie tombe sans cesse et nous protège un peu. Très rapidement, nous sommes complètement trempés. Par ci par là, une fusée éclairante que les Anglais envoient pour voir si nous ne nous trouvons pas près d'eux. Lorsqu'elle éclate, nous nous collons littéralement au sol et nos tenues camouflées nous protègent. Le Kommandeur, de temps à autre, lance *"Hallo Parole"*. Mais aucune réponse ne se fait entendre. Soudain une voix crie *"Hallo,* ici, *Untersturmführer* Richter*"*, il s'agit d'un de nos pionniers, l'*Unterscharführer* Peter Mathoni (qui recevra plus tard l'*EK I*) qui se trouvait isolé lors des combats et ayant entendu notre *Kommandeur*, se risque à m'appeler. Tous respirent de soulagement.

Devant nous, un coin avec de nombreux grands arbres. Le *Kommandeur* envoie deux hommes en éclaireurs. Les contours de chars anglais sont immédiatement reconnus et nous esquivons ce coin malsain. Le matin pointe son nez et nous trouve entre deux positions de blindés anglais. Nous nous terrons en attendant à nouveau la fin de la journée. Continuer en plein jour n'aurait aucun sens.

En mettant des gardes, nous nous enfonçons dans des trous, complètement trempés et fatigués et nous nous endormons. Un peu plus tard, de nouveaux bruits de blindés mais on entend le tir particulier d'un canon de 2cm KwK. Ce sont des engins de reconnaissance allemands. Le Kommandeur se dresse et s'écrit : *"Ce sont des nôtres",* car effectivement il s'agit de SPW du *SS-Pz. Gren. Rgt. 26*. Nous avons rejoint nos nouvelles lignes.

L'un des deux grands blessés que nous avions laissés dans le bunker faisait partie de l'*Abteilung* de l'artillerie et je connaissais bien le second qui faisait partie, lui, des pontonniers. Ce jeune *Sturmmann* venait de Hamburg, il était courageux et patient, l'un de mes meilleurs hommes au sein des pontonniers. J'apprendrais à l'automne 1944, lorsque je me trouverais dans un hôpital en Allemagne, qu'il avait profité d'un échange de prisonniers, mais sa grave blessure avait entraîné l'amputation d'une jambe.

Avec le couvert d'une pluie incessante, de nombreux petits et moyens groupes d'hommes bien encadrés avaient pu rejoindre les lignes sur les hauteurs de Marcelet, au sud-est de Cheux (Rauray-Vendes). Malgré tout, ces forces n'avaient pas les moyens matériels de contrer les fortes attaques blindées ennemies mais pouvaient infliger de nouvelles pertes en ralentissant leur avance.

Toutes les attaques anglaises engagées vers 20 heures au nord-est de Norrey se heurteront aux restes des pionniers, du *SS-Pz. Gren. Rgt. 26*, de la *SS-Pz.Aufkl. 12* et du reste des panzers sous la direction de l'*Obersturmbannführer* Max Wünsche. Malgré de nouvelles pertes, l'ennemi ne percera pas nos nouvelles lignes mais perdra pas moins de 50 chars tant détruits par nos chars, nos canons de *Pak* qu'avec nos *Panzerfaust*, *Tellerminen* et autres moyens de destruction de chars.

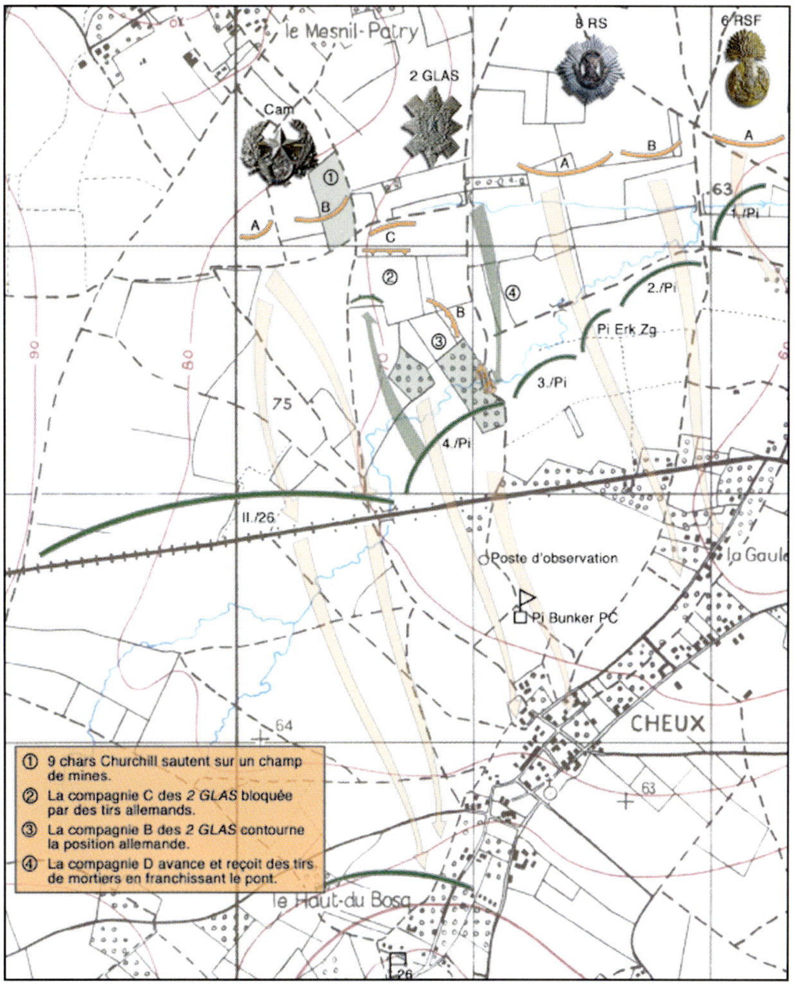

Ci-dessus : sur cette carte, montrant l'offensive britannique dans le secteur de Cheux, le jeudi 26 juin 1944, premier jour d'*Epsom*, nous voyons le Bunker PC des *Pioniere*. (Carte Heimdal.) **Ci-dessous :** le bunker du *Pionier-Bataillon* de la *HJ* se dresse toujours au-dessus des blés à proximité de Cheux. (EG/Heimdal.)

Un *Sherman* a été détruit et un *Unterscharführer* de la division *HJ* regarde les dégâts occasionnés au char allié. Les plaques de blindage se sont désolidarisées.

SS-PANZERJÄGER-ABTEILUNG 12

Un autre vétéran, cette fois-ci de la **Panzerjäger-Abteilung** nous raconte ses souvenirs, d'une période, courte puisqu'elle ne concerne que quelques mois où la *Division Hitlerjugend* sera confrontée au débarquement.

Hans Baumann, né en 1923 à Aix-la-Chapelle, sera dès 1933 membre du *Jungvolk* puis, en 1939, intégrera les pompiers des Jeunesses Hitlériennes où il apprendra le rôle de ces hommes lors de la lutte contre les incendies, notamment lors des bombardements. Son désir était de devenir policier et lorsqu'il se rapprocha de cet organisme, il lui fut répondu qu'il devait s'engager pour quatre ans et demi avant d'être incorporé dans la police.

Le 1er mai 1941 sera la date où il sera affecté à la caserne de Berlin-Lichterfelde pour y être incorporé à la *4. SS-Kraftfahr-Ersatz-Abteilung*. A côté de l'entraînement et de la formation classique d'un fantassin, il reçut la formation à la conduite de toutes sortes de véhicules. Le 4 ou 5 octobre 1941, il quitta la caserne de Berlin Lichterfelde, pour rejoindre le front avec diverses étapes comme Cracovie et Saporoschеje où les Russes avaient fait sauter les ponts. Dans la nuit du 9 au 10 novembre 1941, il entrera à Mariupol. Il intégrera peu après la 3e compagnie de la *Sturmgeschütz-Abteilung* de la *LSSAH* qui, à l'époque, était équipée de *Ente* (« canard »), en fait des *Panzerjäger I*, assemblant un canon de prise tchèque de 4,7 cm sur le châssis du *Panzer I*. Il participera également, mais cette fois avec des *Marder II*, aux combats pour Charkow en 1943. Après de nombreux combats coûteux, le reste de l'unité de *Panzerjäger LAH* fut rapatrié au début de l'année 1944 vers la France. Elle fut mutée à la *Panzerjäger-Abteilung*

Ci-dessous à gauche: revers du permis de conduire de Hans Baumann signé par von Westernhagen alors qu'il était à la *LAH*.

Ci-dessous à droite: le permis de conduire les véhicules semi-chenillés de Hans Baumann.

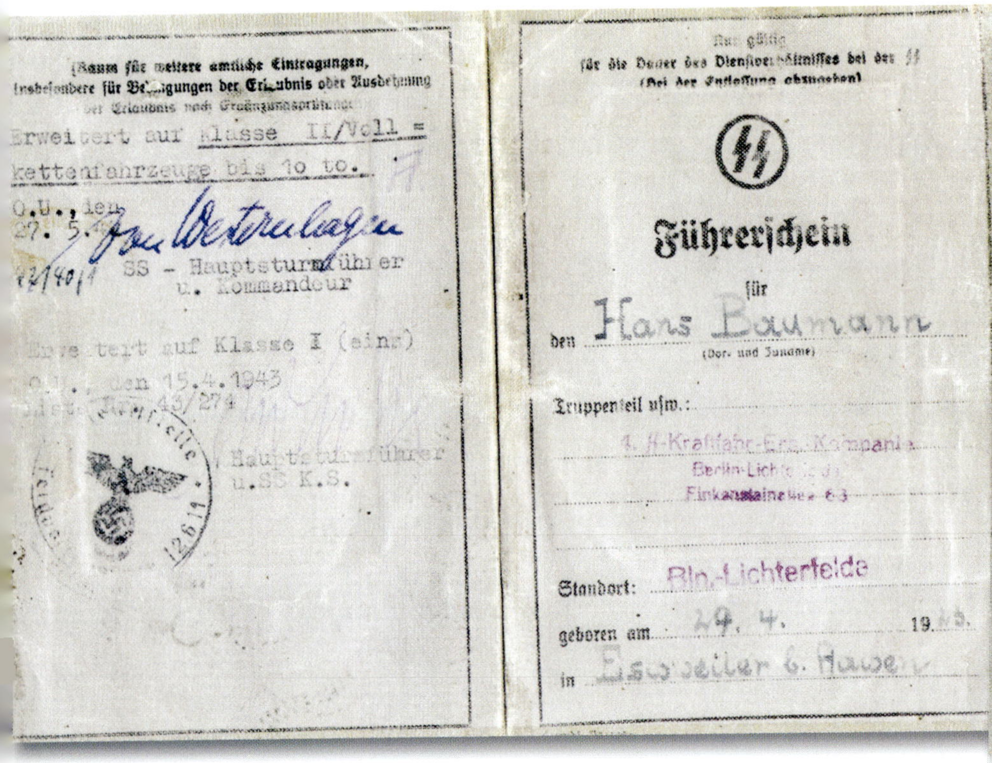

(Raum für weitere amtliche Eintragungen, insbesondere für Be...igungen der Erlaubnis oder Ausdehnung der Erlaubnis nach Ergänzungsprüfung)

Erweitert auf Klasse II/Voll = kettenfahrzeuge bis 10 to.

O.U., den 27. 5.

SS – Hauptsturmführer u. Kommandeur

Erweitert auf Klasse I (einschl.)

O.U., den 15.4.1943

Hauptsturmführer u.SS K.S.

Nur gültig für die Dauer des Dienstverhältnisses bei der SS (Bei der Entlassung abzugeben)

Führerschein

für

den Hans Baumann (Vor- und Zuname)

Truppenteil usw.: 4. SS-Kraftfahr-Ers.-Kompanie Berlin-Lichterfelde Finkensteinallee 63

Standort: Bln.-Lichterfelde

geboren am 24. 4. 19..

in Eschweiler b. Aachen

Der Hans Baumann (Vor- und Zuname)

erhält die Erlaubnis, nach bestandener Prüfung ein Kraftfahrzeug mit Antrieb

durch Verbrennungsmaschine

der Klasse -II- zu führen.

Berlin, den 12. September 1941

Der Chef des SS-Hauptamtes Im Auftrag Kraftfahrersatz-Abt. Abtlg. V

(Unterschrift)

SS-Hauptsturmführer u. t.F.K.I

Liste Nr. 4062.

de la *HJ* nouvellement créée. Nombre de cadres (officiers et sous-officiers) furent requis afin d'encadrer, avec des éléments ayant déjà de l'expérience, les jeunes recrues de cette division essentiellement constituée de jeunes venant des camps de la Jeunesse hitlérienne et ayant l'âge d'intégrer une formation militaire digne de ce nom.

Après une permission qu'il passa auprès de sa famille dans la région d'Aix-la-Chapelle, il repartit pour la France pour parfaire la formation de la nouvelle unité de *Panzerjäger* de la *HJ Division* qui devait être équipée du nouveau chasseur de char, le spectacle, *Panzerjäger IV*, équipé du canon de 7,5cm sur châssis SdKfz 162. De nouvelles jeunes recrues arrivaient afin de compléter les effectifs qui allaient bientôt atteindre la totalité de personnels. Le *Kommandeur* en était à cette époque le *SS-Sturmbannführer* Jacob Hanreich qui était basé avec son état-major à Nogent-Le-Roi.

Pour sa part Hans Baumann était stationné non loin de là à Villemeux sur Eure. De là, il devait se rendre avec un camarade à Paris pour prendre livraison des nouveaux *Panzerjäger IV* arrivant d'Allemagne. Après plusieurs jours d'attente vaine, ils durent reprendre la route vers Evreux et leur cantonnement. Il reçut l'ordre venant du *Spiess* d'aller chercher le *Hauptsturmführer* Wöste qui reprenait ses fonctions de chef de la 3e Compagnie de la *Pz.-Jg.-Abt. 12* et il devint son chauffeur pendant plusieurs mois.

Deux ou trois jours après le débarquement, il se trouva en route avec le *Hauptsurmführer* Wöste dans un véhicule de prise Citroën 6 cylindres. Il monta jusqu'à 160 kilomètres/heures, avec le consentement de son chef, bien entendu. Voici son récit : « Venant de Châteauneuf, je viens d'y prendre mon chef, le *Hauptsturmführer* Wöste et j'emprunte les petites routes françaises pour rejoindre notre cantonnement lorsque j'entends un claquement et, levant la tête vers le ciel, mes yeux tombent sur le nez d'un chasseur américain de type *Thunderbolt*. Il y a là cinq ou six avions dont trois nous attaquent, les autres surveillant l'attaque et protégeant leurs collègues avant eux même d'en faire autant sous leur protection cette fois-ci. Je décide de faire grimper la voiture sur le bas côté et, ouvrant la porte, je roule dans l'herbe car il n'y a pas là de fossés. Mon chef en fait autant, cherchant à nous abriter de chaque attaque derrière notre Citroën. Pas moins de 30 impacts atteignent la voiture, de gros et moyen calibres. Puis, leur attaque terminée et nous pensant morts puisque la voiture brûle maintenant, ils s'en vont. Nous nous relevons alors sans blessure aucune. Malheureusement, mon porte-cartes tout neuf, un savon très prisé venant de Paris et mon pistolet-mitrailleur avaient été détruits dans cette attaque. A pieds, nous rejoignons le prochain village. N'y trouvant personne, nous avançons un peu pour tomber sur une ferme où réside un docteur possédant une Fiat. Après quelques palabres, il accepte de nous conduire à notre cantonnement mais je me tiens sur l'aile avant, le nez rivé au ciel pour ne pas être surpris par l'un de ces maudits Jabos. Lorsque je réitère le même voyage vers Paris avec le *Hauptsturmführer* Wöste, nous traversons une route. Heureusement, lorsque j'aperçois à nouveau des Jabos américains. Avec l'abri des arbres, je rejoins la ville la plus proche, en l'occurrence Nogent-Le-Roi. La route sinueuse s'enfonçait vers la ville et, dans la première courbe, se dressait l'un de nos nouveaux *Panzerjäger IV*, près d'une maison. Plus loin, un bus portant ostensiblement une grosse croix rouge et rempli de blessés. Les Jabos américains, sans état d'âme, tirèrent sur le bus qui pourtant était bien signalé. Etant un peu plus haut, nous pouvons bien observer l'attaque de ces chasseurs au mépris des conventions de Genève. Après l'attaque, les infirmiers de notre unité et des soldats aident à retirer les corps des soldats morts et des blessés, à nouveau, par cette attaque. Lors d'un autre voyage entre Paris et Châteauneuf, j'aperçois dans mon rétroviseur un Messerschmidt 109 traînant un panache de fumée. J'oblique pour me garer le long d'un chemin et peux observer

Ci-desssous : le *Soldbuch* de Hans Baumann qui sera le 21 juin 1944 nommé *Rottenführer* pour passer *Unterscharführer* en juillet 1944.

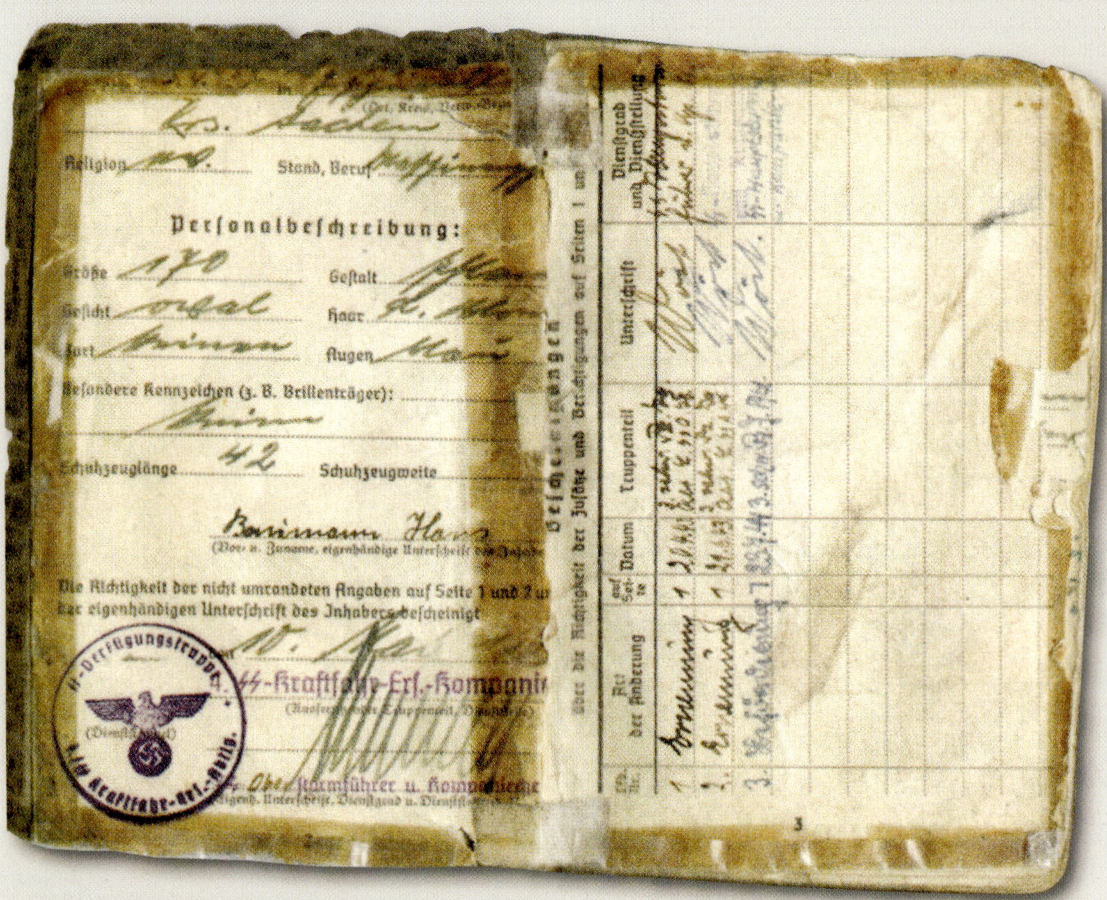

Ci-dessus : premières pages du *Soldbuch* de Hans Baumann où l'on peut lire ses affectations signées par son chef le *Hauptsturmführer* Wöst.

Ci-dessous : deux autres pages du *Soldbuch* de Hans Baumann où l'on peut voir les cachets de la *LAH* et de la *12. HJ* avec ses affectations.

l'avion s'écraser dans un champ voisin. Le pilote indemne vint à ma rencontre et m'expose que son avion testait un canon de 3,7 cm à bord. Après son atterrissage forcé dans le champ, je le conduis à sa demande à sa base d'Orly près de Paris, là où je me rendais d'ailleurs. Je suis heureux de pouvoir l'aider.

Très peu de temps avant le débarquement allié nombre de convois ferroviaires transportaient des munitions et ceux-ci étaient gardés par des gars de la *Luftwaffe* car des munitions étaient des bombes pour avions. Elles étaient destinées aux terrains d'aviation autour de Paris comme Dreux à 90 kilomètres à l'Ouest de Paris. Les habitants proches des gares ne voyaient pas d'un bon œil de tels convois car les bombardements fréquents risquaient de tout détruire y compris leurs habitations. L'un de ces convois fut attaqué par les Jabos une fois qu'il eut quitté la gare et, naturellement, s'ensuivirent de terribles explosions. Le garde de faction ce jour-là chercha refuge dans un grand tube mais le souffle des explosions le firent sortir par l'autre bout. Il nous le raconta plus tard lorsque nous buvions un verre dans un estaminet.

Nos nouveaux *Jagdpanzer IV* ne sont pas tout à fait en ordre de marche car il manque alors les freins de bouche et quelques autres instruments de mesure qui ne les rendent pas aptes au combat. Ce qui fait que, malgré l'ordre de nous rendre vers la Normandie, nous sommes là encore en formation. Lorsque Nogent-le-Roi est également attaqué nous empruntons les petites routes départementales et, de fait, nous verrons les Français indiquer aux Alliés notre direction aux premiers blindés alliés. Leurs tourelles se dirigent maintenant vers nous mais, par les chemins tortueux, échappons à leurs tirs en nous dirigeant vers Rambouillet au sud-ouest de Paris.

Fin juillet 1944, la *3. Kompanie* de la *SS-Panzerjäger-Abteilung 12 «Hitlerjugend»* est rééquipée avec des canons de Pak 7,5 cm tractés par des camions chenillés de type *Maultier* sur Opel Blitz. Notre nouveau chef est l'*Obersturmführer* Ernst Schlotmann qui vient du *Führer-Begleit-Kommando*, muté à la *HJ*. Mon chef de pièce, à ce moment-là, Kurt Brandt, tombera lors des combats en Normandie.

Un autre point de ralliement nous sera donné, en l'occurrence Paris et nous devons nous regrouper aux alentours de la Tour Eiffel. Nous y arriverons presque tous car seul le véhicule *Maultier* de Hentschke disparaîtra lors de la traversée de Versailles, il était derrière moi lorsque, dans les courbes traversant les bois, il disparut, s'est-il perdu et a pris une mauvaise direction, où est-il tombé dans un piège posé par des résistants ? Je n'en entendrais plus jamais parler. Il restera disparu jusqu'à nos jours.

En France, nous avions réquisitionné une limousine pour mon chef, le *Hauptsturmführer* Wöst. Celui-ci étant occupé au combat je devais, suivant ses ordres, ramener intact ce véhicule aux points de rassemblement en évitant les trajets inutiles. Ceci est fait avec succès et avec l'*Obersturmführer* Schlotmann. Avec des reculs successifs, nous atteignons enfin les lignes du Reich. Au cours de l'un de ces engagements, le *Jagpanzer IV* du *Hauptsturmführer* Wöst est détruit et il parvient aux éléments du train encore disponibles avec lequel il rejoindra le pays avec nous.

Lors de la traversée de Dinant, les routes étaient encombrées de soldats et véhicules divers refluant vers l'Allemagne et un avion se met à survoler les colonnes. Ayant toujours eu un attrait pour l'aviation, je reconnais de suite un Me-109. Par réflexe tout le monde s'est jeté dans les fossés, nous laissant ainsi le chemin libre pour un bout de temps.

Après un repos nécessaire, *Wacht am Rhein* puis la Hongrie nous attendent encore. »

Un *Sturmpanzer IV* de la *SS-Panzerjäger-Abteilung 12 HJ*. Celui-ci a été détruit lors du repli dans le Nord de la France. Il ne porte pas de frein de bouche.

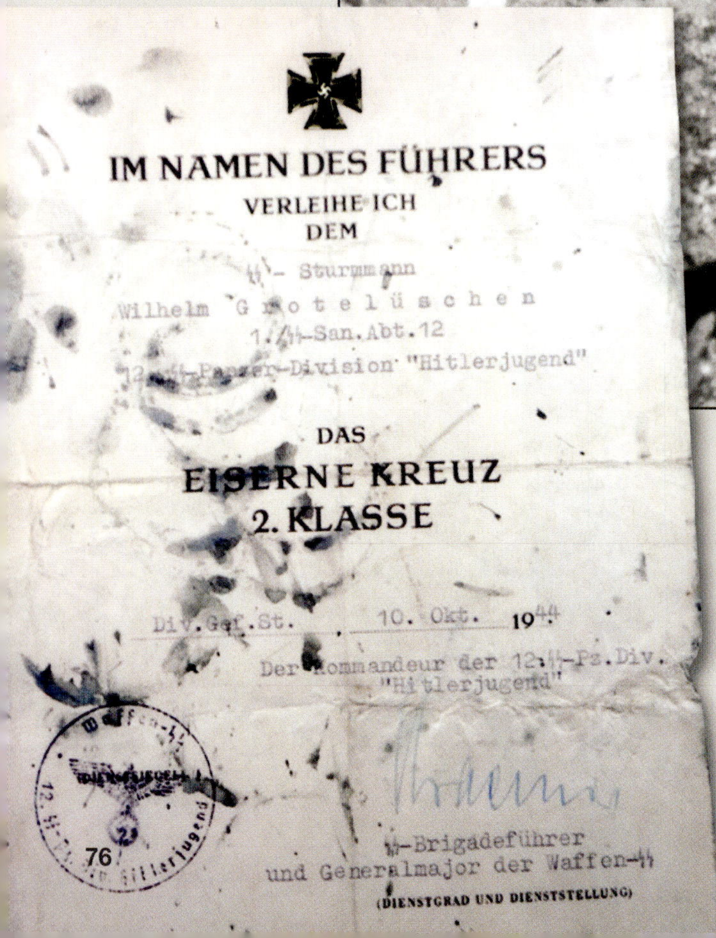

IM NAMEN DES FÜHRERS
VERLEIHE ICH
DEM
SS-Sturmmann
Wilhelm Grotelüschen
1./SS-San.Abt.12
12.SS-Panzer-Division "Hitlerjugend"

DAS
EISERNE KREUZ
2. KLASSE

Div.Gef.St. 10. Okt. 1944

Der Kommandeur der 12.SS-Pz.Div.
"Hitlerjugend"

SS-Brigadeführer
und Generalmajor der Waffen-SS
(DIENSTGRAD UND DIENSTSTELLUNG)

En haut : membres de la *SS-Sanität-Abteilung 12* à l'hôpital d'Acqueville, au sud de Caen, près de Thury-Harcourt.

Ci-dessus : tombes à l'hôpital de campagne d'Acqueville, au sud de Caen, près de Thury-Harcourt.

Ci-contre : diplôme d'*EK II* attribué au *Sturmmann* Wilhelm Grotelüschen de la *1./ SS-Sanität-Abt. 12*. Attribuée en octobre pour les combats de Normandie.

SS-SANITÄTS-ABTEILUNG 12

Son hôpital de campagne en Normandie était basé dans le secteur du Cinglais, à Acqueville, à l'est de Thury-Harcourt, au sud de Caen.

Des blessés légers de la *HJ* sont acheminés vers un hôpital de campagne pour être soignés.

Voici un autre témoignage :

« Je m'appelle **Hans Gerhard Starck** et je suis né en 1925. Dès 1942, je me suis engagé dans la Waffen-SS et je rejoignis les rangs de la *1. SS-Pz-Division Leibstandarte Adolf Hitler*. Le 1er avril 1942, j'intègre l'école de transmissions de Nuremberg. J'y fus formé en tant que fantassin autant qu'en tant de spécialiste des transmissions et les moyens de communications n'eurent plus de secret pour nous. Après dix semaines, nous avons été envoyés au camp de Sennelager près de Paderborn où nous avons été incorporés au Régiment 2 de la division. A notre compagnie, il y avait trois pelotons avec deux *sIG* (obusiers lourds d'Infanterie) par peloton et deux pelotons à deux canons légers *lIG (leichtes Infanterie-Geschütz)* de 75 mm. En juin 1942, nous avons été transportés en train vers Charkow où nous avons subi de très durs combats.

Aux transmissions du 2e peloton *(lIG*, canons légers*)*, sur huit hommes, il ne restait plus qu'un de mes camarades et moi en état de combattre. Nous avons

Ci-dessus : très bonne photo de Hans-Georg Starck, avec le grande d'*Unterscharführer* et portant le *Panzerkampfabzeichen* en Bronze. Il fera partie des transmissions des obusiers lourds à trois pelotons.

Ci-dessous : l'un des obusiers lourds (15 cm) du peloton est ici tracté par un semi-chenillé léger 1To Demag.

Ci-dessus : l'un des obusiers lourds de la compagnie de H.G. Starck. (Coll. C. Trang)

Ci-contre : un peloton de retour d'entraînement en Belgique. H.G. Starck sera le plus jeune *Unterscharführer* avec ses 18 ans mais ayant déjà servi avec la *LAH,* notamment à Charkow.

Ci-dessous : un très jeune volontaire pousse, avec ses camarades, le lourd obusier pour l'installer sur une nouvelle position.

été tous les deux renvoyés en Allemagne pour y être intégrés à une des toutes nouvelles divisions créées: la *Hitlerjugend Division*. Après sept semaines de formation en école de sous-officiers et d'aspirants officier, je sortis *Unterscharführer* et, avec mes 18 ans, je devenais le plus jeune sous-officier de la division. Nous avons gagné le camp de Beverloo en Belgique, afin d'instruire les jeunes au canon d'infanterie léger de 7,5 cm *(lIG)* et au canon lourd de 15 cm (*sIG*). Il y avait trois pelotons, un appareil du train et des transmissions dont j'étais le chef.

Après avoir passé le début 1944 dans les landes belges, nous avons rejoint la Normandie dans la région Evreux-Argentan avec logement à Bourg-Saint-Léonard.

Le **6 juin 1944**, après l'alarme générale donnée pour contrer le débarquement allié, notre troupe est envoyée vers Caen. Le **8 juin**, nous avons atteint l'abbaye d'Ardenne sans avoir eu de pertes. De durs combats s'ensuivent car les Anglais veulent prendre le plus rapidement possible la ville de Caen.

Un véhicule italien en fâcheuse posture, à l'entraînement en Belgique, tractant un canon *Pak* de 75 mm.

Ce ne sera que le **7 juillet** 1944, et après quatre grosses offensives coûteuses en vies qu'ils nous forcent à quitter la ville. Les hommes des transmissions protégeront les convois de camions et serviront en tant que fantassins, ce qu'ils avaient appris à l'école des communications.

Le **31 août**, en revenant par la Belgique, je serai blessé au bras gauche et, sur mes huit hommes, un seul sera blessé légèrement au genou.

Ensemble de décorations portées généralement par les jeunes HJ dont l'insigne de sport (argent et en miniature) ainsi que le modèle Or et l'insigne de tireur d'élite. Divers insignes de sport attribués à la *HJ* où on peut distinguer l'insigne en losange de la *HJ*.

SECONDE PARTIE

Voici la deuxième partie de témoignages de vétérans de la *12. SS-Panzer-Division « Hitlerjugend »* sur le front normand en 1944.

Tout d'abord en préambule, je tiens à signaler que la Jeunesse Hitlérienne a, dès le début du régime, été formée pour un futur de combattants. Dès son plus jeune âge, tout jeune Allemand se doit de faire partie des Jeunesses Hitlériennes, quel que soit l'âge, et de gravir les échelons selon les résultats sportifs, en particulier là où le corps doit être dompté, et former des athlètes complets qui pourront donner le meilleur d'eux-mêmes plus tard. Ils sont très bien encadrés et l'esprit de camaraderie y règne avec le respect des supérieurs. Pour les récompenser, des médailles, des insignes de journées et de sport les attendent. Et c'est tout naturellement qu'ils seront recrutés en 1943 pour former une division à part entière et bien spécifique. Nous allons les écouter nous raconter ce que fut leur engagement et leurs combats en Normandie pour ceux qui purent en réchapper. Beaucoup périrent aux cours de combats en infériorité numérique et matérielle face à un adversaire aussi déterminé à gagner le terrain.

Médaille attribuée lors de concours de la Jeunesse Hitlérienne ainsi que l'aigle typique de la *HJ* pour les clairons.

Seconde partie

Lors d'un exercice, Sepp Dietrich et Fritz Wit, entourés de divers autres officiers, dont Wilhelm Mohnke à droite, observent les jeunes soldats.

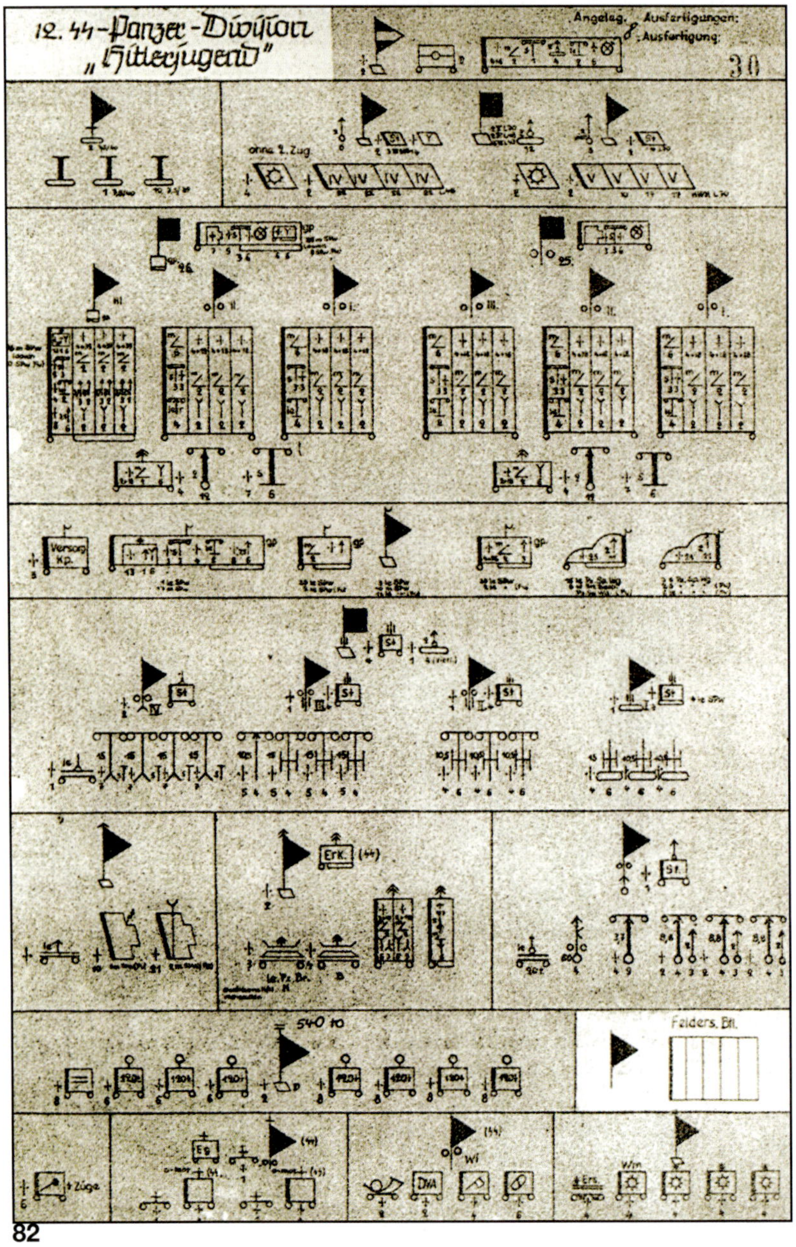

Ordre de bataille de la *12. HJ Division.*

Ceux qui sont repartis...

Avant de redonner la parole aux vétérans de cette *Division,* je voudrais citer les souvenirs de **Werner Josupeit** et de **Heinrich Mohr** qui, comme 3 000 autres volontaires pour la *« Hitlerjugend »* se verront, après leur période d'instruction en Belgique et l'envoi en Normandie dans la région de Ivry-la-Bataille ou de Bourth, versés à la *1. LSSAH Division* qui avait subi de lourdes pertes en Russie et qu'il fallait reconstituer et aussi diminuée par l'envoi d'officiers et de sous-officiers à la division sœur *12. HJ Division* naissante.

Werner Josupeit *(5./25)* raconte :

« Je suis né le 16 mars 1926 en Prusse Orientale, non loin de Tilsit. Je me portais volontaire en février 1943 pour la nouvelle division « *Hitlerjugend* » constituée avec les jeunes des Jeunesses Hitlériennes nés en 1925 et 1926. En mai 1943, je rejoignis le camp des *HJ* de Schippenbeil en Prusse-Orientale. Là déjà, l'entraînement commença, dur et intense. Chacun portait l'insigne de tireur des jeunesses et l'insigne de sport des *HJ*. Le 15 juin 1943, je fus avec mes camarades dirigé vers le camp d'entraînement et de formation des renforts sous le commandement de l'*Obersturmbannführer* Wilhelm Mohnke, situé à la caserne de Berlin Lichterfelde. J'étais affecté à la 5e compagnie d'instruction sous les ordres du *Hauptsturmführer* Julius. Mon chef de groupe et chef instructeur était l'*Unterscharführer* Erwinn Schaupp. Les champs d'Osdorf et Heinersdorf nous servirent de camps d'entraînement. Les bombardements alliés sur Berlin devenant plus nombreux, nos compagnies furent envoyées au sud-est de Berlin, à Spreenhagen, et cela début août 1943. Après les premiers bombardements lourds de Berlin, nous avons porté secours aux habitants en les aidant de notre jeunesse dans ces heures tragiques. Nous

1. Très bonne photo dédicacée à l'auteur par Werner Josupeit. Après guerre, les runes avaient été grattées, par peur, par les parents de Werner.

2. L'*Unterscharführer* Erwin Schaupp.

étions déjà confrontés aux bombardements alliés. En septembre 1943, des convois ferrés nous transportèrent en Belgique, au camp de Beverloo. Nous y avons formé le *III. Bataillon* du *SS-Panzer-Grenadier-Regiment 26,* de nouveau sous les ordres de l'*Obersturmbannführer* Wilhelm Mohnke *(Rgt Kdr)*. J'appartenais à la 9e compagnie sous les ordres de l'*Obersturmführer* Gerd Sentke, un gaillard de 2,14 mètres ! Mon chef de peloton était l'*Obersturmführer* Bruno Zantop, qui tombera lors des combats en Normandie du 18 juin 1944 à Fontenay-le-Pesnel. Lui aussi mesurait 2,04 mètres et n'avait rien à envier au commandant de compagnie. Le Chef du *III./26* était le *Hauptsturmführer* Gerd Bremer. Celui-ci avait ramené d'Italie (alors qu'il était attaché à la *LAH*) de nombreuses toiles de camouflage italiennes qui serviront à monter des tenues typiques de cette division, tout comme les tenues de sous-mariniers en cuir noir pour les tankistes du *SS-Pz.-Rgt. 12*. De plus, il avait fait main basse sur un certain nombre de motos qui lui serviront à monter un peloton motocycliste auquel j'appartiendrais en octobre 1943. Je faisais partie également de l'état-major du *III. Bat.* du *SS-Pz.-Gren.-Rgt 26* avec lequel je m'initiais aux divers maniements des armes à Beverloo. Nous y avons fêté la fin d'année 43 et le début 1944 au Casino des officiers. L'un de nos invités était le *Standartenführer* Kurt Meyer. Lui-même *Kommandeur* du *SS-Pz.-Gren.-Rgt 25* et grand ami du chef de notre *SS-Pz.-Gren.-Rgt 26.*

Le 2 janvier 1944, nous avons pratiqué l'exercice de présentation d'armes avec intensité car il y avait à la clé une permission pour les meilleurs. Sans grand espoir, je m'appliquais et, à ma grande surprise, je fus parmi les tout premiers et récoltais le jour même une permission pour rendre visite à mes parents au pays. Le 30 janvier 1944, avec mon camarade Winkelmann, nous avons été nommés au grade de *Sturmmann*. D'autres reçurent le grade de 1re Classe *(Obergrenadier)*. Très certainement, ma perfection au présenté armes était pour quelque chose à mon nouveau grade.

Presque tous les jours, les traînées blanches des bombardiers alliés allant bombarder notre pays montraient déjà la suprématie aérienne alliée que nous allions subir très bientôt en Normandie. Pour nous protéger d'éventuels bombardements sur notre camp de Beverloo, nous nous sommes transplantés un peu plus loin au nord à Leopoldsburg. Notre *III. Bataillon* était stationné à Bree et ses environs tandis que le *II. Bataillon* se retrouvait à Neerpelt. En décembre 1943, notre nouvelle Division se dotait de son régiment de chars et devenait officiellement la *12. SS-Panzer-Division « Hitlerjugend »*. Notre *III. Bataillon* reçut enfin ses semi-chenillés et notre chef, **Gerd Bremer**, était promu au grade de *Sturmbannführer*. Outre les toiles de camouflages italiennes et les motos italiennes, Gerd Bremer avait aussi emmené deux canons de Flak italiens de 2 cm. Ils étaient à l'abri des regards dans un garage et j'ai souvent monté

Très intéressante photo montrant Max Wünsche, Fritz Wittt et W. Mohnke lors d'une réunion en Belgique, avec la signature d'époque de M. Wünsche et de F. Witt.

Photo de Gerd Bremer alors *Obersturmführer* à la *LAH* et ayant obtenu le *Ritterkreuz*.
Photo dédicacée à l'auteur par Gerd Bremer qui commandait le *II. Bataillon* du *SS-Pz.Gren.- Rgt. 25.*

On reconnaît sur cette photo Max Wünsche dans sa tenue noire des blindés, Kurt Meyer et Wilhelm Mohnke, photo prise en Normandie avant le débarquement.

la garde devant ceux-ci. Alors que je me trouvais en déplacement en Allemagne avec mon camarade Paul dans le Mecklenburg, notre unité avait été transférée en Normandie dans la vallée de l'Eure où nous l'avons rejointe. L'état-major de notre Bataillon se trouvait à Ivry-la-Bataille et, lorsque nous nous y sommes présentés, notre chef avait été muté au commandement de l'*Aufklärungs-Abteilung* et fut remplacé par le *Sturmbannführer* Olboeter qui décédera de ses blessures à l'hôpital de Charleville en Belgique le 2 septembre 1944.

Devant céder une partie de ses hommes à la *LAH* (sa division mère), le *Sturmbannführer* Olboeter va dissoudre le peloton motocycliste (illicite) et le transférer à la *LAH*. De ce fait, je rejoignis la *LAH* juste avant les combats de Normandie que je poursuivrais mais avec la *LAH*. Je serais bien resté à la *HJ Division* avec laquelle j'avais beaucoup d'attaches, mais les ordres sont les ordres et, pour amoindrir ma peine, l'Officier d'Ordonnance du *III. Bataillon*, l'*Oberjunker* Dieter Schmidt me dira : *« Nous n'envoyons pas nos plus mauvais soldats à notre division mère »*.

Avec près de 3 000 autres camarades, nous repartirons pour la Belgique mais à Lommel cette fois où le *Sturmbannführer* Rudolf Sandig nous accueillera. Je serais enfin affecté à la 7e compagnie du *II. Bataillon* du *SS-Pz. Gren.-Rgt 2* de la *1. LSSAH*. Je ferais partie du 1er Peloton *(Zug)* et mon commandant de compagnie sera l'*Obersturmführer* Kübler. J'y serais *MG Schütze I* donc tireur MG et mon pourvoyeur sera mon camarade Kreuzer venant lui aussi de la *12. HJ Division*.

Heinrich Mohr est né le 6 mars 1926 et, comme ceux de cette classe d'âge, il se porta volontaire pour la nouvelle division *« Hitlerjugend »* le 13 juin 1943.

«Je rejoignis tout d'abord Ellwangen et la 2e compagnie de *Kradschützen* (motocyclistes) du bataillon d'instruction. Puis en septembre 1943, je suis versé à la *Division « Hitlerjugend »* que je rejoins à Turnhout en Belgique dans la région d'Anvers. Puis, étant affecté en tant que chauffeur d'un véhicule, je fus envoyé à nouveau pour un stage de conducteur d'engins semi-chenillés à Schröttersburg en Prusse-Orientale. J'y participerais à une formation de conducteur. J'effectuerais cette formation avec succès et repartirais pour Turnhout, diplôme de chauffeur en main, en janvier 1944, pour être affecté à l'*AA 12* (groupe de reconnaissance). Après de nombreux entraînements avec différents véhicules, je suis déplacé par voie ferrée avec l'ensemble de l'*Abteilung* de reconnaissance vers Bourth en Normandie. Mais là, au mois de juin, avec les *Kradschützen* de l'unité, nous sommes transférés à l'*AA 1* de la *LAH* qui manquait cruellement de personnels et ferait désormais partie de l'*AA 1 LAH* sous les ordres de M. Leidreiter.

Il est à noter que son frère fit partie de la *3. SS-Panzer-Division « Totenkopf »* et sera porté disparu en Russie.

Photo d'un camarade de W. Josupeit, un *Sturmmann*.

Journal hollandais *ECHO* d'époque couvrant le débarquement de Normandie peu de temps après que la *12. HJ Division* y soit arrivée.

Photo dédicacée par H. Mohr, le montrant dans son uniforme en Belgique.

Groupe de jeunes *HJ* encore dans leur uniforme de la Jeunesse Hitlérienne avec leur instructeur, l'*Unterscharführer* Fritz Dörr. Certains des jeunes viennent des écoles Napola.

Autre photo de Max Wünsche dédicacée.

Revenons sur le *SS-Panzer-Regiment 12* et c'est tout d'abord **Max Wünsche**, le *Kommandeur* du Regiment qui évoque le souvenir de l'*Unterstumführer* Erich Stagge, *Zugführer* (chef de Peloton) à la 3e compagnie du *SS-Panzer-Regiment 12 « Hitlerjugend »* qui est tombé le 9 juin 1944 près de Norrey. Il était né le 13 novembre 1922. Le *Kommandeur* de cette compagnie était l'*Obersturmführer* Rudolf von Ribbentrop, le fils du ministre.

Très proche de cet officier dont la famille fut fort éprouvée par la perte du plus âgé des cinq enfants il fallait maintenant annoncer après celle du plus jeune également tombé lors des combats de Normandie. Max Wünsche envoya une lettre au père d'Erich Stagge dont voici le contenu :

« Avec l'*Untersturmführer* **Erich Stagge**, c'est l'un de mes meilleurs officiers de blindés que je perds. Ce courageux chef de peloton montrait son ardeur au combat et était un modèle pour ses hommes. Son attitude au front était exemplaire et ses hommes l'adoraient. Pour sa bravoure, il fut décoré de l'*EK I*.

Pour nous les survivants, il est certain que, grâce à Dieu, nous avons survécu au déluge d'acier de la Normandie. La volonté et l'abnégation de nos jeunes qui, pour la plupart, atteignaient tout juste les 18 ans, purent porter le combat à son summum pour la grandeur de leur pays et de leur chef, malgré la situation qui ne cessait d'empirer à cause de l'incroyable matraquage de l'artillerie et de l'aviation adverse.

Des mois durant, les camarades d'Erich Stagge, tout comme son père et sa bien-aimée Helga Lange, pensaient et espéraient que le commandant du panzer en tête du peloton avait pu lui aussi s'échapper du blindé en feu et était prisonnier des Anglais. Ceci fut également la pensée du chef de la 3e compagnie, l'*Obersturmführer* Rudolf von Ribbentrop qui n'avait pu lui-même diriger cette attaque sur Norrey par suite d'une blessure reçue auparavant mais qui avait observé celle-ci de son poste de commandement.

Avec rage et impuissants, nous avons suivi, avec nos canons antichars de 75 mm, non loin de la voie ferrée Caen-Bayeux où ils étaient en position, l'avance et l'arrêt de celle-ci sous les coups adverses sans pouvoir soutenir nos braves tankistes. Alors que, le dimanche 11 juin, nous avons pu soutenir une autre attaque en détruisant 12 chars ennemis, ce vendredi 9 juin, ce furent plusieurs de nos blindés qui furent incendiés par des coups directs. Nous avons clairement vu deux hommes de l'équipage du blindé du chef de peloton s'échapper du char en feu.»

Après que je fus moi-même blessé grièvement par une attaque de Jabos le 25 août près de Compiègne, ma permission me permit de rendre visite au père d'Erich Stagge et lui dire que nous avions vu des hommes s'échapper du blindé en feu et ainsi laissé espérer à ce père et à sa fiancée que le valeureux chef de char pouvait être prisonnier des Anglais. Cela ne sera malheureusement pas le cas.

J'étais le chef de *Jungbahn* d'Erich alors que nous étions encore à la *Hitlerjugend* et je le rencontrais à nouveau le 6 juin 1944. Je commandais la compagnie lourde parce que son chef, le *Haupsturmführer* Fasching, se trouvait encore en Allemagne, et la marche vers le front se faisait en camouflant

Bonne photo de l'*Unterscharführer* Erich Stagge dans son uniforme noir des blindés. Il porte sur ses pattes d'épaule le sigle de la *LAH* car il a appartenu auparavant à cette division.

au mieux nos véhicules et de préférence de nuit car l'activité des Jabos était intense et la présence de la Luftwaffe quasi nulle. Nous faisions halte près de Saint-André-de-l'Eure dans une forêt, bien à l'abri. Alors que je me trouvais en route pour le PC du bataillon, je croisais un autre Kübelwagen avec un jeune *Untersturmführer* observant le ciel tout comme nous. Nous nous sommes tout de suite reconnus et nous nous sommes jetés dans les bras l'un de l'autre. Nous pensions tous deux être à même de rejeter l'invasion à la mer grâce à nos armes. Nous ne savions pas ce qui nous attendait et la puissance énorme de l'artillerie et du bombardement allié. Cela devait rester notre dernière rencontre, après avoir passé de très bons moments lors de nos jeunes années dans les rangs de cette jeunesse que nous avions tant appréciée. La perte de ce valeureux combattant et de bien d'autres m'a profondément marqué. »

Un autre jeune membre de la *3./12* m'a expliqué ce que furent ces années de guerre :

«Je suis né le 28 janvier 1926 et je m'appelle **Willy Schwarz**. Dès 1936, je fais partie de la *Deutsche Jugend* et, en 1940, à 14 ans, j'entre dans la *Marine HJ*. Au mois de mai-juin 1943, je pars pour les camps de préparation pré-militaire, préambule de l'incorporation à la *12. HJ-Division*. A cette époque, nous n'avions pas encore l'uniforme de la Waffen-SS mais un uniforme avec le brassard de la *HJ*. Le 5 juillet 1943, je suis emmené vers Nuremberg afin d'y apprendre l'utilisation de tous les appareils de transmissions. En septembre 1943, c'est vers le camp d'entraînement des blindés de

Le chef de la 3ᵉ compagnie du *SS-Panzer-Regiment 12,* Rudolf von Ribbentropp ici avec le RK de la Luftwaffe, Friedrich Geisshardt.

Autre photo de Rudolf von Ribbentropp avec, cette fois, sa dédicace.

Un Schwimmwagen du régiment de chars de la *12. HJ*.

Mailly-le-Camp en France que je suis définitivement inclus au *Panzer-Regiment* de la *12 HJ,* sous les ordres de Max Wünsche et en tant que radio dans un blindé. Ma compagnie est celle qui est commandée par l'*Obersturmführer* Rudolf von Ribbentrop, la 3e compagnie, équipée de chars Panther. Je ferais tous les combats de Normandie avec cette compagnie. »

1. Photo de Willi Schwarz en uniforme de la Waffen-SS, avec sa mère, il porte encore le brassard de la Jeunesse Hitlérienne et, sur sa poitrine, est visible l'insigne de sport de la *HJ* avec, en dessous, l'insigne de tireur d'élite de la *HJ*.

2. Photo de Willi Schwarz portant son uniforme noir de tankiste.

Photo montrant l'arrière du char Panther 338 de l'*Unterscharführer* Hermani, de la 3e compagnie de R. von Ribentropp, prise par le Panther qui le suit et qui est commandé par l'*Untersturmführer* R. Jauch que l'on voit à sa tourelle.

Lors de la formation du régiment de chars de la *12. HJ Division,* un alignement de chars Panther qui équipera la *I. Abteilung.*

Un membre de la *Werkstatt-Kompanie* du *SS-Pz.-Rgt. 12,* le *Sturmmann* **Helmuth Pock** que j'ai rencontré plusieurs fois à Hallein et à Salzburg, se souvient :

« Lorsque nous avons appris le débarquement et reçu l'ordre de l'affronter, une effervescence incroyable se passa. Chacun de nous s'appliqua à préparer armes et équipement le plus rapidement possible. Les hommes et les officiers se congratulèrent mutuellement car, ce pour quoi nous nous étions préparés allait enfin venir. Fini les entraînements et les exercices, nous allions pouvoir montrer ce dont nous étions capables. Un bruit d'avions se fit entendre au-dessus de nous et rapidement, nous avions gagné l'abri des arbres mais en apercevant les croix noires sous les ailes des Me 109. Nous sommes sortis et avons agité les bras ainsi que les casquettes tandis que fusaient des « Hurras » et eux nous saluèrent en balançant les ailes. L'ordre de se tenir prêts au départ avait fusé et, dans une agitation fébrile, nous nous sommes préparés. Notre crainte était d'arriver trop tard ! Enfin le départ et de longues colonnes se mirent en branle pour saturer les routes. Les visages étaient joyeux et sereins, la victoire ne pouvait être que notre. Je n'avais encore jamais vu autant de matériels ensemble. Toute la division faisait mouvement vers la côte normande. Le matin et l'après-midi se passèrent sans trop de problème hormis des bouchons, la journée suivante apporta les premières nouvelles de pertes dans nos rangs. Des Jabos avaient mis en pièces plusieurs camions de ravitaillement en munitions, en pièces de rechanges et en nourriture. Les chauffeurs et copilotes avaient trouvé la mort dans ces attaques. On continuait mais le nombre de véhicules détruits par les Jabos augmentait aussi. De plus en plus de restes de véhicules de la couleur particulière des engins ayant brûlé parsemaient notre route. Sans compter les explosions des munitions que les véhicules emportaient et, celles-ci dont étaient pourvus aussi les hommes faisaient écho au bruit des obus de marine qui arrivaient sur les troupes de première ligne. En passant lentement à côté d'un de ces camions

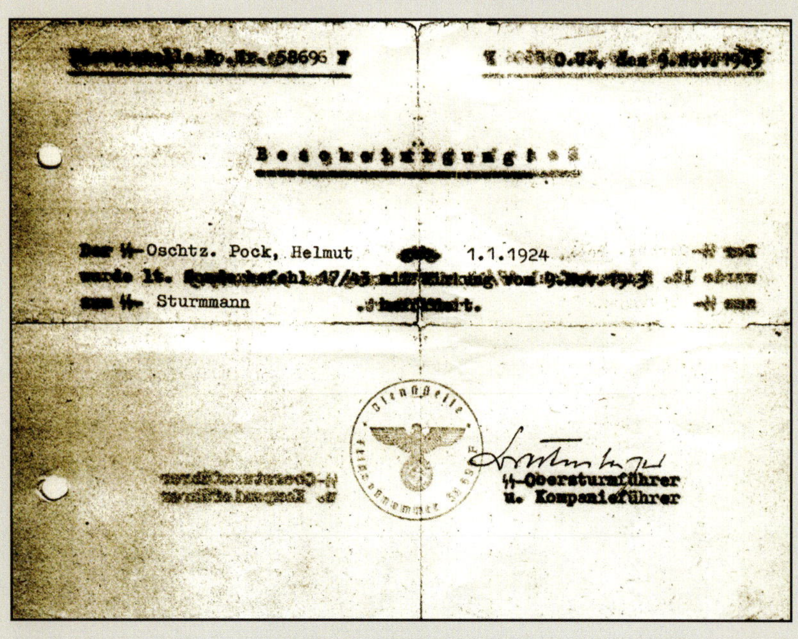

...58696 F

... O.U., den 9.Nov.1943

Der SS-Oschtz. Pock, Helmut ... 1.1.1924

zum SS- Sturmmann

SS-Obersturmführer
u. Kompanieführer

Photo de Helmut Pock, dans sa tenue noire de tankiste, ici alors *Sturmmann.*

Document original établissant le passage de grade de l'*Oberschütze* Helmut Pock au grade de *Sturmmann.*

ayant brûlé, je pus nettement voir les jambes d'un de nos camarades dépassant à l'arrière d'un SPW et le reste du corps noir et raccourci par le feu qui avait détruit le véhicule. J'espérais qu'il était mort atteint par une des balles du Jabo. Nous traversons un petit village lorsque je vois le véhicule nous précédant obliquer à gauche, pour se mettre brusquement sous les arbres. J'en fais autant et sors immédiatement avec mon fusil comme nous l'avons appris. C'est une attaque de Jabos que nous subissons. Ils viennent de la direction du soleil et il est difficile de les apercevoir dans cette position. Néanmoins, je pointe comme mes camarades mon fusil Mauser 98 K dans leur direction. Les balles claquent partout et, malgré nos tirs, aucun résultat ne semble se voir, aucune fumée, rien. Nos fusils semblent impuissants contre le blindage de ces machines. Mais le tir de nos fusils nous soulage. Nous continuons notre route une fois nos agresseurs partis. Un nouveau village où nous prenons la précaution de mettre nos engins sous des porches en pierre ou derrière de hauts murs. Déjà des Jabos surgissent dans le ciel à la recherche de proies. Aucun avion allemand à l'horizon ! Où sont-ils ? Certains mal camouflés ou encore sur la route subissent les assauts de cette nouvelle meute mais assez maladroite puisque les balles claquent partout et certaines viennent s'enfoncer dans nos murs. Aucun dégât n'est à déclarer. Dans le *Kriegstagebuch* de la Division, il est noté que, le 6 juin 1944, la colonne de pontonniers de l'*Untersturmführer* Hans Richter eut à déplorer dans les environs d'Evreux la perte de plusieurs pontons et de véhicules spéciaux des pionniers lors de l'attaque de plusieurs Jabos. De plus, elle eut à subir la perte de 22 tués et de 60 blessés ! Ces Jabos furent indiscutablement un frein à notre arrivée sur le front.»

1

1. Photo dédicacée de l'*Oberscharführer* Georg Farhbach de l'unité de réparation du *SS-Panzer-Regiment 12*.

2. Très bonne photo d'un membre de l'équipage d'un Panzer IV, près de l'arrière de son engin appartenant à la *II. Abteilung*. On notera la combinaison camouflée.

3. Autre photo d'un Panzer IV du régiment de Panzer de la *12. HJ* en Normandie. On notera le feuillage le couvrant pour le rendre moins visible des Jabos.

2

3

Ci-dessus : autre vue d'un Panzer IV lors d'un entraînement du Régiment de Panzer de la *12. HJ*.

1. A l'entraînement, ce Panzer IV de la *II. Abteilung* grimpe une petite dénivellation sans problème. Notez les combinaisons camouflées.

2. Photo d'un Panther de la 3ᵉ compagnie lors d'un passage à l'atelier de la compagnie qui doit réparer quelquefois sur le terrain les dommages causés aux engins du régiment.

3. Bonne photo de Wilhelm Beck le chef de la 2ᵉ compagnie du *SS-Pz.-Rgt. 12*, avant le Jour J.

Le nombre blindé touché sera important dès le début des combats qui furent intenses et le rôle de l'atelier de réparation fut prédominant et peu connu. Sans ces hommes toujours prêt à aller chercher les blindés immobilisés par avaries ou par les coups adverses reçus un régiment de chars serait vite réduit à une compagnie. De plus, tous ces hommes étaient aptes à remplir tous les rôles des membres d'un équipage de char. L'entraînement et les exercices de réparations appliqués avec soin et intensité ont permis à cette unité faisant partie du régiment de chars de tenir le nombre de blindés en état de combattre toujours à un niveau élevé.

Le 9 juin 1944, ceux de la *2. Panzer-Kompanie* de la *I. Abt.* arrivèrent eux aussi, en dernier, sur le front. Lors de leur chemin ils passèrent devant le PC de la *Panzergruppe West* situé à La Caine, 6 kilomètres au nord-ouest de Thury-Harcourt. Là-bas se tenait le chef de la 2ᵉ compagnie, le *Hauptsturmführer* W. Beck. Il avait auparavant commandé la formation d'aspirants officiers de la Division « *Hitlerjugend* », qui avec le débarquement fut rapidement terminée. Maintenant, il était officier de liaison au sein du *I. SS-Panzerkorps*.

Helmuth Pock, dont **Wilhelm Beck** fut le chef auparavant s'en souvient alors qu'il le vit encore un peu avant midi ce jour-là.

« Aux alentours du PC, nous avons rencontré le *Hauptsturmführer* Wilhelm Beck. Nous le connaissions depuis la Russie, où il avait reçu le *RK* pour son action à Charkow. Beck est de ces hommes qui, en tant que chef, s'est toujours comporté humainement, un homme rare. Physiquement en parfaite forme, il était un modèle pour tous. L'*Oberscharführer* Hermann le connaissait personnellement très bien et échangea quelques paroles avec lui. L'*Unterscharführer* Sebastian et moi-même nous tenions à distance par respect pour ce chef valeureux. Il nous demanda si nous avions quelque chose à boire pour lui. *« Pock, regardez dans la voiture il doit y avoir encore une bouteille d'eau «Selters », ramenez là »* me dit l'*Oberscharführer* Hermann qui apparemment avait toujours ce qu'il fallait quand il le fallait, comme tout bon Landser. Je me souviens, lorsque nous sommes revenus de Russie *(avec la LAH Ndl'A),* alors que nous nous trouvions à bord de wagons à bestiaux et que nous nous étions arrêtés dans une petite gare de la province de Posen dans notre chemin de retour à Berlin-Lichterfelde, que nous avions joyeusement discuté avec des jeunes files qui se trouvaient sur les quais. Beck remontait tous les wagons afin de voir si tout allait bien et, nous voyant, il nous avait adressé un joyeux *« profitez bien de ces moments, les jeunes et des jeunes filles »* sachant que le combat n'allait pas tarder à nous rattraper, ce à quoi nous avions répondu à l'unisson d'un puissant *« Jawohl Hauptsturmführer »*. Dans notre troupe, nos officiers étaient comme des pères pour nous et nous allions dans la bataille pour eux, c'était une réalité. »

Les pertes en blindés des premiers combats obligèrent l'atelier de réparation à faire des prouesses de jour et de nuit, sans arrêt afin que le quota de blindés en état de combattre soit toujours le plus haut possible. La formation de ces jeunes recrues avait été intense et le combat allait pouvoir donner le verdict sur leur efficacité. Leur formation était également faite afin qu'ils soient aptes à se servir de tous les engins qu'ils dépannaient mais aussi en tant que fantassin et même artilleur. Etant le plus souvent amenés à dépanner en premières lignes plus d'une fois, ils durent aussi faire le coup de feu aussi bien avec des armes légères qu'avec des armes lourdes.

Par exemple, l'un de ces valeureux soldats fut le *Hauptscharfürer* **Georg Fahrbach** de l'atelier de réparation de la *I. Abteilung* du *SS-Pz.-Rgt 12 « Hitlerjugend »* qui fut décoré de maintes médailles dont l'*EK I* et de la médaille des blessés en argent. Les troupes combattantes leur doivent beaucoup d'avoir toujours été là pour les sortir des endroits où ils avaient été immobilisés et parfois sous le feu de l'ennemi. Le *Sturmmann* Hellmuth Pock de la *I. Abteilung* sous le commandement de l'*Untersturmführer Dipl. Ing* Robert Maier nous en donne maintenant un exemple :

Max Wünsche a dédicacé cette photo à l'auteur. Il est ici en discussion avec Kurt Meyer.

Ci-dessus : à l'intérieur du numéro de juillet/août, les jeunes soldats sont « croqués « par le *Kriegsberichter* qui magnifie leurs exploits.

Ci-contre : le magazine *« Pimpf »* de juillet/août 1944 relatant les combats de la *12. HJ* en Normandie.

Char Panther sur le train qui va l'amener vers la Normandie.

Char Panther de la 1re compagnie avec son chef de bord.

Fleury-sur-Andelle, 24 km au sud-ouest de Rouen. Fin août 1944, l'unité de Max Wünsche se trouve à 1 km de Charleval où se réunissent, après le passage de la Seine, les restes du Régiment de Panzer de la *12 HJ*. L'inscription SS, *Wünsche 1 km* sera encore visible sur le mur après guerre.

SS-PANZER-REGIMENT 12

Gros plan sur l'inscription indiquant le lieu de rassemblement de l'unité de Max Wünsche à 1 km.

Numéro de mai/juin 1944 du magazine destiné aux « *Pimpfe* » futurs jeunes de la *HJ* où les combats sont montrés et leur destin préfiguré.

« Je suis positionné avec les camarades de mon atelier à Venoix, non loin de Caen. Nous nous sommes mis à l'ombrage des arbres et buissons pour camoufler nos machines, près d'une grande prairie. Ce terrain plat descend ensuite vers le cours d'eau appelé Odon. Une partie de nos personnels cherche des logements alors que nous, le reste, nous nous appliquons à bien camoufler nos véhicules car l'activité des Jabos est intense et la qualité de ce camouflage dépend notre survie. Ce travail terminé, nous aussi allons chercher quelque endroit pour nous loger. Nous trouvons rapidement une petite villa du nom de « Sans soucis » dont les propriétaires ont déserté les lieux. Rien ne manque et nous en sommes heureux. Nous nous y sentons bientôt comme chez nous. Mon souhait le plus cher est de prendre maintenant un peu de repos. Il est malheureusement très vite interrompu par le *Spiess* (adjudant de compagnie) qui, désignant trois hommes, nous dit : *« Toi, toi et toi vite dehors, un blindé a besoin de réparation urgente. »* Nous espérons ne pas en avoir pour trop longtemps car la pénombre est moins pratique pour certaines opérations. Mais ce n'est pas un mais plusieurs chars qui réclament des soins. Je m'occupe du premier que je vois, il a un problème de transmission. Pour pénétrer dans le char, nous avions l'habitude de passer par la tourelle, ce que je fais encore cette fois-là et, en m'accrochant à l'intérieur, je sens une masse visqueuse dans laquelle mes mains s'accrochent. J'interroge le pointeur qui me réponds que son commandant avait été très sévèrement touché lors de son premier affrontement et sa tête avait explosé, maculant l'intérieur de la tourelle de matière peu enthousiasmante. Le pauvre, pour son premier engagement, il perd son commandant d'une façon horrible. Je lui indique que l'on n'y peut rien et qu'il faut continuer, ne

1

2

3

1. Bonne photo originale de Hans Fenn, en tenue noire, qu'il m'a dédicacée au dos et le montrant avec le grade de *Sturmmann*.

2. Petite photo originale de l'*Oberscharführer* Terdenge dans sa tenue de cuir de la Kriegsmarine sur son char Panzer IV.

3. Photo de Friedrich Wilhelm Ries né en 1926 qui sera commandant de char Panther à la *I. Abteilung* du *SS-Pz.-Rgt. 12* en Normandie en 1944. Ici, il est à Wildflecken en 1943. Il sera *Unterscharführer*. Il porte l'insigne de sport de la *HJ* et l'insigne en losange de la *HJ*.

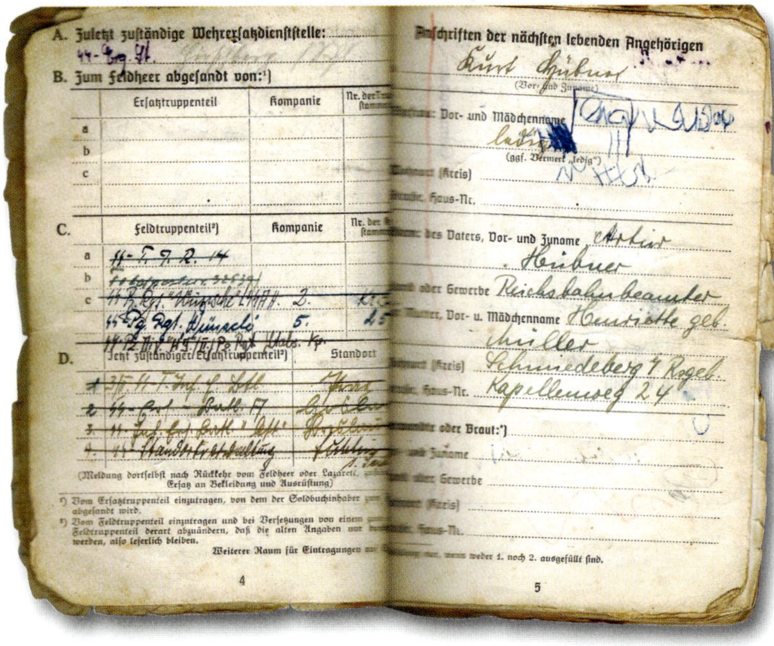

sachant pas trop quoi dire. Le travail à l'intérieur d'un char fait généralement transpirer. Normalement, pour atteindre les éléments de transmission, il faut passer par l'emplacement du chauffeur ou du radio tous deux situés devant. Mais ainsi, on a peu de place pour s'asseoir et les manœuvres sont pénibles. Mais grand et mince, je me comporte comme un ver et m'introduis de façon à pouvoir travailler sur la transmission. Le *Spiess* va et vient vers chaque blindé et demande si l'un ou l'autre a besoin d'aide ou de matériels. Je lui montre la pièce que j'ai réussi à démonter et il m'indique comment la changer et comment installer une neuve correctement. C'est un soulagement lorsque tout est terminé car on commence à entendre les explosions d'un tir d'artillerie qui s'approche de nos positions. En m'en retournant, je tombe sur l'*Oberscharführer* Hermann auquel je me présente. Il me conseille d'aller me reposer et ensuite de me laver et me raser pour être « correct » le lendemain. Les lits de notre villa sont un délice par opposition aux campements dans les bois sur le sol dur. »

Un autre vétéran du *Panzer-Regiment*, le *Sturmmann* **Hans Fenn** qui appartenait au *I. Zug* (Peloton) de la *6. Panzer-Kompanie* du *SS-Pz.-Rgt 12* en tant que pointeur de son Panzer IV, m'a raconté ses combats où ils durent soutenir la contre-attaque du *SS-Pz.Gren.-Rgt 25* le 7 juin 1944. :

« Entre-temps, l'*Obersturmführer* Gasch était revenu et avait pris la tête du peloton lors de l'attaque sur Authie et, dès le début, un grand nombre de prisonniers furent faits que nous avons renvoyé sur l'infanterie qui nous suivait, sans que nous ne sortions de nos blindés. Nous avons avalé des petites collines et sommes arrivés sur une plaine avec le Ier Peloton lorsque nous avons reçu un feu d'enfer de la part des canons antichars canadiens. Quatre Panzer IV s'embrasèrent de suite. Nous qui étions en cinquième position, avons reçu un coup direct entre le châssis et la tourelle dû au fait que nous avons malencontreusement montré notre flanc aux maudits canons antichars situés à 1200-2000 mètres de nous sans que nous n'ayons eu la possibilité de faire feu sur eux. Mon chef de char, l'*Oberscharführer* Esser, eut une jambe arrachée par l'obus mais, comme je l'appris plus tard, il eut le temps de s'éjecter de notre blindé. Les Canadiens, tout comme les Anglais et les Américains, utilisaient des obus au phosphore et, de ce fait, le char prit feu immédiatement. Non seulement leur obus mais aussi les balles et les bombes au phosphore étaient monnaie courante chez les alliés ! Notamment sur Dresde qui flamba plusieurs jours durant avec les bombes au phosphore larguées sur la ville.

Pour ma part, je m'évanouis car le caoutchouc entourant ma trappe de sortie avait fondu tellement la température était montée à l'intérieur du char avec cet obus au phosphore. Malgré tout, je réussis à revenir à moi et à m'extraire par la trappe du chargeur plus éloignée de l'impact que la mienne. Je me souviens encore être sorti la tête en avant et être tombé dessus en atteignant le sol. Avec d'importantes brûlures du 3e degré, je me repliais vers nos grenadiers. On me regardait comme un zombie ou un fantôme. L'infirmier *(SDG : Sanitäts-Dienstgrad)* me rapatria avec un Kübelwagen vers l'hôpital de campagne le plus proche. »

Belle photo d'un Panzer IV en Normandie. Il est couvert de feuillage qui le camoufle idéalement. A noter une *Schürze* sur l'avant du char qui a dû tomber lors de manœuvres dans le bocage étroit.

Page ci-contre, de haut en bas :

Photo de l'Abbaye d'Ardenne qui abritera le PC de la Division lors des combats de Caen.

Rare *Soldbuch* d'un *Unterscharfürer* du *SS-Pz.-Rgt. 12 "Hitlerjugend"*. Il s'agit de celui de l'*Unterscharführer* Kurt Hübner.

Page du *Soldbuch* de Kurt Hübner montrant qu'il faisait partie de l'EM *(Stab)* de la *II. Abt.* du *SS-Pz.-Rgt. 12.*

Le *Sturmmann* **Karl Vasold** de la *9. Kompanie* du *SS-Pz.Gren.-Rgt 25* a vécu également cette attaque et nous donne ici le témoignage de ce qu'il a personnellement vécu :

« Nous recevons l'ordre de nous mettre en marche avec l'appui de blindés pour marcher sur Authie. Nous recevons rapidement les feux de toutes sortes d'armes dès le début et aussi les premières pertes. Aux abords du village, des blindés canadiens qui sont détruits et avec des combats pour les premières maisons. Le village est rapidement pris. Nous nous dirigeons sur le Château de Saint-Louet à l'ouest d'Authie. Des barrages de canons antichars canadiens nous y attendent et, déjà, plusieurs de nos chars sont atteints et flambent de suite, nous saurons plus tard la raison de ces tirs violents. S'ensuivent le repli de blessés, des mains ont été arrachées et beaucoup de grands brûlés. Ils sont repliés sur Authie. Puis c'est leur artillerie qui nous asperge d'obus, même leurs chars stationnés à Buron, nous envoient des obus. Mais ce sont de mauvais pointeurs car les obus tombent un coup trop long, un coup trop court ou trop à droite et trop à gauche ! Les officiers canadiens tentent de contenir leurs hommes et leur intiment l'ordre de rester sur place. Une de leur compagnie (la *A Company*) s'enterre au sud-est de Gruchy tandis qu'une autre (la *B Company*) stationnée à Buron est arrosée par notre propre artillerie et armes lourdes. Les 9ᵉ, 10ᵉ et 11ᵉ compagnie du *SS-Pz.-Gren.- Rgt 25* soutenues par les 5ᵉ et 6ᵉ *Panzer-Kompanies* du *SS-Pz.-Rgt. 12* attaquent Buron et Gruchy avec l'appui de l'artillerie de la *III. Abteilung* du *SS-Pz.Art.-Rgt 12* sous les ordres du *Sturmbannführer* Bartling qui fait diriger les tirs à partir des tours de l'Abbaye d'Ardenne. Les mortiers lourds et mitrailleuses lourdes sont également de la partie.

La *A Company* du *North Nova Scotia Highlanders* est écrasée au nord d'Authie. Les panzergrenadiers de notre division s'introduisent dans Buron. Alors que nos blindés se rapprochent du nord de la localité, ils reçoivent un énorme tir de barrage de l'artillerie canadienne qui touche plusieurs de nos blindés et de nos panzergrenadiers. Leurs tirs touchent également leur propre troupe car les lignes sont imbriquées et la ligne de front n'est pas nette. Quelques blindés prennent des blessés sur leurs superstructures pour les ramener à l'abri et pour qu'ils soient soignés, ainsi de jeunes grenadiers blessés se trouvent à côté de Canadiens blessés eux aussi. Les blindés qui reviennent à l'Abbaye d'Ardenne reçoivent l'ordre de « *Panzermeyer* » de retourner aussitôt pour soutenir nos grenadiers au combat à Buron. Ils ont à peine le temps de laisser descendre les blessés.

Avec le reste des blindés encore indemnes, l'attaque sur Buron se poursuit. Des combats de rue intenses se produisent et de nombreux prisonniers sont faits. Nous parvenons à la sortie de Buron et recevons un feu très nourri. Nous nous plaquons au sol. Nous ne progresserons plus et devons reculer pour être à l'abri dans la localité. Pour cela, un blindé nous appuie de son feu. La pression anglo-canadienne est très importante et de nouvelles forces arrivent pour maintenir le terrain acquis par les alliés. La localité est prise puis perdue et reprise mais les pertes sont importantes de chaque côté. Seulement, côté allemand, les rangs s'éclaircissent et ne sont pas renforcés comme de l'autre côté. C'est une guerre d'attrition subie par l'armée allemande.»

Photo de Helmut Punke montrant qu'il fit partie de la *LAH* (pattes d'épaule).

Le *Schütze* **Helmuth Punke** de la *5. Kompanie* du *II. Bataillon* du *SS-Panzergrenadier-Regiment 25* fit partie d'une formation de tireurs d'élite. Nombre de jeunes portaient l'insigne de tireur d'élite de la *HJ* et, fièrement, le portèrent sur leur uniforme de la Waffen-SS alors que certains avaient peur de le perdre et l'ont conservé. Il ne tomba pas, ainsi, dans les mains de ceux qui les firent prisonniers et qui étaient friands de « souvenirs ». Le lecteur trouvera dans cet ouvrage l'insigne de tireur de la *HJ* que Helmuth Punke avait gardé ainsi que quelques photos.

Helmuth Punke avait tout d'abord été incorporé à Berlin-Lichterfelde à la *LAH* avec laquelle il fera la première partie de la guerre avant de passer à la *12 HJ* en 1943. Il avait déjà reçu l'*EK II* à cette époque, comme le montre sa photo.

Un autre sous-officier m'a écrit ce que fut son parcours lors de ces années de guerre :

«Je m'appelle **Fritz Hofmann** et je suis né en 1919. Dès 1938, j'entrais à la *LAH* à la caserne de Berlin-Lichterfelde comme mitrailleur à la 2ᵉ compagnie. Avec cette unité, je participerais à la campagne de Pologne puis au *Westfeldzug* (campagne de France en 1940). J'y ferais la connaissance de Teddy Wisch qui commandait la *1. Kompanie* et mon ami Reinhold Fuss notamment lors des combats sur le Mius à Sambek en 1941, je le retrouverais ensuite à la *12. Hitlerjugend Division*. (Après guerre, je le rencontrerais à nouveau lors de nos réunions de vétérans et nous avons pu évoquer nos souvenirs communs). Comme ma formation était celle de commerçant, je fus assez rapide-

Autre camarade de Helmut Punke qui porte l'insigne de sport de la *HJ* et aussi l'insigne de tireur d'élite de la *HJ*.

Helmut Punke à l'entraînement en sous-bois avec son fusil à lunette. En plus d'avoir appris à tirer très correctement lors de leur jeunesse, les meilleurs furent instruits au tir avec une lunette de précision.

ment promu comme trésorier à l'état-major du *I. Bataillon* sous les ordres de Fritz Witt, qui sera lui aussi versé à la *12. HJ Division* comme Kommandeur de la jeune Division. Je serais avec lui jusque mi-1943, date à laquelle il rejoignit cette nouvelle fonction. Il restera pour moi un chef exigent mais très attachant et qui sera très fier des jeunes qu'il avait formés. Pour constituer cette nouvelle division, il emmena avec lui une trentaine de sous-officiers dont je faisais partie. A l'époque, j'avais le grade d'*Oberscharführer* et lorsque j'arrivais en Belgique à Turnhout, je fus

Très intéressante photo d'un camarade de Helmut Punke. Très intéressante dans le sens qu'elle nous permet de voir porté l'insigne de tireur d'élite de la *HJ* mais aussi l'insigne miniature de sport de la *HJ*.

Très bonne photo de l'*Oberscharführer* Fritz Hoffmann. Comme on peut le voir, il porte encore sur cette photo le sigle de la *LAH* sur ses pattes d'épaules.

promu *Hauptscharführer* et *Spiess* (adjudant de compagnie) de l'état-major de la Division au sein du *III. Bataillon* du *Regiment 25* de la *12 HJ*. Peu avant qu'il ne tombe lors d'un bombardement de la Marine alliée, je rencontrais encore Fritz Witt et son souvenir est encore présent dans ma tête. De tels hommes sont rares et sa perte fut un gros coup pour toute la division.»

L'officier d'état-major O.II de la division était l'*Untersturmführer* **Harro Lübbe**. Celui-ci venait de la *LAH* à laquelle il appartenait depuis le 1er novembre 1938. Voici ce qu'il m'a écrit :

«Je suis né le 23 juillet 1920 et, après mon temps au RAD, j'entre à la *SS-Verfügungstruppe* le 1er novembre 1938. Le 1er avril 1942, je deviens *Unterscharführer* à la *LAH* pour suivre la formation d'officier à l'école de Bad Tölz en juin 1942, le 1er décembre 1942, je sors *SS-Oberjunker*.

Le 1er avril 1943, je suis nommé *Untersturmführer* et, à partir d'octobre 1943, je suis affecté en tant qu'O II à l'état-major, comme officier d'Ordonnance de la *12 Hitlerjugend Division*.

En juillet 1944, je serais chef de peloton du Bataillon de remplacement et je ferais le repli sur la Seine par Rouen/Fontaine-Bellenger. Mon peloton renforcé était positionné pour sécuriser les alentours de Vieux-Villez, à 4 kilomètres au nord-ouest de Gaillon. Nous sommes remplacés vers 16 h, alors que des bruits de combats se font entendre en provenance de Canappeville et Quatremare ainsi que Louviers. Alors qu'avec mes véhicules, j'atteins la hauteur de Fontaine-Bellenger, je reçois des obus d'antichars ou de blindé venant d'Acquigny à 5 kilomètres au sud-ouest de Fontaine-Bellenger. Mon véhicule est atteint au niveau des chenilles. Nous sautons des véhicules dans des tranchées à droite de la route. Nous rampons jusqu'à un champ sous les tirs des armes ennemies qui nous arrosent sans discontinuer. Les véhicules qui n'ont pas été atteints, atteignent le centre du village. Nous sommes environ une dizaine d'hommes avec nos pistolets-mitrailleurs, fusils et panzerfaust. De ma position un peu abritée, je distingue, vers 17 h 35, des blindés ennemis qui se préparent à attaquer à environ 2 kilomètres de nous. Un petit piper de reconnaissance, américain, nous survole et, aussitôt, un déluge d'artillerie s'abat sur Fontaine-Bellenger et s'allonge vers Heudebouville et les passages sur la Seine.

Après un échange de tirs entre les blindés anglais et quelques-uns de nos canons antichars, l'ennemi démarre son attaque avec des blindés au croisement des routes Heudeboville - Venables. C'est beaucoup plus tard que l'ennemi oblique dans notre direction. Leurs véhicules semi-chenillés avec l'infanterie s'avancent vers nous. J'ordonne à mes hommes de se laisser dépasser et ensuite de leur envoyer les charges creuses de leurs panzerfaust par l'arrière. Les gerbes de blé s'enflamment. C'est plus de 20 blindés et véhicules semi-chenillés qui nous assaillent moteur hurlant et chenilles cliquetant. Ils dépassent la route Vieux Villez- Vironvay et poussent sur nos positions. Notre artillerie envoie des obus sur nous pour arrêter les Anglais dans leur assaut. A côté de moi dans un trou, un *Schütze* crie de douleur car, en tirant avec son panzerfaust, il n'a pas pris la précaution d'être libre derrière lui ou de monter plus haut son engin et la flamme l'a brûlé au dos sévèrement. Heureusement, il commence légèrement à pleuvoir et, par la suite, une pluie drue tombe sur les combattants. Après que nous ayons tiré nos derniers panzerfaust, nous attendons dans nos trous que la pénombre descende vite. Le bruit des moteurs s'éloigne vers le village. Vers 22 h, je décide de me déplacer vers l'arrière en passant par les lignes adverses. Je me faufile comme un indien en me camouflant dans l'obscurité et je vois des véhicules anglais et des gardes que j'entends nettement parler et que j'évite. Après une longue marche à travers bois et buissons, j'atteins la Seine que je remonte.

Après un nouveau très long moment, je vois des lumières et j'entends des voix que j'identifie de suite comme étant allemandes. Prudemment, tout de même, je m'approche et cela me permet de m'assurer qu'il s'agit d'un blindé de reconnaissance de notre unité. Vers 2h35, je peux enfin atteindre le PC de notre bataillon et me présente au *Hauptsturmführer* Urabl. De mes 10 hommes, j'ai pu en ramener 8 dans nos lignes.

Dans la nuit du **23 au 24 juillet** 1944, un semblant de ligne de front semble se reformer entre Honfleur et Elbeuf. A ce moment, les restes de la *LAH* et de la *12 HJ* combattent encore au sud de Louviers contre des attaques massives de blindés alliés. »

L'*Oberscharführer* Hoffmann guidant un contingent de jeunes recrues.

Deux photos de l'*Obersturmführer* Reinhold Fuss, chef de la *15. SS-Kpie* du *SS-Pz.Gren.-Regt. 25* envoyées à l'auteur avec d'autres photos comme les trois qui suivent.

De jeunes volontaires de la *HJ* encore dans leurs uniformes et avec le brassard de leur appartenance aux mouvements de jeunesse avec un *Unterscharführer* venant probablement de la *LAH*.

Sur un lac près d'Aarschot en Belgique en mars 1944. Au volant, E. Bädekerl, chef de la *15./25*, à ses côtés l'*Ustuf.* R. Fuss et, à l'arrière s'occupant de la mise en route de l'hélice, Walter Fischer du *I. Zug* (peloton).

Sur cette vue latérale, on voit bien l'officier Bädekerl avec sa pipe et Reinhold Fuss qui se lève.

Le *Junker* Harro Lübbe sorti de l'école d'officiers de Bad Tölz en 1942, il a alors 22 ans.

Photo de l'*Oberschütze* Harro Lübbe en 1939 alors qu'il n'a que 19 ans et fait partie de la *6. Kpie LAH*.

Photo dédicacée de Harro Lübbe, *Untersturmführer* en octobre 1943 alors qu'il est muté à la *12 HJ* en tant qu'O II. Il passera *Obersturmführer* à partir du 9 novembre 1944.

Maintenant passons aux souvenirs de vétérans ayant appartenu à la 4e compagnie (lourde) du *SS-Panzergrenadier-Regiment 26*. Celle-ci était commandée par l'*Untersturmführer* Alois Hartung.

Tout d'abord, donnons la parole à **Karl Horneff** né en 1926 à Darmstadt qui s'engagera également comme beaucoup de ses camarades en 1943.

«Après mon instruction en camp de préparation militaire à Wildflecken, dès le mois de mai 1943, je serais apte pour le transfert à la division qui était en formation à l'époque. Puis, en octobre 1943, je me retrouve à Nuremberg pour la formation de radio. En janvier 1944, je rejoins la Belgique au camp de Beverloo, près d'Anvers, j'intègre la 4e compagnie lourde du Ier Bataillon d'Alois Hartung au sein du *Regiment 26*. Je serais ensuite transféré en Normandie dans la région d'Evreux. Dès le 8 juin, après avoir été envoyé sur le front du débarquement, je serais engagé dans les combats autour de Caen puis dans Caen. Le 14 juillet 1944, je recevrais l'*EK II*. Après avoir été meurtri par les combats de Normandie fin août, je suis rapatrié, avec les survivants qui ont pu sortir de la nasse normande, vers l'Allemagne où, à Kaiserslautern, de nouveaux jeunes volontaires viennent reformer les unités. Fin octobre 1944, je ferais partie d'une formation de sous-officier et je serais nommé *Unterscharführer* jusqu'à la fin de la guerre. Le 20 septembre 1944, je reçois encore le *Panzerkampf-Abzeichen* en bronze. »

En annexe, le lecteur trouvera les deux documents de décorations.

Photo de Karl Horneff, alors *Sturmmann*.

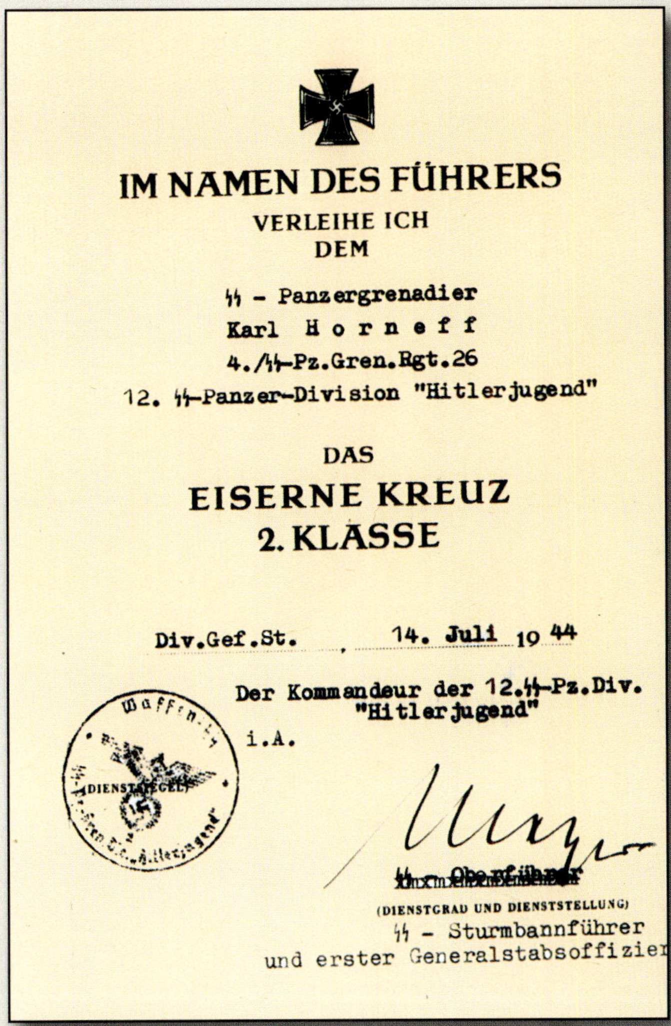

IM NAMEN DES FÜHRERS
VERLEIHE ICH
DEM

SS - Panzergrenadier
Karl Horneff
4./SS-Pz.Gren.Rgt.26
12. SS-Panzer-Division "Hitlerjugend"

DAS
EISERNE KREUZ
2. KLASSE

Div.Gef.St., 14. Juli 1944

Der Kommandeur der 12.SS-Pz.Div.
"Hitlerjugend"
i.A.

~~SS-Oberführer~~
(DIENSTGRAD UND DIENSTSTELLUNG)
SS - Sturmbannführer
und erster Generalstabsoffizier

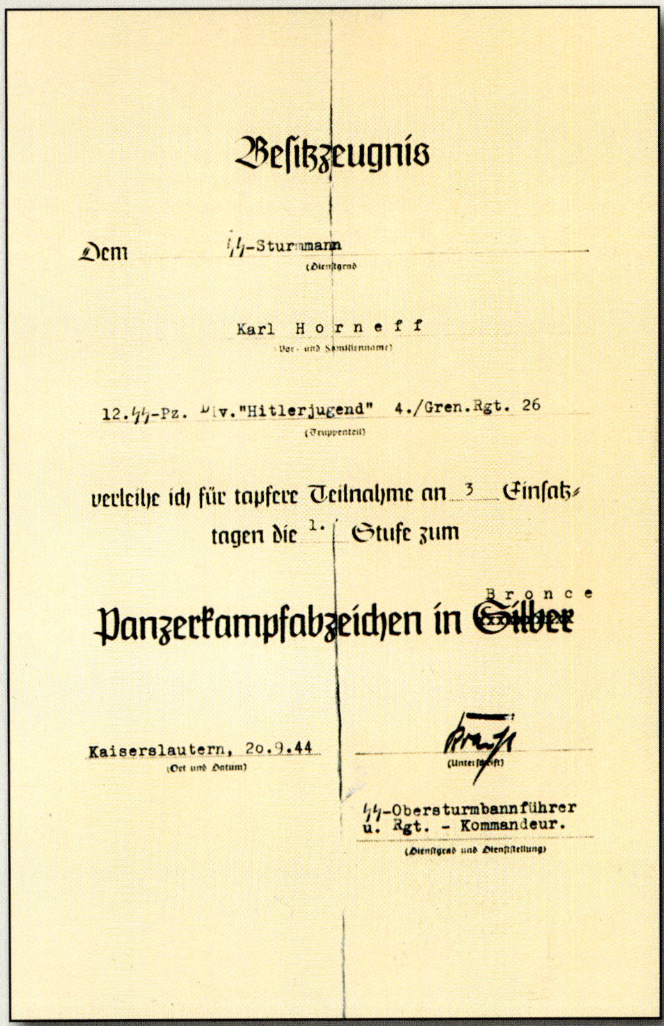

Besitzzeugnis

Dem SS-Sturmmann
(Dienstgrad)

Karl Horneff
(Vor- und Familienname)

12.SS-Pz. Div."Hitlerjugend" 4./Gren.Rgt. 26
(Truppenteil)

verleihe ich für tapfere Teilnahme an 3 Einsatztagen die 1. Stufe zum

Panzerkampfabzeichen in ~~Silber~~ Bronce

Kaiserslautern, 20.9.44
(Ort und Datum)

(Unterschrift)

SS-Obersturmbannführer
u. Rgt. - Kommandeur.
(Dienstgrad und Dienststellung)

Diplôme de l'*E.K.II* de Karl Horneff signé par Hubert Meyer.

Diplôme du *Panzerkampfabzeichen* de Karl Horneff signé par le Kommandeur du Régiment, B. Krause.

Autre photo de Karl Horneff, alors qu'il n'est que *Schütze*.

Photo du camarade de W. Schultze, Manfred Schaffrath.

Werner Schultze, qui est né le 12 février 1926 à Andisleben en Thüringe, fils d'un fermier du « cœur vert de l'Allemagne », comme était désignée la Thuringe. Ses parents déménagèrent pour se rendre aux alentours de Bernstadt en Silésie où de meilleures perspectives se présentaient pour eux. Werner Schultze grandit donc en Silésie avec ses cinq sœurs. Il se lia d'amitiés avec un autre jeune du village voisin, qui s'appelait Manfred Schaffrath. Tous deux étaient comme deux frères. Donc ce fut tout naturellement qu'ils se présentèrent pour faire partie de la Waffen-SS, nous étions en 1943. Werner aurait aimé faire partie de la *Leibstandarte Adolf Hitler* car c'était l'élite des divisions de la Waffen-SS et c'est là qu'il voulait faire aussi ses preuves. Le 1er mai 1943, tous les deux se retrouvèrent au camp de Wildflecken pour endosser tout d'abord leur nouvel uniforme. Quatre semaines d'instruction militaire basique les formèrent au métier de soldat.

« Le 1er juin 1943, ce fut l'envoi à la caserne de Berlin-Lichterfelde et l'incorporation à la 13e compagnie. La formation de la nouvelle Division *« Hitlerjugend »* n'en était encore qu'à ses tout débuts. Après quatre à cinq semaines d'entraînement dans la caserne de la *LAH*, même si cela se fit sans arme lourde, nous avons été envoyés à Leopoldsburg/Beverloo mi juillet 1943. Le trajet, émaillé d'alertes aériennes, dura vingt-quatre heures. L'incorporation à l'un des régiments de la toute nouvelle Division *« Hitlerjugend »* prenait acte et se traduisait par l'appartenance au *II. Zug* (Peloton) de la *4 (s.) Kompanie du SS-Panzergrenadier-Regiment 26*. »

Tapis dans un fossé, K. Horneff et ses camarades attendent les ordres en cherchant l'abri des feuillages.

Très nette photo de Werner Schultze alors qu'il a endossé l'uniforme de la Waffen-SS au sein de la *12. SS-Pz.-Div. « Hitlerjugend »*. Il se rendra en 2008 sur la tombe de son camarade Schaffrath tombé en Normandie et reposant au cimetière de St-André-de-l'Eure.

Fin juillet 1943, le commandant de la Division était l'*Oberführer* Fritz Witt, le Kommandeur du *SS-Pz.-Gren.Rgt. 26*, le *Standartenführer* Wilhelm Mohnke, le chef du bataillon, le *Sturmbannführer* Krause, le chef de la 4e compagnie du *SS-Pz.Gren.-Rgt. 26* l'*Obersturmführer* Riedel, le *Zugführer* (chef de peloton), l'*Untersturmführer* Alois Hartung qui sera plus tard chef de la compagnie et, comme chef de groupe, l'*Unterscharführer* Wohlgemuth.

Werner Schultze évoque cette époque :

« Ce qui m'a le plus marqué est que la camaraderie du début de notre incorporation jusqu'à la fin de la guerre est restée à un très haut niveau et que cela ne s'est vu qu'à la Waffen-SS. Moi et Manfred avons été instruits au maniement du canon de Pak 7,5 cm. Ma fonction était celle du chargeur et celle de Manfred celle de pointeur au même canon. Pendant l'hiver 1943/44, nous nous sommes déplacés vers le camp d'entraînement de Maria ter Heide près d'Anvers, où les exercices se succédèrent pour faire de nous d'excellents soldats. En tant que division composée essentiellement de jeunes, nous avions comme nourriture en particulier beaucoup de laitage mais aucun alcool. En avril, notre Division se retrouve, pour la première fois pour nous, après l'organisation d'un convoi ferroviaire, en France, et plus précisément Evreux. Nous savions qu'un débarquement devait arriver et nous étions prêts à recevoir l'ennemi comme il se doit. Seulement, nous ne savions pas où ni quand. Lorsque le débarquement eut lieu, ce fut le grand déchaînement. S'enchaîneront des combats à Saint-Manvieu, Rots, l'aérodrome de Carpiquet, l'Abbaye d'Ardenne.

Du 10 au 12 juin 1944, nous avons combattu comme des lions à Rots, subissant des pertes mais en s'accrochant le plus possible au terrain. Puis deux semaines plus tard, ce furent les combats de Saint-Manvieu.

Mais, le 3 juillet 1944, je reçus des éclats de grenade qu'un soldat anglais nous avait lancée et qui me blessa gravement à la main gauche. Cela se passait lors de combats assez violents de Bretteville-sur-Odon. Une journée plus tôt, Manfred et moi avions reçu l'*EK II* pour avoir détruit au combat six blindés anglais et mis en pièce deux transports de troupe. De fait, nos obus explosifs les transformèrent en épaves brûlantes.

Je fus rapatrié dans divers hôpitaux avec en premier celui de Paris, puis Tübingen. Quant à mon camarade Manfred, il sera tué le 26 juillet 1944 et repose maintenant au cimetière de Champigny.

L'*Unterscharführer* **Hans Windmüller** me confia qu'il fit tout d'abord partie de la *LAH* après avoir quitté ses camarades de la *HJ* dans laquelle il avait passé une jeunesse heureuse. Il passera comme beaucoup d'autres de la *LAH* dans la *12 HJ Division* et rejoindra le camp de Beverloo en Belgique. Faisant partie de la *Panzerjäger-Abteilung* de la *LAH*, il restera dans la formation équivalente de la *12. HJ*. Il participera aux combats de Normandie puis à la sortie du chaudron de Falaise. Il rejoindra Kaiserslautern où il sera affecté au bataillon de replacement de la *12. HJ Division*. L'un de ses *Rottenführer* qui l'épaulera dans la formation de remplaçants pour la Division sera le *Rottenführer* Hellmuth Müller-Weissensee qui commandera le 3e Peloton de la 5e compagnie de ce bataillon de remplacement. On notera, sur la photo qu'il m'a envoyée, que l'apprentissage et la technique de l'utilisation du panzerfaust et d'autres moyens de destructions de chars par le fantassin en était un point important.

Photo de moindre qualité mais ayant le mérite de montrer Hans Windmüller alors *Unterscharführer.*

Sur la photo de la 4e compagnie, avec leur chef Alois Hartung se trouve également le chef de peloton Ernst Roman Deggenhard à gauche d'Alois Hartung alors qu'il n'est encore que *Standartenoberjunker.*

Il sera ensuite promu au grade d'*Untersturmführer* et commandera la 1re compagnie. Son *Soldbuch* ainsi que des diplômes et photos agrémentent ce volume. Il a reçu également la *Nahkampfspange* en argent *(II. Stufe)* pour ses nombreuses journées de combats. Il connaîtra ensuite les Ardennes puis la Hongrie, l'Autriche et les camps de prisonniers. Lors des derniers combats, il essaiera toujours d'épargner la vie de ses jeunes soldats et en prendra grand soin, comme un grand frère, ou un père, me dira même l'un de ceux-ci, le *Sturmmann* Martin Glade, qui en garde un souvenir particulièrement ému, Ernst Roman Deggenhard lui ayant sauvé la vie plus d'une fois.

Photo montrant un char factice servant à l'entraînement des recrues, notamment à la lutte antichar en leur faisant acquérir des automatismes pour approcher des chars.

Ci-dessus : Hans Windmüller, sous la petite croix, dans un char factice à l'exercice avec ses hommes.

Ci-contre : photo dédicacée de Hans Baumann de la *SS-Panzerjäger-Abteilung 12,* dont les souvenirs sont dans la première partie de ce livre.

Ci-dessous : photo du *Standarten-Oberjunker* Bruno Szydlowski qui appartenait au *SS-Panzer-Grenadier-Ausb. u. Ersatz Bat. 12*, le bataillon de remplacement qui alimentait en hommes les unités après les pertes lors des combats.

Photo de l'*Untersturmführer* Gunther Rehn de l'Etat-Major de la *SS-Pz-Jg.-Abt. 12 HJ*, FP Nr. 12611.

Photo de Hans Schmeisser, ici *Sturmmann*, du groupe de reconnaissance *(AA 12)*.

Photo de groupe de la *4. (s.) Kompanie* du *Rgt 26* avec leur chef, l'*Untersturmführer* Alois Hartung. Le *Standarten-Oberjunker* à gauche est E.R. Deggenhard. W. Schulz et M. Schaffrath sont également sur la photo.

L'*Obersturmführer* Alois Hartung, dans le bocage normand.

Voici ce que **Ernst Roman Deggenhard** m'a raconté sur ses premiers combats, notamment à Rots avec la 1re compagnie, dès le début du débarquement.

«Le 5 juin avait été une journée calme et ensoleillée. Nous avons été mis en alerte le lendemain et nous avons fait 20 kilomètres pour nous mettre à l'abri d'une forêt. Au petit matin, la pluie s'était installée et nous avions dû monter nos tentes. Nos blindés, qui étaient arrivés les jours derniers, avaient pour consigne de nous entraîner avec eux pour une meilleure homogénéité du groupe de combat ainsi constitué. En fin de journée, nous étions harassés et les tentes furent les bien venues pour y trouver un peu de repos. Puis, par radio, nous avons appris le débarquement, certains des jeunes poussaient des « hourras » car ils avaient été conditionnés pour celui-ci avec la conviction de rejeter à la mer ceux qui auraient pris pied sur le sol normand. Très rapidement, tout le monde était prêt pour le départ. Les civils, de Berchères où nous logions, nous ont fait des grands signes d'adieu car, d'une manière ou d'une autre, leurs destins allaient se jouer dans les jours prochains. Certaines mères pleuraient car elles avaient deviné ce qui attendait ces jeunes qui auraient pu être leur fils.

Les Jabos commencèrent à virevolter au-dessus de nous comme des abeilles et nos véhicules leur offraient des proies tentantes. C'est avec seulement quatre véhicules en état que ma compagnie parvint sur la ligne de front pour aussitôt attaquer. L'adversité étant toute relative, nous avons pris Cheux puis nous nous sommes dirigés vers Caen où, au soir, nous sommes arrivés non loin de Tilly-sur-Seulles. Notre poussée fut stoppée à Norrey-Bretteville où un fort barrage nous empêcha de progresser. Je reçus l'ordre de prendre une petite hauteur sur la gauche et de m'y mettre en position pour la nuit. A l'ouest, les 2e et 3e compagnies devaient elles aussi combattre durement pour avancer. Lors de cette nuit, un véhicule de reconnaissance d'une division du *Heer (Panzer-Lehr-Division)* vint vers nos positions. J'expliquais au commandant de cet engin que toute progression était dangereuse car les Anglais avaient établi une forte résistance à la sortie du village et empêchaient toute avance. A peine la colonne avait elle repris, tout de même, son avance qu'un déluge de feu d'armes automatiques mais aussi de canons leur tomba dessus, ne causant heureusement que quelques blessés. Avec le commandant de la *Pz- Lehr,* j'ai contacté le PC du bataillon et j'ai eu le Kommandeur Krause au téléphone.

L'*Unterscharführer* Alois Hartung, ici à la caserne de Berlin-Lichterfelde.

Kaiserslautern, septembre 1944, Artur Axmann, le chef des Jeunesses Hitlériennes remet de nouvelles bandes de manche de la division, ici à l'*Obersturmführer* Alois Hartung.

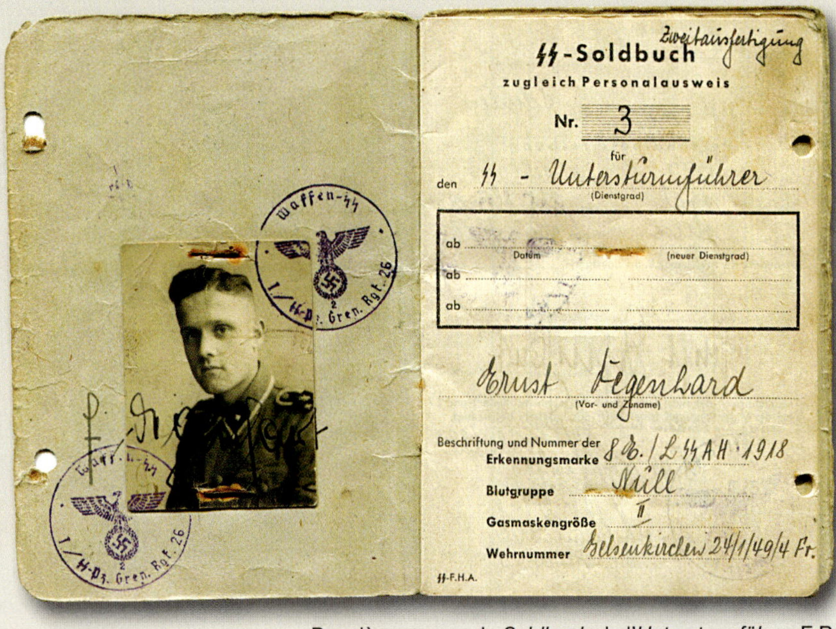

SS-Soldbuch Zweitausfertigung
zugleich Personalausweis
Nr. 3
für
den SS - Untersturmführer
(Dienstgrad)
ab Datum (neuer Dienstgrad)
ab
ab
Ernst Degenhard
(Vor- und Zuname)
Beschriftung und Nummer der Erkennungsmarke 8 St./L SS AH 1918
Blutgruppe Null
Gasmaskengröße II
Wehrnummer Gelsenkirchen 24/1/40/4 Fr.
SS-F.H.A.

Premières pages du *Soldbuch* de l'*Untersturmführer* E.R. Deggenhard, avec sa photo en *Uscha*. alors qu'il était à la *LAH*. Son premier *Soldbuch* ayant été perdu et détruit à Charkow, celui-ci est le second qui lui a été attribué. Il me le remit ainsi que ses photos et diplômes suite à nos nombreuses rencontres.

Nous avons reçu comme consigne de stabiliser nos emplacements et de nous préparer à une attaque. Au petit matin, nous avons gagné par la droite les champs dès l'apparition du jour au sud de la ligne de chemin de fer Caen-Bayeux. Les Jabos étaient de nouveau là et tiraient sur tout ce qui bougeait, la population locale ne fut pas épargnée également par ces tirs. Là où ils y pressentaient une position ou nid de mitrailleuse, les bombes tombaient. Ici, nous avons pour la première fois ressenti les affres d'un bombardement par l'artillerie de marine alliée qui se trouvait dans l'estuaire de l'Orne. Avec l'apparition de la pénombre et le soutien de nos blindés nous avons gravi la voie ferrée, pris le village du Bourg et, comme la résistance à Rots n'était pas encore trop forte, nous avons pu prendre Rots et nous installer au nord du village. J'avais avec moi les cartes d'état-major de cet endroit car il était prévu d'atteindre, après une semaine de combat, les plages du débarquement ! Le lendemain, **9 juin**, alors que j'avais installé un canon de Pak qui nous était adjoint, le sol se mit à trembler sous l'effet d'un nouveau déluge d'artillerie. Sous cette protection, les Anglais avaient approché des chars qui nous prenaient sous leurs feux et qui essayaient de détruire toute résistance. La première mitrailleuse lourde (sMG) reçut un coup direct et les trois membres de l'équipe de tir furent sévèrement blessés : le chef de la pièce, Otto Pribil de Vienne, et ses deux pourvoyeurs, Joseph Pankratz de Klagenfurt ainsi que Joseph Krämer de Villach (tous trois Autrichiens). Nous avons transporté nos trois camarades durement touchés dans une ferme non loin derrière nos positions et le fermier se chargea d'eux très courageusement sous le feu qui continuait à tomber. Alerté par radio, un véhicule arrivera quelque temps plus tard pour les emmener vers un hôpital de campagne afin de leur donner des soins appropriés. Plusieurs jours plus tard, j'appris que leur voiture sanitaire bien que couverte de croix rouges fut attaquée par un Jabo qui la détruisit emportant dans la mort

Photo de l'*Untersturmführer* Ernst Roman Deggenhard.

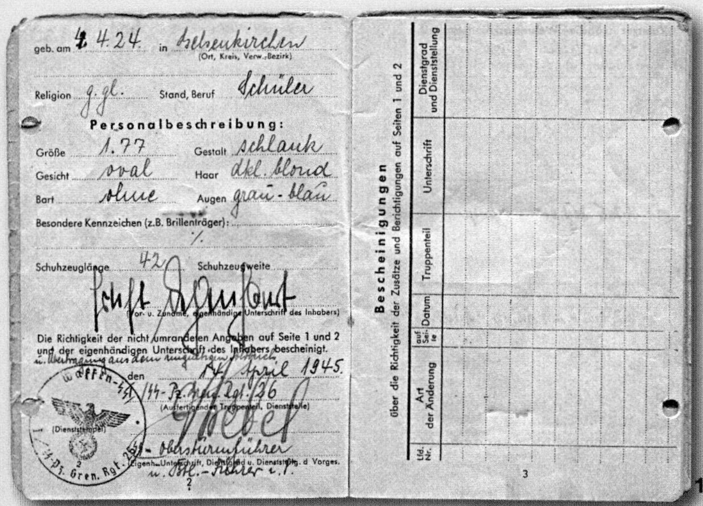

geb. am 2. 4. 24. in Gelsenkirchen (Ort, Kreis, Verw.-Bezirk)
Religion g. gl. Stand, Beruf Schüler
Personalbeschreibung:
Größe 1.77 Gestalt schlank
Gesicht oval Haar dkl. blond
Bart ohne Augen grau-blau
Besondere Kennzeichen (z.B. Brillenträger): ./.
Schuhzeuglänge 42 Schuhzeugweite
(Vor- u. Zuname, eigenhändige Unterschrift des Inhabers)
Die Richtigkeit der nicht umrandeten Angaben auf Seite 1 und 2 und der eigenhändigen Unterschrift des Inhabers bescheinigt.
den 14. April 1945.
(Dienststelle)
(Eigenh. Unterschrift, Dienstgrad u. Dienststellung d. Vorges.)

Bescheinigungen über die Richtigkeit der Zusätze und Berichtigungen auf Seiten 1 und 2

Lfd. Nr.	Art der Änderung	auf Seite	Datum	Truppenteil	Unterschrift	Dienstgrad und Dienststellung

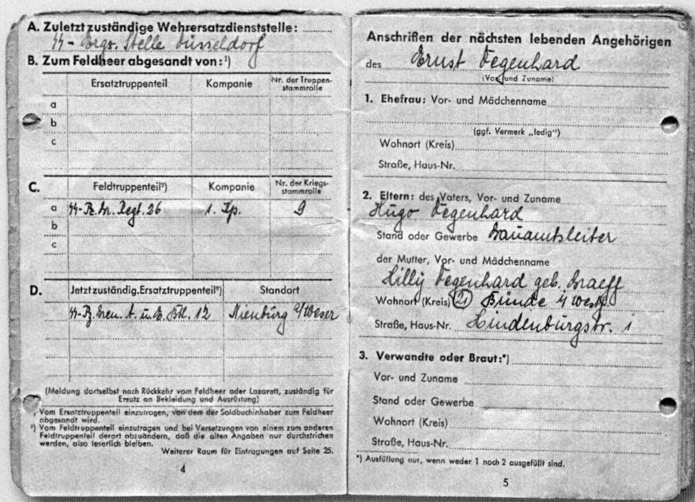

A. Zuletzt zuständige Wehrersatzdienststelle:
B. Zum Feldheer abgesandt von:[1]

	Ersatztruppenteil	Kompanie	Nr. der Truppenstammrolle
a			
b			
c			

C.

	Feldtruppenteil[2]	Kompanie	Nr. der Kriegsstammrolle
a	ᛋᛋ-Pz.Gr.Regt. 26	1. Kp.	9
b			
c			

D.

Jetzt zuständig.Ersatztruppenteil[2]	Standort
ᛋᛋ-Pz.Gren.A. u. E.Btl. 12	Nienburg/Weser

(Meldung dortselbst nach Rückkehr vom Feldheer oder Lazarett, zuständig für Ersatz an Bekleidung und Ausrüstung)

[1] Vom Ersatztruppenteil einzutragen, von dem der Soldbuchinhaber zum Feldheer abgesandt wird.
[2] Vom Feldtruppenteil einzutragen und bei Versetzungen von einem zum anderen Feldtruppenteil derart abzuändern, daß die alten Angaben nur durchstrichen werden, also leserlich bleiben.

Weiterer Raum für Eintragungen auf Seite 25.

Anschriften der nächsten lebenden Angehörigen des Ernst Degenhard (Vor- und Zuname)
1. Ehefrau: Vor- und Mädchenname
(ggf. Vermerk „ledig")
Wohnort (Kreis)
Straße, Haus-Nr.
2. Eltern: des Vaters, Vor- und Zuname Hugo Degenhard
Stand oder Gewerbe Bauamtsleiter
der Mutter, Vor- und Mädchenname Lilly Degenhard geb. Kraeff
Wohnort (Kreis) Bünde 4 Westf.
Straße, Haus-Nr. Lindenburgstr. 1
3. Verwandte oder Braut:[1]
Vor- und Zuname
Stand oder Gewerbe
Wohnort (Kreis)
Straße, Haus-Nr.
[1] Ausfüllung nur, wenn weder 1 noch 2 ausgefüllt sind.

trois de mes hommes. Bien après guerre, je pus rencontrer les parents encore vivants de certains d'entre eux.

Toute la nuit et le lendemain matin, l'artillerie alliée se déchaîna contre nous sans répit. Le camion contenant les munitions du canon de Pak fut touché et celles-ci explosèrent en projetant nombre d'éclats. Certains tuèrent le cochon du fermier situé derrière nos positions et il en profita pour le transformer en victuailles. Lors d'une pause de l'artillerie, il vint me voir et offrit de quoi manger pour moi et mes hommes avec le cochon qu'il venait de dépecer. Il précisa : « *Je ne veux pas que ce soit les Anglais qui puissent le manger !* » Apparemment, tous les Normands ne portaient pas les Anglais dans leur cœur. Une attaque anglaise avec soutien de chars sur notre flanc droit

1 et 2. Autres pages du *Soldbuch* d'Ernst Roman Deggenhard.

3. Diplôme de médaille des blessés en Argent pour sa troisième blessure. Noter le tampon du *SS-Pz.Gren.-Rgt. 26*.

4. Diplôme de *Nahkampfspange,* 1re agrafe, décerné à E.R. Deggenhard.

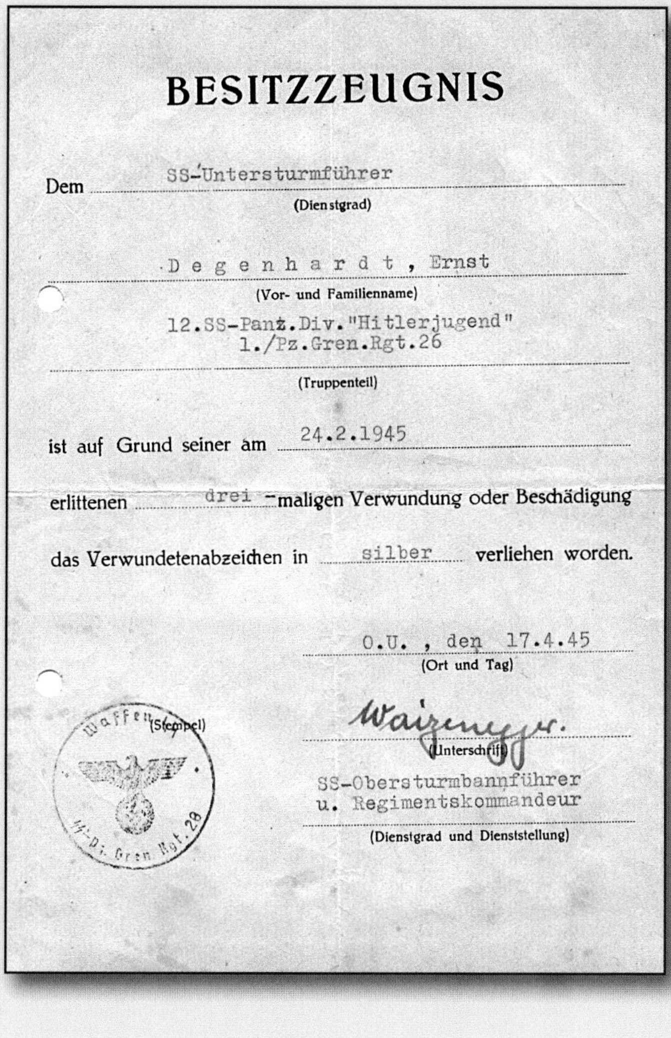

BESITZZEUGNIS

Dem SS-Untersturmführer
(Dienstgrad)

Degenhardt, Ernst
(Vor- und Familienname)

12.SS-Panz.Div."Hitlerjugend"
1./Pz.Gren.Rgt.26
(Truppenteil)

ist auf Grund seiner am 24.2.1945 erlittenen drei -maligen Verwundung oder Beschädigung das Verwundetenabzeichen in silber verliehen worden.

O.U., den 17.4.45
(Ort und Tag)

(Stempel) (Unterschrift)

SS-Obersturmbannführer
u. Regimentskommandeur
(Dienstgrad und Dienststellung)

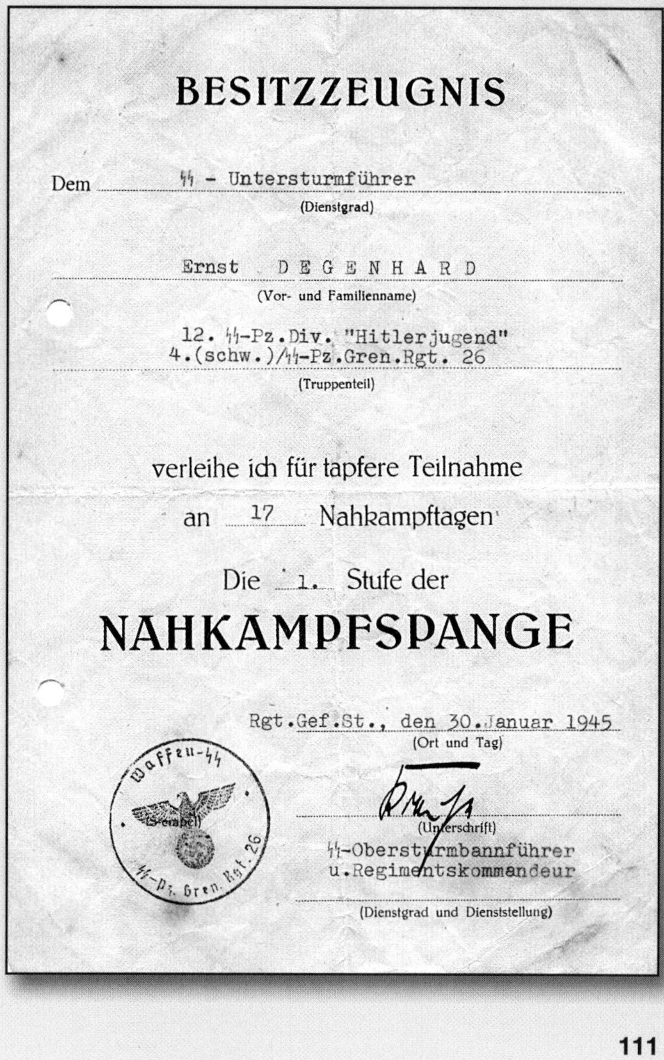

BESITZZEUGNIS

Dem ᛋᛋ - Untersturmführer
(Dienstgrad)

Ernst DEGENHARD
(Vor- und Familienname)

12. ᛋᛋ-Pz.Div. "Hitlerjugend"
4.(schw.)/ᛋᛋ-Pz.Gren.Rgt. 26
(Truppenteil)

verleihe ich für tapfere Teilnahme an 17 Nahkampftagen

Die 1. Stufe der

NAHKAMPFSPANGE

Rgt.Gef.St., den 30.Januar 1945
(Ort und Tag)

(Stempel) (Unterschrift)

ᛋᛋ-Obersturmbannführer
u.Regimentskommandeur
(Dienstgrad und Dienststellung)

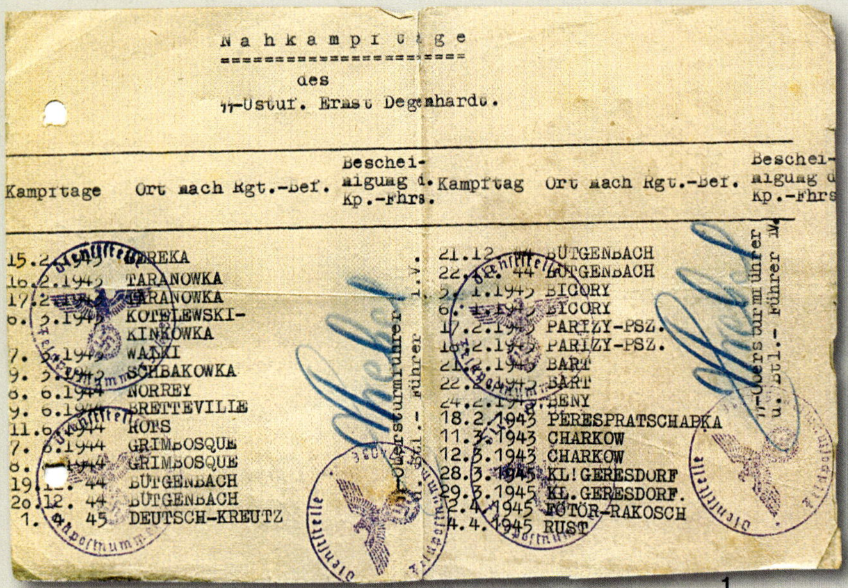

Nahkampftage

des

SS-Ustuf. Ernst Degenhardt.

Kampftage	Ort nach Rgt.-Bef.	Bescheinigung d. Kp.-Fhrs.	Kampftag	Ort nach Rgt.-Bef.	Bescheinigung d. Kp.-Fhrs.
15.2.1943	OREKA		21.12.44	BÜTGENBACH	
16.2.1943	TARANOWKA		22.12.44	BÜTGENBACH	
17.2.1943	TARANOWKA		5.1.1945	BIGORY	
6.3.1943	KOTELEWSKI-KINKOWKA		6.1.1945	BIGORY	
7.3.1943	WALKI		17.2.1945	PARIZY-PSZ.	
9.3.1943	SCHBAKOWKA		18.2.1945	PARIZY-PSZ.	
8.6.1944	NORREY		21.2.1945	BART	
9.6.1944	BRETTEVILLE		22.2.1945	BART	
11.6.1944	ROTS		24.2.1945	BENY	
7.8.1944	GRIMBOSQUE		18.2.1943	PERESPRATSCHAPKA	
8.8.1944	GRIMBOSQUE		11.3.1943	CHARKOW	
19.12.44	BÜTGENBACH		12.3.1943	CHARKOW	
20.12.44	BÜTGENBACH		28.3.1945	KL. GERESDORF	
1.1.45	DEUTSCH-KREUTZ		29.3.1945	KL. GERESDORF.	
			2.4.1945	TÖTÖR-RAKOSCH	
			4.4.1945	RUST	

1

2

Du Hans, warst so treu,
Du warst so gut,
Für's Vaterland gabst Du
Dein junges Blut.

Gedenket unseres lieben, unvergeßlichen Sohnes und Bruders, meines herzensguten Bräutigams

SS-Oberscharführer in einer Panzer-Div. der Waffen-SS

Hans Egger

Bauerssohn v. Zimmerhäuslgut in Gurten, Inhaber des EK. 1, des Verw.-Abzeichens und des Panzerkampfabzeichens in Silber

welcher am 7. August 1944 an der Invasionsfront, bei Vassy sein junges, hoffnungsvolles Leben von 25 Jahren für Volk und Heimat gab.

In Gottes Ratschluß steht geschrieben:
„Es seh'n sich wieder, die sich lieben."

3

1. Document attestant de ses journées de combats dont ceux de Norrey, Bretteville et Rots en Normandie.

2. Photo de Hans Pfeiffer Kommandeur de la *4. Kp.* du *SS-Pz.-Rgt. 12.* Il sera tué le 11 juin dans Rots.

3. Faire part de décès de l'*Oberscharführer* Hans Egger tombé le 7 août 1944, près de Vassy, âgé de 25 ans. Il est écrit sous sa photo : « Toi Hans, tu étais si fidèle, tu étais aussi bon, tu as donné ton jeune sang pour la patrie. »

4. Page du *Soldbuch* d'Ernst Roman Deggenhard où sont notées ses décorations.

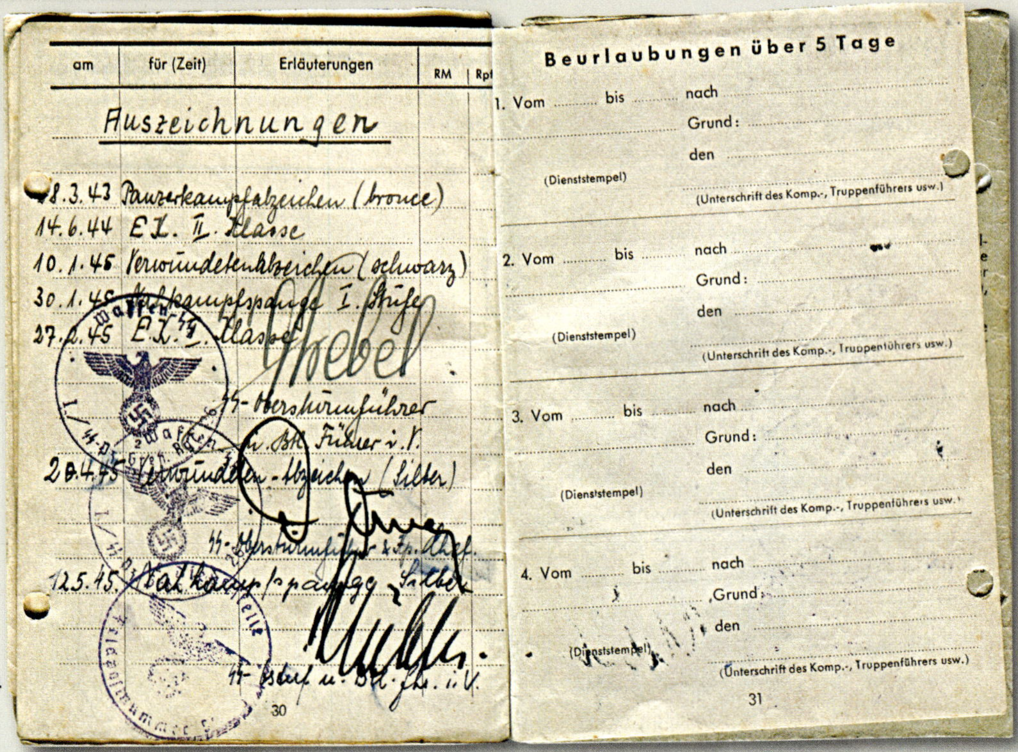

am	für (Zeit)	Erläuterungen	RM	Rpf

Auszeichnungen

8.3.43 Panzerkampfabzeichen (bronce)
14.6.44 E.K. II. Klasse
10.1.45 Verwundetenabzeichen (schwarz)
30.1.45 Nahkampfspange I. Stufe
27.2.45 E.K. I. Klasse
SS-Obersturmführer
u. Btl. Führer i.V.
20.4.45 Verwundeten-Abzeichen (Silber)
SS-Obersturmführer
12.5.45 Nahkampfspange Silber
SS-Stubaf u. Btl.-Fhr. i.V.

30

Beurlaubungen über 5 Tage

1. Vom ... bis ... nach ...
Grund:
den
(Dienststempel) (Unterschrift des Komp.-, Truppenführers usw.)

2. Vom ... bis ... nach ...
Grund:
den
(Dienststempel) (Unterschrift des Komp.-, Truppenführers usw.)

3. Vom ... bis ... nach ...
Grund:
den
(Dienststempel) (Unterschrift des Komp.-, Truppenführers usw.)

4. Vom ... bis ... nach ...
Grund:
den
(Dienststempel) (Unterschrift des Komp.-, Truppenführers usw.)

31

4

fut repoussée par un canon de Pak et mes mitrailleuses lourdes. Le brave *Schütze* qui maniait le télémètre fut blessé lors de l'assaut anglais, lui aussi était Autrichien. Il se traîna jusqu'à mon trou pour me prévenir qu'il devait rejoindre l'hôpital à cause de sa blessure. L'après-midi fut plus calme. Nous nous attendions à une nouvelle attaque prochainement. Nous avons alors vu passer quelques avions de notre Luftwaffe dans le ciel qui furent salués par « Meier Grossdeutschland est là « ! en référence au fait que Göring avait dit de l'appeler Meier si un avion allié survolait l'Allemagne. La Luftwaffe sera quasi inexistante lors du débarquement. Notre *Spiess* nous apporta de la nourriture pendant la nuit que nous avons accommodée avec la viande de cochon de la ferme et bien arrosée avec du cidre et du calvados que le fermier nous apporta. Ces moments idylliques ne durèrent malheureusement pas longtemps.

Le **11 juin** en fin d'après-midi, à nouveau l'artillerie anglaise se déchaîna sur nos positions. Et à nouveau, une attaque massive de chars contre lesquelles nous n'avions que peu de chose à leur opposer. Au minimum, un bataillon entier si ce n'est plus nous attaqua avec le soutien et la protection de leurs chars. Nos transmissions avec notre PC furent coupées par les tirs d'artillerie sans pouvoir les restaurer. L'un des agents de liaison que j'avais envoyés, est revenu juste au moment où le déluge de feu et d'acier augmenta. Chaque trou d'homme, chaque nid de résistance, fut attaqué l'un après l'autre avec une quantité d'obus et de balles qui nous ont laminés comme un rouleau compresseur. Alors que les bruits de blindés provenaient maintenant de notre droite, le *Schütze* Forth, qui remplaçait Pribil au MG 42, me signala que son voisin de droite du 3e Peloton du groupe Franke venait d'être complètement submergé par les Anglais qui pénétraient maintenant dans les jardins près de nos positions. En un éclair, je vis aussi comment, sur notre gauche, le 1er Peloton de Ludwig fut envahi et lui aussi submergé par les vagues d'assaut anglaises. Très rapidement, je pris la décision de faire reculer mes hommes afin de ne pas tous les perdre comme mes voisins de droite et de gauche. Chacun se retira en rejoignant la position de Pak et pour obtenir aussi un appui. Je quittais le dernier nos positions avec le chef de pièce MG, le *Sturmmann* Isterling qui, par ses tirs, plaquait au sol les Anglais qui approchaient de nous. Isterling se retira lui aussi, mais pour mieux revenir afin d'emporter le trépied de sa mitrailleuse car son pourvoyeur était blessé. A ce moment précis, Isterling et moi tombèrent sur deux ou trois groupes de soldats anglais qui ne s'attendaient pas à trouver des Allemands encore vivants. Nous les avons arrosés, lui, avec son pistolet qui pendait à son cou et moi avec ma MP 40. Ils s'égayèrent sans que nous ayons le temps de voir si nous en avions touchés. Nous avons pu rejoindre le canon de Pak. Je pouvais être fier de mes hommes qui, jusqu'à ce moment, étaient restés très disciplinés et avaient observé à la lettre mes ordres ce qui avait contribué à de faibles pertes. Avec le groupe ainsi constitué, nous formions un hérisson mais le canon s'enraya et, aussitôt, je décidais avec mes hommes et les servants du canon de Pak d'attaquer sur la gauche pour donner de l'air aux hommes du 1er Peloton. Ce ne fut qu'un feu de paille, la réponse adverse étant surdimensionnée par rapport à notre contre-attaque. J'arrêtais aussitôt, ne voulant pas que mes hommes tombent inutilement et nous avons rejoints, pendant qu'il en était encore temps, l'arrière de nos positions en nous abritant sous les arbres jusqu'à la petite vallée de la Mue en direction d'un petit pont.

Là-bas, je tombais sur le *Hauptsturmführer* Gröschel qui commandait la *Kompanie* en l'absence du chef de compagnie Eggert. Il me donna comme consigne de défendre le pont avec mes hommes aussi longtemps que possible puis de descendre le long de la Mue et de continuer la défense à partir des maisons qui longeaient la rivière. Cela ne dura pas très longtemps jusqu'à ce que proviennent, de plusieurs directions, les bruits de blindés canadiens qui avaient pour objectif de franchir le pont. J'ordonnais à mes hommes de se camoufler au mieux et de prendre les maisons comme protection. Avec l'aide du *Sturmmann* Isterling, je laissais passer les premiers chars mais l'espace entre eux était trop étroit pour passer sans se faire hacher menu. Malgré tout, nous sommes parvenus à rejoindre les maisons sous des grêles de balles venant à la fois des blindés et des fantassins qui les accompagnaient. Une grande trouée dans un mur nous y aida. Par ce trou dans un grand mur, je tombais sur l'*Untersturmführer* Gross, le chef du 1er Peloton, qui essayait de rassembler le reste de ses hommes qui avaient été submergés. Il était complètement abasourdi du nombre de morts, blessés et disparus que comptait son peloton. Avec son aide, je détruisis un char Sherman tout proche à l'aide d'un panzerfaust. Si nous avions eu plus de ces engins, je pense que l'entraînement et le courage de nos jeunes soldats auraient fait encore plus de dégâts parmi les blindés alliés.

Je me retrouvais ensuite dans une maison avec l'un de mes hommes alors que les chars anglais passaient sur la route en tirant sur chaque fenêtre susceptible d'abriter l'un de nous. Je voulais rejoindre l'autre côté de la route lorsque j'entendis à nouveau un bruit de char et de tirs. Je préparais une grenade et m'approchais d'une petite lucarne et, à ma grande surprise, j'aperçus la croix noire d'un des nôtres. Je bondis sur la route trop content d'être délivré par l'un de nos Panther et presqu'aussitôt mes hommes se regroupèrent autour de moi. Alors qu'il tentait de détruire les blindés anglais, nous avons éliminé l'infanterie qui les accompagnait dans de terribles combats où les jeunes Anglais tombaient eux aussi sous nos balles en oubliant tout ce qu'ils avaient appris à l'entraînement. Après avoir détruit deux Sherman et un Bren Carrier, le Panther se dirigea vers Le Bourg. Là, deux autres Sherman bien dissimulés sortirent de leur cache et engagèrent la poursuite. Malheureusement, la longueur du canon du Panther ne lui permis pas de changer de cible aussi facilement et il fut touché par les obus des deux chars au niveau du moteur. Le chef de compagnie et du char, le *Hauptsturmführer* **Pfeiffer**, fut tué dans l'affaire. Avec Forth, je cherchais un abri derrière une maison jusqu'à ce que les deux chars canadiens soient passés. Là, nous avons vu l'*Unterscharführer* Tauschwitz tout seul et blessé que des civils normands avaient soigné et bandé. Nous l'avons allongé sur une charrette et avons ainsi traversé le village. A un moment, de nouveau, des bruits de blindés se firent entendre et, en courant, nous nous sommes introduits avant que ceux-ci ne nous rejoignent dans une courette. Je déposais à terre l'*Unterscharführer* en mettant la charrette sur lui pour le protéger et en lui laissant comme garde le *Schütze* Niedermeier. Les blindés tiraient sur tout sans trop regarder tout en rejoignant le centre de Rots.

Le village n'était plus qu'une scène dantesque où les corps des combattants, dont beaucoup d'Anglais, gisaient partout, certains ayant été écrasés ensuite par les va-et-vient des blindés ! Vision d'horreur. La venue de la pénombre autorisa une petite pause de part et d'autre. Nous en avons profité pour nous rassembler mais nous n'avions rien à manger ni à boire. J'avais pu rassembler huit de mes hommes, plus deux de l'équipe du canon antichar, l'*Untersturmführer* Gross et l'*Unterscharführer* Israel qui nous avait rejoint.

Vers minuit, nous avons atteint le centre de Rots. N'ayant plus de contact avec le PC ou autre commandement, nous agissions un peu à vue. Je voulais déjà, dans un premier temps, récupérer le canon de Pak que nous avions dû laisser au nord-est du village, ce qui enchantait les deux membres de son équipe. Comme nous n'entendions que quelques tirs au loin, nous pensions que l'ennemi avait lui aussi décidé de revenir sur des positions stables surtout en raison des pertes énormes causées par cet assaut. Je prenais donc la tête avec le *Sturmmann* Isterling et son MG 42. Nous avons alors entendu des bruits de pas de plus en plus précis, aussi avons-nous cherché le couvert et envoyé un « *Halte là qui va là, Parole ?* » et, comme réponse, nous avons obtenu des tirs et des jets de grenades qui ne feront que blesser légèrement l'*Unterscharführer* Israel. Ils pensèrent que nous venions récupérer nos morts et blessés. Ce fait nous conforta dans l'idée que nous étions les derniers combattants de la *12 HJ* dans les lieux. D'autre part, des coups de feu nous furent adressés de l'endroit opposé qui nous fit penser qu'en fait nous étions encerclés. Il ne nous restait que peu de temps pour nous replier avec notre blessé, avant d'être réellement pris au piège. Dans un premier temps, une maison fut investie en pensant passer par le jardin derrière. Malheureusement cela n'allait pas, le bâtiment de la poste tout proche allait nous aider à nous échapper, encore une fois le MG 42 servi par le *Sturmmann* Isterling nous y aida car, de son feu, il repoussa les Anglais qui nous suivaient. Pendant ce temps, nous avons pu ainsi faire monter notre blessé sur le mur de deux mètres de haut. Avec cette protection, nous avons pu sortir de Rots. Dans notre repli de nuit, nous avons encore récupéré l'*Untersturmführer* Trompke de la compagnie du Génie. Notre plan fonctionna et, en traversant encore un parc, nous avons atteint Le Bourg et nous sommes tombés un peu plus loin sur les premiers éléments du *Regiment 25*. Ensuite, des véhicules des pionniers nous ramenèrent quelques kilomètres en arrière, vers le reste des hommes de notre compagnie que nous cherchions à rejoindre. Nous étions déjà fort heureux d'avoir survécu à l'enfer des combats de Rots. On ne comptait plus beaucoup sur nous. Notre 1re compagnie, qui s'était repliée ici, comptait de grosses pertes : 3 sous-officiers et 14 hommes morts, 7 sous-officiers et 18 hommes blessés ; 1 sous-officier et 14 hommes disparus. Les éléments qui nous avaient été adjoints comptaient 1 chef et 4 hommes tués, et 1 sous-officier et 4 hommes blessés. Le chroniqueur anglais Alexandre McKee écrira, à propos des combats de Rots, qu'ils furent les plus durs et les plus sanglants que l'armée anglaise ait eu à subir en Normandie.

Malgré le fait indéniable de la surabondance de matériels, d'hommes et de matériels nous avons été déprimés d'avoir perdu Rots alors que c'était notre première grande attaque et baptême du feu. Nulle part on ne parla de retraite mais de «correction» de la ligne de front !

Le **13 juin**, nous avons établi nos nouvelles positions au sud de Le Bourg, dans les environs de l'aérodrome de Carpiquet. Nous creusions nos nouvelles tranchées, bunker et trous d'hommes au nord du village de Marcelet, non loin de Carpiquet. Je m'installais à la pointe de notre système de défense avec une mitrailleuse lourde MG 42 sur trépied. Un peu en arrière, le groupe de mortiers était bien camouflé, prêt à envoyer ce qu'il fallait sur nos adversaires qui, il n'en fallait pas douter, allaient rapidement vouloir prendre Caen et son aérodrome. Les téléphonistes avaient proprement installé les câbles afin de pouvoir joindre le PC, ainsi que les mortiers afin de guider efficacement leurs tirs. J'étais fier de mes jeunes grenadiers qui avaient donné le meilleur d'eux-mêmes dans leur premier combat à Rots. Certains deviendront de très bons chefs de groupe ou chefs de lance-grenades. Cette première et dure expérience allait leur forger un moral d'acier. Ces combats, ainsi que ceux déjà enregistrés en Russie alors que j'étais à la *LAH* me feront décerner la *Nahkampfspange I* et *II* agrafe».

Autre vétéran à m'avoir confié ses souvenirs, le *Schütze* **Wolfgang Trettin** est né lui aussi en 1926 dans la province de Vorpommern (aujourd'hui en Pologne).

« Début 1943, je rejoins la caserne de Berlin-Lichterfelde. Afin de parfaire notre entraînement en tant que fantassin, je rejoins avec mes camarades les casernes de Belgique de la région d'Anvers, à Beverloo notamment. Je suis affecté à une mitrailleuse légère MG 42 au premier Peloton *(Zug)* de la 3e compagnie du *I. Bataillon* (sous les ordres du *Stubaf.* Krause) du *Panzergrenadier Régiment 26* aux ordres de Wilhelm Mohnke. Je serais de tous les combats de Normandie dès le début avec la 3e compagnie où j'étais *Schütze I* au MG 42 et où nous avons subi les déluges de feu et d'acier de l'artillerie et de l'aviation alliée en quantité énorme, supérieure à la nôtre. Pour moi, le combat le plus dur fut celui ou plutôt ceux concernant la prise de l'aérodrome de Carpiquet à 6 kilomètres de Caen où des quantités de chars furent déversées pour nous annihiler. Les Canadiens et les Anglais ne comptèrent pas leurs pertes pour prendre Caen et ma compagnie, à la fin de ces terribles combats, ne comptait plus que 23 hommes ! La cote 112, non loin de Caen, sera l'objet d'intenses combats où les pertes humaines et matériels furent également importantes. Je participais aux combats de rue dans la ville de Caen et du repli qui en fut la conséquence en passant l'Orne près de St-André. Lors du repli sur la route Caen-Falaise, de nombreux combats s'ensuivirent au cours desquels je fus gravement blessé entraînant la perte de ma jambe droite. Etant rapatrié vers l'hôpital de campagne sur l'arrière d'un Tiger, je fus encore blessé deux fois lors d'un straffing de Jabos. Je rejoignis Hamburg où je terminerais la guerre en tant que grand blessé (100 %). Mon grade fut celui de *Sturmmann* ayant reçu la médaille des blessés en argent, le *Panzerkampfabzeichen* et l'*EK II*.

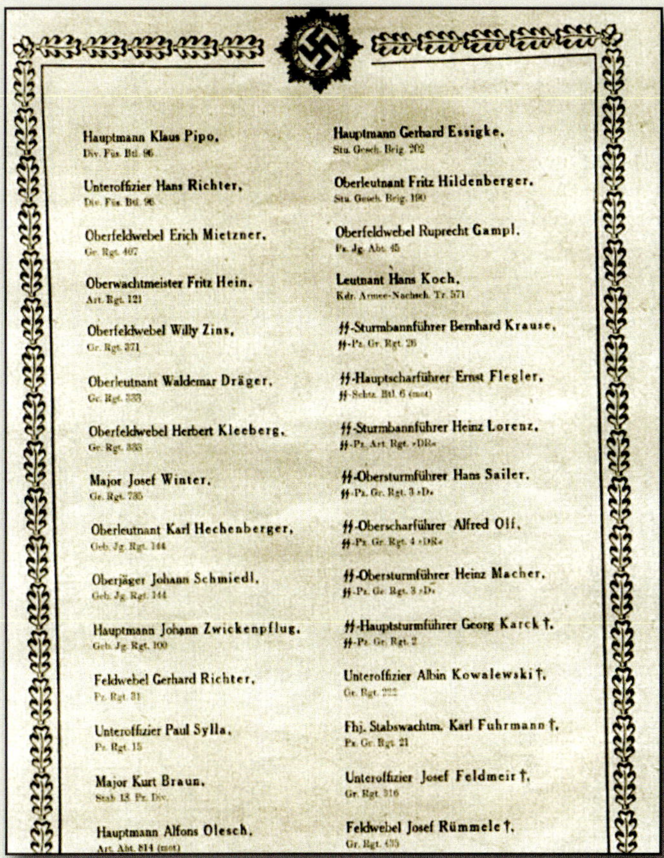

Hauptmann Klaus Pipo,
Div. Füs. Btl. 96

Unteroffizier Hans Richter,
Div. Füs. Btl. 96

Oberfeldwebel Erich Mietzner,
Gr. Rgt. 407

Oberwachtmeister Fritz Hein,
Art. Rgt. 121

Oberfeldwebel Willy Zins,
Gr. Rgt. 371

Oberleutnant Waldemar Dräger,
Gr. Rgt. 333

Oberfeldwebel Herbert Kleeberg,
Gr. Rgt. 333

Major Josef Winter,
Gr. Rgt. 735

Oberleutnant Karl Hechenberger,
Geb. Jg. Rgt. 144

Oberjäger Johann Schmiedl,
Geb. Jg. Rgt. 144

Hauptmann Johann Zwickenpflug,
Geb. Jg. Rgt. 100

Feldwebel Gerhard Richter,
Pz. Rgt. 31

Unteroffizier Paul Sylla,
Pz. Rgt. 15

Major Kurt Braun,
Stab 13. Pz. Div.

Hauptmann Alfons Olesch,
Art. Abt. 814 (mot)

Hauptmann Gerhard Essigke,
Stu. Gesch. Brig. 202

Oberleutnant Fritz Hildenberger,
Stu. Gesch. Brig. 190

Oberfeldwebel Ruprecht Gampl,
Pz. Jg. Abt. 45

Leutnant Hans Koch,
Kdr. Armee-Nachsch. Tr. 571

SS-Sturmbannführer Bernhard Krause,
SS-Pz. Gr. Rgt. 26

SS-Hauptscharführer Ernst Flegler,
SS-Schtz. Btl. 6 (mot)

SS-Sturmbannführer Heinz Lorenz,
SS-Pz. Art. Rgt. »DR«

SS-Obersturmführer Hans Sailer,
SS-Pz. Gr. Rgt. 3 »D«

SS-Oberscharführer Alfred Olf,
SS-Pz. Gr. Rgt. 4 »DR«

SS-Obersturmführer Heinz Macher,
SS-Pz. Gr. Rgt. 3 »D«

SS-Hauptsturmführer Georg Karck †,
SS-Pz. Gr. Rgt. 2

Unteroffizier Albin Kowalewski †,
Gr. Rgt. 222

Fhj. Stabswachtm. Karl Fuhrmann †,
Pz. Gr. Rgt. 21

Unteroffizier Josef Feldmeir †,
Gr. Rgt. 316

Feldwebel Josef Rümmele †,
Gr. Rgt. 435

Ci-dessus : document d'époque avec les nominations au *Deutsche Kreuz in Gold* dont Bernhard Krause le Kdr du *Rgt. 26*.

Ci-contre : photo de Wolfgang Trettin, ici à la caserne de Berlin-Lichterfelde lors de son incorporation.

Ci-dessous : groupe de combat à l'entraînement, camouflé, ce qui sera d'une grande utilité en Normandie.

Photo d'un des transports de la *12 HJ* avec lesquels W. Trettin a parcouru l'Allemagne, la Belgique et la France. On notera la moto.

Autre photo de ce même convoi ferroviaire qui amena l'ensemble de la Division de Belgique en France.

Je me souviens encore avoir porté un message à l'*Obersturmführer* Rudof von Ribbentrop en main propre alors qu'il ne lui restait plus que huit chars Panther en état de combattre, dans les environs de Caen».

Un autre vétéran se souvient des combats de Normandie, il appartenait à la 6e compagnie, *III. Zug* (peloton) du *II. Bataillon* du *SS-Panzergrenadier Regiment 26*. Il s'appelle **Herbert Grub**. Voici son récit :

« Lors d'une soirée entre jeunes de la *Hitlerjugend* nous avons appris la formation proche d'une division constituée avec les jeunes nés en 1926. Avec trois autres camarades, nous nous sommes portés volontaires en nous inscrivant, après avoir demandé les formalités à remplir, au centre de Landau/Pfalz. Nous étions dix volontaires à passer les tests physiques et seulement quatre furent retenus, dont moi-même et trois autres camarades d'école. Nous étions début 1943.

Le 24 juin 1943, je fêtais mes 17 ans et, le 5 juillet, j'étais officiellement incorporé à la *12. SS-Panzer-Division « Hitlerjugend »*. Ma feuille de route stipulait de me rendre au camp d'entraînement de Heidelager Kochenowka près de Debica dans le protectorat de Bohème-Moravie. Seulement deux jours après y être arrivé, je fus envoyé à Berlin-Lichterfelde, à la caserne de la *LAH*. Là nous avons été réunis et nous avons reçu nos uniformes. Les vêtements civils étant renvoyés au pays. J'appartenais maintenant au *III./6./SS-Pz.Gren.-Rgt. 26 Hitlerjugend*, le IIIe peloton de la 6e compagnie de ce régiment. Ma plaque d'identité portait le numéro 407 B BL GrA. L'entraînement commençait pour moi à Berlin dans la caserne de Lichterfelde et ne devait durer que quelques semaines. De là, nous avons rejoint en convoi ferroviaire le camp d'entraînement de Beverloo, situé en Belgique près d'Anvers. C'était un grand camp, parfait pour l'apprentissage du métier de soldat et de fantassin dans notre cas mais aussi pour l'usage et l'apprentissage de la manipulation des armes lourdes.

A Beverloo, l'entraînement fut très intense et dur car, jour et nuit, les exercices se suivaient pour faire de nous les meilleurs soldats de l'armée allemande, pensions nous. Les entraînements se faisaient à différents échelons, celui du groupe de combat, de la compagnie comme du régiment et à balles réelles avec tirs de mortiers ! Après coup, nous pourrons remercier nos sous-officiers et officiers de nous avoir inculqué les notions du combattant de cette manière. Elle fut salvatrice pour nombre d'entre nous. Nous fréquenterons également les camps de Nerpelt et de Maria ter Heide toujours dans la région d'Anvers. Nous y passerons la Noël 1943 ainsi que la nouvelle année 1944. A Anvers, quelques permissions nous permettront de fréquenter l'opéra et d'y voir plusieurs spectacles dont « le Hollandais volant » de R. Wagner. Puis, début 1944, de grands convois nous conduisirent vers la France dans la région d'Evreux car nous nous attendions à un débarquement. Pour notre part, notre 6e compagnie était établie au village de Garennes. De là, je fus envoyé en Allemagne pour y être instruit à la conduite de tous les véhicules à moteur, y compris chenillés. Cela se tenait à Weimar-Buchenwald. Notre caserne était éloignée du camp où les internés se trouvaient. Nous n'en connaissions que très peu de chose et, à ce propos, lors de mon instruction mécanique, je rencontrais l'un de ces internés reconnaissable à son uniforme et au triangle, rouge pour cet homme. Il m'avoua qu'il n'avait pas d'affinité pour Hitler mais qu'il ouvrait trop sa « grande G. », comme il me dit, et fut de ce fait interné pour des quolibets peu gracieux à l'encontre de notre Führer ! Il me dit encore être heureux d'être interné car ainsi il n'avait pas à connaître le front. Ce fut le seul lien que j'eus avec les détenus de ces camps.

Notre instruction fut totale, de la théorie mécanique à la conduite, etc.

Après avoir réussi mes examens de permis de conduire, je revins à Garennes auprès de ma 6e compagnie avec mes brevets en poche. Puis, fin mai 1944, je fus envoyé avec l'*Unterscharführer* Rothaar et deux camardes, Edgar Piroth et Rudi Schneider, à Chemnitz afin de prendre possession de véhicules pour notre compagnie. Le 1er juin 1944, je me trouvais donc à Chemnitz. Il nous faudra attendre jusque fin juillet pour pouvoir prendre possession de nos engins, malgré un aller et retour à Berlin au *SS-Hauptamt* de notre *Unterscharführer* qui plaida notre cause ! Nous pestions, sachant que nos camarades, eux en Normandie, connaissaient le baptême du feu. Enfin, fin juillet, les fameux véhicules, tant attendus, nous étaient donnés. Et notre convoi ferroviaire put s'en aller et, après encore trois jours d'attente sur une voie à Sigmaringen, suite à des destructions de nœuds ferroviaires par l'aviation alliée (afin de retarder l'envoi de ravitaillement et d'hommes vers la Normandie), nous avons pu décharger notre précieuse cargaison en gare d'Evreux. Certains véhicules furent remplis de munitions pour la Flak. Arrivés sur place, il ne restait plus grand-chose de notre unité et de notre compagnie. Nous avons été attribués à une unité de réparation de notre division et je conduisais un camion rempli de munitions et de barils d'essence. Après quelques jours passés encore au front, il fallut penser à retraiter en passant la Seine. Le retour se fit de nuit en grosse partie car l'activité des Jabos était très intense pendant le jour, prenant pour cible tout ce qui se déplaçait.

J'étais seul au volant sans observateur pour me prévenir d'un quelconque danger lors des rares déplacements de jour. Après deux jours d'un éreintant voyage, je passais Elbeuf puis Rouen au sein d'une interminable colonne de véhicules se pressant sur les quais du fleuve car les ponts avaient été depuis longtemps réduits en miettes par les bombardements alliés. Seuls des bacs pouvaient, avec d'incessantes allées et venues, traverser la Seine et ceci aussi sous les bombes et les obus des avions alliés. Heureusement, notre Flak qui se trouvait sur les quais, mena la vie dure et beaucoup payèrent de leur vie des attaques en piqué sur nos forces ainsi immobilisées. L'après-midi de mon arrivée sur les quais, ce fut mon tour de monter sur le bac. Le ciel était calme, je pensais qu'ils étaient en train de manger et de festoyer au lieu de nous attaquer. Malheureusement, à peine les roues sur le bac, les explosions des premières bombes se firent entendre. Une meute de bombardiers si haut dans le ciel que nous ne les avions pas entendus arriver ! Le tapis de bombes tombait en plein sur le port de Rouen où nous trouvions. Je redescendis de mon camion et du bac pour me réfugier dans un tuyau de béton qui se trouvait avec d'autres non loin du quai, à environ

Photo dédicacée de Herbert Grub, celle-ci a été prise lors de son incorporation.

Un *Oberscharführer* dirige un convoi. Notez le Schwimmwagen et les tenues camouflées.

Un Stummel (SPW avec canon de 7,5 cm court) à l'entraînement à Beverloo.

L'*Unterscharführer* Rothaar qui convoya les véhicules avec Herbert Grub.

Un groupe de combat dirigé par un *Oberscharführer*, toujours à Beverloo. Notez le cirage ou noir de suie pour le camouflage.

Un autre SPW 251 avec MG 42 dans les bois aux alentours de Beverloo/Turnhout.

200 à 300 mètres. J'y découvris un petit chien tremblant de tous ses membres et que je blottis sur moi pour le réconforter. Dans ce tuyau, je me trouvais quelque peu protégé de l'immense bombardement.

Deux heures, pas deux minutes non, deux heures durant, vagues après vagues, les bombardiers larguèrent leurs charges mortelles. Un enfer ! Les explosions des bombes se mêlaient à celles de nos munitions qui, atteintes, explosaient elles aussi. Mon tuyau me protégea, Dieu merci, des éclats et des explosions. Enfin, lorsque le calme revint, je pus sortir de ma cache pour m'apercevoir que d'autres m'avaient imité et avaient pris la protection de tuyaux de béton. Un *Oberfeldwebel* bardé de décorations (*EK I* et *II*, insigne de combats rapprochés et médaille des blessés) m'interpella ainsi : *« J'en ai vu de toutes les couleurs depuis le début de ce conflit et sur différents fronts mais là, ce que je viens de vivre, n'a nul pareil et n'est pas descriptible ! C'est dantesque. Deux heures durant vague après vague, les bombardiers ont largué des tonnes de bombes sur les véhicules encastrés, en colonne sans moyen de s'échapper, détruisant tout et ne laissant que des ruines, des cadavres, des blessés et du matériel en charpie. »*

Mon camion n'était même plus reconnaissable. Le même jour en soirée avec des madriers posés sur ce qui restait d'un pont, je traversais la Seine. De l'autre côté, ce n'était guère mieux et les destructions avaient fait autant de dégâts d'un côté et de l'autre des rives de la Seine. La route se continua à pied jusqu'au moment où un char, l'un de ceux qui purent traverser, nous permit de grimper sur ses superstructures. Nous étions six hommes dont un parachutiste. Le char n'était pas en très grande forme mais il put nous transporter pendant deux jours. La recherche d'essence était ponctuelle mais nécessaire jusqu'au moment où on nous apprit que l'ennemi était déjà un kilomètre derrière nous ! Eux n'avaient pas le problème de ravitaillement pour leurs moteurs. Un premier obus, venant d'un blindé allié, immobilisa le panzer dont l'équipage décida de saborder l'engin pour ne pas qu'il tombe aux mains ennemies. Dans notre recul vers la frontière Nord, je trouvais quatre camions Opel Blitz abandonnés et, en bourrant le radiateur avec du pain et en réunissant l'essence dans ce seul véhicule, je réussis à le remettre en route pour reprendre notre marche. Emmenant mes camarades, je me replie jusqu'à ce que mon Opel Blitz nous laisse choir aussi. Alors, un adjudant de la *Flak-Abteilung 651* me prend à son service et m'embauche pour mes compétences de très bon conducteur. Ce sera seulement arrivé en Allemagne, après un parcours en Belgique et en Hollande, que je regagne ma division ou ce qu'il en reste».

Ecoutons maintenant **Rudolf Lampmann**, autre vétéran de la 8e compagnie du *II. Bataillon* du *SS-Pz.Gren.-Rgt 26*. Il venait de la *LAH* où il avait combattu jusqu'à Ljubotin près de Charkow où il sera gravement blessé à la cuisse par un éclat d'obus qui lui transperça la cuisse droite, le chargeur de sa mitrailleuse aura lui aussi été atteint, mais mortellement. A cette époque, il portait déjà l'*EK II* et le ruban de l'*Ost Medaille* des combats de l'hiver 41/42. En tant que *Rottenführer,* il allait quitter la

Photo de Rudolf Lampmann, alors *Rottenführer*.

Les officiers et sous-officiers étudient la carte. Ils devront le faire aussi bien en Normandie mais sous le danger des Jabos et de l'artillerie alliée.

LAH comme bon nombre d'officiers et de sous-officiers de sa division mère, pour venir servir de colonne vertébrale à la nouvelle division « *Hitlerjugend* ». Ses blessures étant maintenant bien guéries au mois de juin 1943, il est allé rejoindre les nouveaux contingents qui allaient constituer cette division. Avec son expérience et son âge, 23 ans lors de son incorporation à la *12. HJ*, il faisait partie des « vieux » de la division ! Ses décorations l'*EK II*, l'insigne des blessés, la médaille d'assaut de l'infanterie et de la médaille des combats de l'hiver 41/42, le montraient comme un « ancien combattant » ayant beaucoup d'expérience. Il appartenait maintenant au *SS-Pz.Gren. Rgt. 26,* commandé par l'*Obersturmbannführer* Mohnke. Son chef de compagnie était le *Hauptsturmführer* Fasching qui lui décernera le grade d'*Unterscharführer* au début de l'année 1944. Lors des entraînements, il fera participer de son expé-

Photo de Rudolf Lampmann, alors *Unterscharführer*.

rience les jeunes recrues qui l'écouteront avec attention et respect. Deux jours après son 24e anniversaire (Rudolf Lampmann est né le 4 juin 1920 à Gera en Thüringe), il dira : « *L'énorme puissance de l'artillerie terrestre et maritime alliée nous a enfoncé dans le sol comme on enfonce un clou de girofle dans le beurre* » !

Sous les ordres de **Bernhard Siebken**, le deuxième bataillon du *SS-Pz.Gren.-Rgt. 26* atteint ses nouvelles positions dans la nuit du 7 au 8 juin dans le secteur du Mesnil-Patry. Lors de ces premières journées ayant suivi le débarquement, il dira : «*Le ciel grouille du vrombissement des moteurs des avions de bombardement alliés ainsi que des moteurs des Jabos qui nous guettent et, dès que nous nous déplaçons de jour, nous poursuivent tant qu'ils ne nous ont pas réduit en miettes ! Leur suprématie est incroyable, à croire qu'il n'existe plus un seul avion de la Luftwaffe !* » Nos déplacements doivent se faire de nuit avec très peu de lumières donc avec d'énormes risques d'accidents et, le jour, nous contraint à nous camoufler le plus possible afin de ne pas être détectés. Lors de ces premiers durs combats, il aura de la chance de s'en tirer sans nouvelle blessure jusqu'au 14e jour après le débarquement où un très gros éclat d'obus vient lui transpercer le mollet gauche, mettant fin à ses combats en Normandie. Il avait subi les assauts de l'ennemi qui attaqua sur une largeur de 25 kilomètres et, pour sa part, les combats au sud-ouest de Caen seront le point d'orgue de sa période en Normandie. Les assauts étant repoussés avec de lourdes pertes de chaque côté. Une *Panzer-Abteilung* de la Division *Hitlerjugend* détruisant lors de ces combats 53 chars alliés.

Rudolf Lampmann se retrouve à nouveau dans un hôpital et après sa guérison rejoindra à nouveau un *Ersatz-Bataillon,* mais de la *LAH*.

Photo inédite de Berhard Siebken.

Les jeunes de la *Hitlerjugend* attendent l'ordre d'attaque. On distingue sur leur visage que ces combats sont des plus violents.

Photo d'une toile représentant Werner Wirth, n'ayant plus de photo portrait de lui, il avait fait faire cette peinture le montrant ici en *Unterscharführer.*

Un autre vétéran, venant de la Division *Wiking,* m'a également confié ses souvenirs :

«Je m'appelle **Werner Wirth** et, dès 1942, jeune *HJ Führer,* je m'engageais volontairement pour la Waffen-SS. J'incorporais la Division *Wiking* et participais aux combats à l'Est avec le Regiment « *Germania* » au sein de la compagnie lourde (MG lourds et mortiers). Après deux blessures, et sur ma demande, je rejoignais la toute nouvelle Division « *Hitlerjugend* » qui me parlait car ma jeunesse avait été celle de la *Hitlerjugend* donc il était clair que, pour moi, cette division m'allait comme un gant. L'on m'envoya tout d'abord à Radolfzell pour en sortir *Unterscharführer* puis, de là, à l'école d'officiers de Bad Tölz d'où je sortirais *Junker* et envoyé de suite vers la Normandie où se trouvait la *Panzer-Division « Hitlerjugend »*. J'y incorporais le *III. Bataillon* et la 10e compagnie, à nouveau avec les mitrailleuses lourdes et les mortiers. Je participais à tous les combats dès les premiers jours et surtout ceux autour de Caen et Carpiquet. La sortie du chaudron de Falaise se fera en combattant en petits groupes avec une fougue incroyable que ne perdront jamais, au long de tous ces combats, les jeunes guerriers de la *Hitlerjugend*. Ma route se terminera le 20 septembre 1944 lorsque je reçus une balle explosive qui me blessera très gravement. A tel point qu'après de nombreuses stations dans divers hôpitaux, je ne serais plus apte au combat.»

Un jeune grenadier dans un champ de blé, on voit très bien le camouflage que leur tenue peut apporter aux jeunes de la *Hitlerjugend* en Normandie.

Un groupe de jeunes grenadiers prend un peu de repos à l'abri d'un champ. Ils se sont couverts le visage avec de la suie noire pour encore mieux camoufler leur visage.

Un Waffen-SS de la *12. HJ* fait la circulation à Saint-Pierre-sur-Dives pour guider les véhicules de la division.

Le long d'un fossé, des jeunes de la *HJ* se sont enterrés en attendant les ordres, un talus les protège d'éclats d'obus.

Deux *Untersturmführer* d'un des régiments de la division. Leurs noms sont inconnus.

Le chef de la 7e compagnie du *II. Bataillon* du *SS-Pz.Gren.-Rgt 25*, l'*Obersturmführer* **Kurt Havemeister** raconte :

«Le *SS-Panzergrenadier-Rgt. 25* avait déjà, le **7 juin**, atteint la ligne de front où le régiment devait combattre et refouler les troupes ayant débarqué la veille. Son voisin, la 21e Panzer-Division n'était pas encore arrivée sur des positions de départ pour une contre-offensive. Le *SS-Pz.Gren.-Rgt. 26* et la *I. SS-Pz.-Abt. 12* étaient encore en marche pour le front. Les Canadiens étaient déjà à l'ouest de la Mue, sur la route Caen-Bayeux et l'avaient même traversée vers le sud. Dans la nuit du 7 au 8 juillet 1944, le *I. SS-Pz.-Gren.-Rgt 25* renforce ses positions afin de contrecarrer les futures attaques canadiennes. Des patrouilles envoyées vers Cambes établissent le fait que seuls les bois au nord du village étaient envahis par les Canadiens. Le **8 juin**, l'ennemi envoie des tirs d'artillerie assez violents jusqu'au moment où deux compagnies au moins attaquent, soutenues par des chars à la jointure entre les *I.* et *II. Bataillon* du *Rgt 26*. Deux chars canadiens sont détruits dans l'assaut. L'*Obersturmführer* Hans Siegel, qui a assisté à l'assaut, a engagé quatre chars du *III. Zug* pour soutenir les grenadiers. En arrivant sur place, ils détectent deux de nos canons de Pak en position mais l'un est à court de munitions et l'autre n'a pas le champ de tir pour atteindre l'un des 12 chars canadiens. Mais, apprenant la chose, il envoie des munitions à l'autre canon de Pak 7,5 cm qui, faisant feu aussitôt, détruit un premier char. Le pointeur dirige son canon sur la cible suivante qu'il détruit aussi du premier coup. La panique s'installe en face et le reste des chars fait demi-tour, aussitôt suivis par l'infanterie canadienne. Nos chars reviennent sur leurs positions pour recevoir une pluie d'obus d'artillerie en réponse à notre défense un peu trop forte à leur goût. Un obus explose non loin du char du *Hauptscharführer* Trebert qui sortait de sa tourelle. Un énorme éclat le transperce mortellement. Le jour suivant, **9 juin**, les Britanniques du *Royal Ulsters* sortent à 15h15 d'Anisy pour prendre Cambes d'assaut. Un énorme soutien d'artillerie terrestre et de marine sert de préambule. Les obus de marine tombent dans le No man's land sans faire de dégâts. Les Canadiens sont cueillis par les tirs des mitrailleuses du *II. Bataillon* du *SS-Pz.Gren.-Rgt. 25* qui les cloue sur place. Notre artillerie se déchaîne et fait une hécatombe dans leurs rangs, comme le commandant de leur régiment d'artillerie ainsi que l'observateur avancé et nombre d'officiers et de sous-officiers. Des troupes supplémentaires sont envoyées pour renforcer le *Royal Ulsters* qui a perdu beaucoup d'hommes et pour prévenir une contre attaque de nos grenadiers. Nos voisins de droite détruiront également 15 chars adverses et les hommes d'un peloton de la *16. Kompanie (Pionier)* détruira un autre char avec une Tellermine. Toutes les attaques alliées furent repoussées avec d'importantes pertes pour l'ennemi.

Kurt Havemeister continue :

« Nos hommes du *I. Zug* (peloton) sont installés en lisières des champs, 80 mètres devant les premières maisons du village de Buisson au nord-ouest, et les *II.* et *III. Züge*, 40 mètres devant une maison de maître, adossés aux murs du parc attenant vers Cambes. A gauche, nous faisons la jonction avec la 5e compagnie du *Hauptsturmführer* Kreilein alors que la jonction avec le *I. Bataillon* n'est pas parfaite.

Trois jours durant, l'artillerie adverse arrosera le village de St-Contest que nous avions pris mais que nous n'avions pas investi. Malgré tout, les obus entraîneront un nombre de blessés important avec des gros éclats qui déchirent tout sur leur passage. Nous allions, de nuit, procéder à la pose de mines et de barbelés en profitant de la protection des champs de blé. Les axes de tir de nos mitrailleuses furent aussi améliorés. Les hommes du PC de ma 7e compagnie creuseront également des tranchées non loin des murs

L'*Obersturmführer* Kurt Havemeister observant avec ses jumelles. Au dos il a inscrit : « *Est-ce un ami ou un ennemi qui arrive ?* »

A gauche : photo de l'*Obersturmführer* Kurt Havemeister en décembre 1943, au cours d'un entraînement.

A droite : autre rare photo de Kurt Havemeister alors qu'il est encore à la *LAH*. Notez son porte-cartes.

L'*Obersturmführer* Kurt Havemeister prend un peu de repos en lisant le journal.

d'enceinte de la belle demeure et, à l'aide d'explosif, creuseront un trou pour accéder très rapidement aux caves et au bâtiment principal situé dans le parc. Les liaisons avec chaque tranchée et le PC dans la demeure furent correctement établies et mes jeunes recrues ne pensaient pas être obligées sans cesse d'améliorer les positions. Dans les caves, tout fut organisé pour s'occuper des blessés et renforcer avec des portes les entrées de ces caves. La nourriture et les munitions furent également préparées pour que nos combattants ne soient pas sans munitions. Un endroit pour accueillir les prisonniers fut également organisé tout comme un endroit bien placé pour l'observateur avancé de l'artillerie. Mes jeunes m'ont également organisé un PC de toute beauté en amenant des tapis en soie venant de la demeure, des meubles de style Louis XV et un bar pour que ce soit agréable. Des patrouilles nous ont permis de prévoir les futurs assauts que préparaient les Canadiens. Chaque jour, des quantités énormes d'obus pleuvaient sur nous ! A croire qu'eux n'avaient aucun problème d'approvisionnement. A notre grande surprise, le *Standartenführer* Kurt Meyer nous a rendu visite avec une petite escouade d'accompagnement. Nos positions eurent l'air de le satisfaire ainsi que le moral très élevé de notre troupe. Il rendit visite à chaque peloton, se faisant présenter certains des hommes et leur serrant très cordialement la main.

Ma joie fut encore plus grande quelques semaines plus tard lorsqu'avec Heinz Schrott, Xaver Pfeffer, le Dr. Alex Sedlacek et quelques hommes de différents grades, Kurt Meyer nous remit en main propre des *EK I*.

L'observateur avancé d'artillerie qui était avec nous ne nous semblait pas trop bon et il fit de son mieux pour que nous ayons un peu de soutien. Lorsque nous avons prévenu le bataillon de l'apparition de plusieurs chars devant nos positions de Buissons, nous avons reçu le renfort de plusieurs pièces de Pak. Nous avons positionné le peloton de Pak à l'abri des murs sud de la demeure et bien camouflés. Nous les avions amenés dans un jardin fruitier derrière le *I. Zug* (1er peloton), là où nous avions opéré des ouvertures de tirs dans le mur. Nous étions à peine installés que dix chars canadiens s'approchèrent venant du village de Buissons. Je suis tellement surpris que je mets un temps à donner la bonne direction de tir. L'attaque ne nous est apparemment pas destinée mais est dirigée plus sur notre droite sur le *I. Bataillon*. Les Canadiens nous passent sous le nez sans même nous avoir remarqués, ce qui prouve notre excellent camouflage, alors qu'ils viennent du nord-ouest, en ayant quitté Cambes. Les chefs de char se tiennent à la tourelle de leurs chars et sont en contact avec leur base à Cambes. Ils se croient à l'exercice. Je freine le chef de pièce qui veut absolument faire feu, mais je veux faire mouche au premier coup. Et en même temps que les canons tirent, les MG 42 et les fusils claquent en concert. En quelques minutes, six chars canadiens sont la proie des flammes. Les survivants font demi-tour avec les corps de leurs commandants touchés par nos tireurs d'élite. Ils font des grands huit pour essayé d'éviter les obus qui les détruiront en définitive. Le *I. Zug* a fait du bon travail. C'est le sauve-qui-peut chez les Canadiens. L'artillerie adverse change d'objectif et se tourne vers nous et vers la 5e compagnie qui, elle, n'y est pour rien dans le massacre des Canadiens. Mais avant que le déluge ne tombe, nous avons le temps de mettre nos canons à l'abri et nous avec. Nos infirmiers n'ont que trois blessés légers à soigner. Au petit matin, nous nous apercevons que les épaves des chars ont été enlevées par les Canadiens sauf un seul qui se trouve à 100 mètres des murs blancs de Buissons. Le lendemain, lorsque nous recevons les rafales d'une mitrailleuse lourde, nous pensons tout de suite au char détruit présent encore sur le terrain. Je me rappelle du même cas qui s'était passé en Russie où des soviets avaient investi un de leurs chars resté sur place après avoir été immobilisés. Ici, ce sont des volontaires bien décidés dont certains membres des canons de Pak qui organisèrent une patrouille pour détruire définitivement ce char situé dans le no man's land, mais seulement à 100 mètres de nos murs. Bardés de munitions, ils s'approchèrent doucement du char pour s'assurer qu'il était bien encore en mesure de nous faire des dégâts aves les mitrailleuses lourdes de caisse ou de tourelle. Une mine magnétique posée par le *Sturmmann* Enders sur la tourelle et, sous la protection des MG du petit groupe, mit fin à ce bastion canadien. L'explosion de la tourelle mit un terme définitif à cette menace. Les hommes revenus dans nos lignes étaient très énervés et contents d'avoir accompli ce coup de main victorieux.»

«Un important tir d'artillerie adverse nous prévenait d'une attaque imminente. Le silence qui suivit nous permit de voir l'étendue des destructions dues à ce barrage d'artillerie ! Les arbres en morceaux et des murs effondrés partout. Je sors de mon abri et constate que les arbres et les constructions sont cul par-dessus tête ainsi que nos tranchées de jonction. Les estafettes surgissent des ruines et viennent me prévenir que les IIe et IIIe pelotons étaient prêt à accueillir nos adversaires malgré l'intense tir d'artillerie. Déjà, les tirs de MG 42 et d'armes se font entendre. L'agent de liaison du *I. Zug* (peloton) arrive aussi et repart, avec mes meilleurs souhaits de victoire face à cette nouvelle attaque. Les obus ont taillé en pièce le parc et les champs voisins. Les Canadiens ne se doutent pas que nous n'avons pas subi de grosses pertes et n'ont pas décelé nos bunkers. Ce sera avec de très lourdes pertes qu'ils reflueront sur leurs positions de départ. Ils subissent également de grosses pertes en refluant par les champs de blé que nos pionniers avaient truffés de mines. Les explosions se succèdent et les cris des blessés prouvent s'il en était nécessaire que nos mines ont fait beaucoup de dégâts. Les bruits de combats venant des positions du *II.* et du *III. Zug* témoignent d'une attaque sur Cambes. Je cours vers les positions et le PC du *III. Zug* en traversant le parc. Ce faisant, je croise le corps d'un agent de liaison tué en voulant venir me prévenir de l'attaque. L'artillerie adverse se déchaîne sur le PC du Bataillon à « La Folie ». Un peloton de Canadiens de trois groupes veut se rendre sur les lieux de combats où les leurs ont eu des pertes et passe devant le Ier Peloton *(Zug)* en voulant rejoindre Cambes. En passant devant nos positions, ils se font eux aussi étriller. De retour à mon PC, je constate que nos infirmiers ont fort à faire avec de nombreux blessés et les corps commencent à s'entasser. Petit à petit, le silence revient et j'entends des véhicules qui s'approchent, ce sont des Canadiens qui agitent des drapeaux blanc à croix rouge et qui cherchent à ramasser leurs très nombreux blessés et morts. Les coups de sifflet retentissent pour arrêter les tirs et leur permettre de ramasser leurs blessés. Une demi-heure durant, ils s'activent auprès des corps de leurs camarades et, en partant, un officier canadien me remercie en me saluant de son véhicule.

Il nous raconte encore ce qu'il a vécu lors des combats du **8 au 10 juillet** :

«Alors que, toute la nuit, les tirs d'artillerie ne cessèrent, nous étions encore en état après ceux-ci. Mais la durée de ces tirs tout le long de la ligne de front nous montrait la volonté de notre adversaire de nous écraser. Nos estomacs étaient retournés, d'autant que le ravitaillement était assez restreint. J'étais heureux de pouvoir maintenir mes hommes dans des positions moins sensibles aux blindés au milieu des murs en ruine et des caves bien pratiques pour donner du fil à retordre à l'ennemi. Vers 5h30, les tirs d'artillerie se portèrent sur l'arrière de nos positions nous laissant un peu de répit. L'ennemi se présentait déjà devant nos positions. Notre artillerie et batterie de Werfer se mirent en contact avec nous au moment où les canons des blindés adverses se faisaient entendre. Les explosions se succédèrent rapidement sur nos positions en même temps que des nuées de chars adverses s'approchaient de nos positions contre lesquels nous n'avions que quelques panzerfaust à leur opposer ainsi que notre courage. En même temps, les tirs de nos propres Nebelwerfer lancèrent quelques obus sur les positions en face, sur Cambes, à 1 500 mètres sur la même hauteur. L'observateur avancé en avait les larmes de joie aux yeux de voir que nous pouvions nous aussi leur envoyer des obus qui tombèrent sur les assaillants du *I. Bataillon* et les soulagèrent quelque peu. Nos artilleurs étaient toujours très précis dans leurs tirs, tout comme ils avaient été formés dans nos écoles, cela palliait un peu à la quantité qui n'était plus notre apanage. Leurs chars se trouvaient maintenant à 300 mètres de nos positions et nous pouvions voir leur infanterie d'accompagnement les suivre, mais pour autant, nous n'avons pas encore ouvert le feu. Les tirs de notre artillerie nous avaient donnés un peu d'air. Arrivée près de nous, n'en croyant pas nos yeux, la pointe des chars anglais vira vers la 5e et la 6e compagnie, sur notre gauche. Les chenilles des chars anglais aplatirent les trous d'hommes et écrasèrent les bunkers sans que nos hommes puissent réagir. Bientôt, leur infanterie nettoya les lignes mais en étant sous notre feu. Ma 7e compagnie étant dissimulée dans les ruines et caves, ne fut pas décelée d'autant que les Anglais suivaient leurs chars pour se protéger. Bientôt, les lignes tenues par la 5e compagnie devinrent silencieuses alors que des coups de feu provenaient encore des lignes de la 6e compagnie.»

Laissons le *Sturmmann* **Edmund Witt** de la 2e compagnie du *I. Bataillon* du *Rgt. 25* et mitrailleur au *schwere MG Gruppe,* sous les ordres du chef de Bataillon, le *Sturmbannführer* Waldmüller, nous raconter ses combats en Normandie :

« Nous étions stationnés près de Vimoutiers, au château des Osmond, attendant que l'évènement prévu arrive. Aux premières heures du 6 juin 1944, l'alarme fut déclenchée. Nous avons dès le début combattu avec intensité et en faisant subir de lourdes pertes à nos adversaires tout en perdant nombre de nos jeunes camarades, morts, blessés ou prisonniers dès leur baptême du feu. Mais le fait qui m'a le plus marqué fut la grande offensive alliée du **9 juillet** 1944 qui se fit avec un déluge d'artillerie incroyable et jamais vu, et après avoir été matraqué par des heures de bombardements par des vagues successives de bombardiers lourds et légers, larguant des tonnes de bombes sur nos lignes. La terre vibrait tellement fort avec les explosions que l'on aurait cru un tremblement de terre. Nos pièces de Flak positionnées près de l'aérodrome de Carpiquet leur offrit une petite résistance mais que pouvaient nos canons contre cette masse d'avions !

Très bonne photo d'Edmund Witt ici alors *Sturmmann* et portant le ruban de l'*EK II*.

Au matin de cette fameuse journée du **9 juillet**, je reçus l'ordre de sécuriser le flanc droit de notre bataillon avec mon groupe. Les Anglais venaient de transpercer le front tenu à l'aile gauche par la *16. Luftwaffen-Feld-Division*. Après le matraquage de l'artillerie adverse, j'avais pour mission de me rendre là où les Anglais avaient percé. Arrivé sur une hauteur, j'avais la possibilité d'installer une mitrailleuse lourde sur affût, avec un champ de tir parfait devant nous et aussi une vue en arrière sur le PC de notre bataillon. De cet endroit, nous avons vu les Anglais conduire les prisonniers qu'ils venaient de faire en perçant les lignes de la *Luftwaffen-Feld-Division*. Par groupe de vingt, ils étaient encadrés par quelques hommes devant et derrière. Quelques tirs bien précis liquidèrent les Anglais et permirent aux soldats fraichement fait prisonniers de s'échapper. Ils nous ont aperçu et sont accourus vers nos positions. Mais un char anglais ayant observé la scène sortit d'un bois où il se trouvait pour nous attaquer. Cette situation n'était pas des plus rassurantes pour nous car nous ne disposions d'aucun moyen antichar tel que Panzerfaust ou mine magnétique. Pour mettre en danger les Anglais, j'envoyais le deuxième MG 42 avec son tireur, le *Schütze* Günther Fritsching, un peu en arrière à l'abri d'une petite voie ferrée avec pour mission de prendre de flanc le char et surtout les fantassins qui l'accompagnaient. Je restais en position avec le premier MG 42 et le reste de mon groupe face au char anglais. Celui-ci s'avança prudemment vers nous cherchant partout où nous nous trouvions. Il s'arrêta 100 mètres devant nous puis, à notre grande surprise, fit demi-tour. En fait, il s'agissait d'un char lance-flammes mais qui, n'ayant plus de carburant à nous envoyer, ne pouvait faire feu. Nous avons maintenu nos positions jusqu'à minuit. Un calme pesant mais tout relatif était tombé sur le champ de bataille avec la venue de la nuit. J'en profitais pour rejoindre mon bataillon.

En faisant notre route, nous sommes passés à côté d'un de nos chars où se tenait un homme complètement choqué qui rappelait sans cesse l'arrivée des obus sur la tourelle du char auquel il était agrippé. Avant d'atteindre le PC du Kommandeur Waldmüller, nous avons encore fait prisonniers plusieurs Anglais qui provenaient de véhicules détruits et qui cherchaient à rejoindre leurs propres lignes. Nous nous sommes aperçus que notre bataillon s'était déplacé dans nos propres lignes et donc il me fallait maintenant rejoindre avec mon groupe notre nouvelle ligne de front. Deux de mes hommes voulurent tout de même retourner sur leurs anciennes positions de mitrailleuses lourdes. Ils

Photo de Günter Fritsching, MG 1 sous les ordres d'Edmund Witt.

De gauche à droite, Günther Görlich (+), Günther Egerer, Horst Jahnke.

De g. à dr. Vahldick (+), Hattelmann, Bredendick, Schmidt, Schneider, Rücker, Mair.

Le *Sturmmann* Fritz Wiegand tombé le 20 décembre 1944 à Büllingen dans les Ardennes. Remarquez le pantalon en toile camouflée italienne.

Günther Egerer.

Günther Egerer de garde en Belgique.

revinrent rapidement avec un teint blafard après avoir découvert leurs anciens emplacements complètement retournés par les énormes obus de marine alliés. Notre ancienne position avait été atteinte par une myriade d'obus de très gros calibre qui avaient provoqué le départ de notre bataillon sur des positions plus sûres. Nous nous sommes mis en route en faisant attention de tous les côtés. Nous avons atteint les abords de Caen où notre bataillon se trouvait. Nos camarades s'étaient réfugiés dans les ruines de la ville qui avait été rasée par l'aviation alliée pensant que nous nous y trouvions, ce qui ne fut le cas qu'après leur passage et qu'après qu'ils nous aient ainsi offert de très bonnes positions de défense. La population civile de Caen a subi de très lourdes pertes lors de ces énormes bombardements. Les multiples attaques nous avaient fait déclarer trois fois comme perdus ! Au PC se trouvait notre chef de peloton, celui de compagnie et aussi « Panzermeyer » qui me fit l'honneur de m'agrafer sa propre *EK I* à ma tenue camouflée. Le chef de compagnie note aussitôt l'attribution de cette décoration sur les tablettes et sur mon *Soldbuch.* »

Les pionniers de la division eurent aussi beaucoup à faire et notamment le **Dr. Zistler** qui se distinguera lors des combats sur Norrey le 10 juin 1944. Lorsque les pionniers attaquèrent eux aussi, ce fut presque sans appui d'artillerie pour ne pas être décelés. Mais vers la fin de l'attaque, lorsque les Canadiens, ayant identifié l'assaillant et le matraquant de son artillerie lourde et légère, alors notre propre artillerie se fit entendre pour soutenir les braves pionniers. Les pertes furent importantes et le Docteur Zistler fit de son mieux pour sauver un grand nombre de blessés. Parmi les morts, le Kommandeur du *Panzer-Pionier-Bataillon,* Otto Toll, que le Dr Zistler tenta énergiquement de sau-

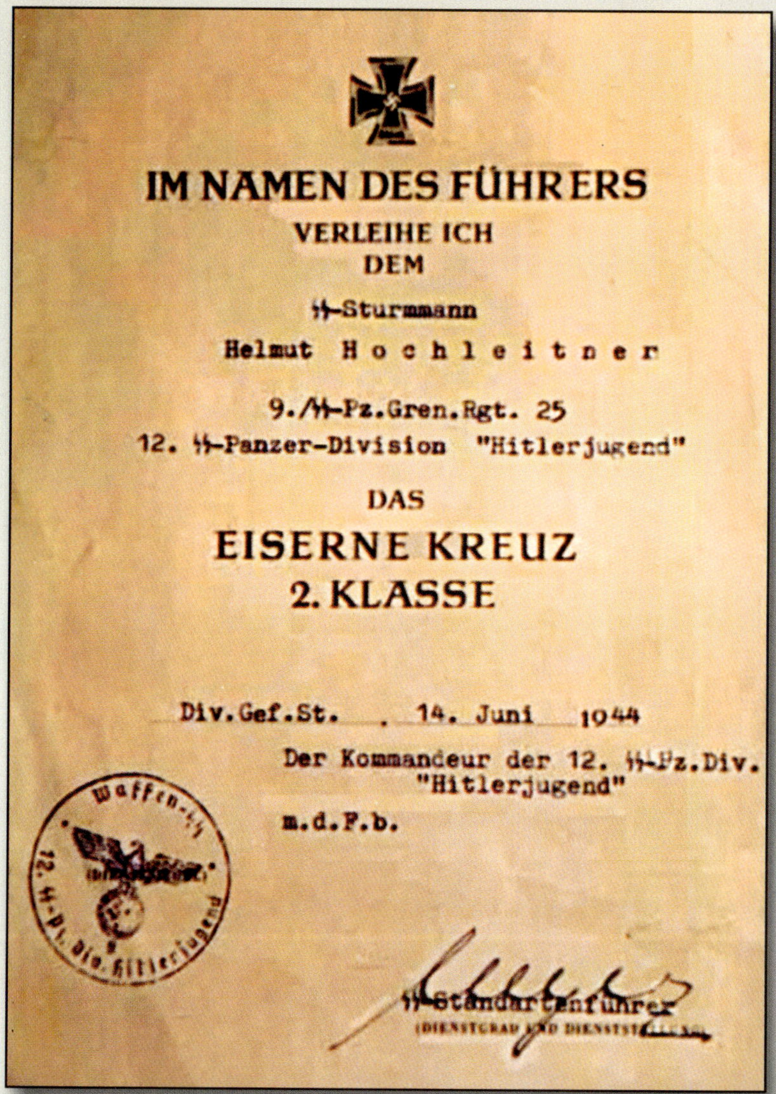

IM NAMEN DES FÜHRERS
VERLEIHE ICH
DEM

SS-Sturmmann
Helmut Hochleitner
9./SS-Pz.Gren.Rgt. 25
12. SS-Panzer-Division "Hitlerjugend"

DAS

EISERNE KREUZ
2. KLASSE

Div.Gef.St. , 14. Juni 1944

Der Kommandeur der 12. SS-Pz.Div.
"Hitlerjugend"
m.d.F.b.

SS-Standartenführer
(DIENSTGRAD UND DIENSTSTELLUNG)

Ci-dessus à gauche : très bonne photo du Dr. Friedrich Zistler, *Hauptsturmführer* et médecin à l'état-major du *SS-Pionier-Bataillon 12*. Il venait de la *6. SS-Gebirgsdivision « Nord »*.

Ci-dessus : photo du *Grenadier* Helmut Hochleitner de la 9e compagnie du *SS-Panzergrenadier- Regiment 25* de la *12 HJ*. Il était né le 16 avril 1925 en Autriche (Schwaz) et reste disparu en Normandie, à Caen en 1944.

Ci-contre : diplôme du *Sturmmann* Helmut Hochleitner pour l'*EK II*, attribué le 14 juin 1944.

2. Sanitäts-Kompanie, le *Hauptsturmführer* Dr. Diensbach en train de faire une transfusion sanguine.

Ci-contre à droite : diplôme de médaille des blessés noire au *Sturmmann* Helmut Hochleitner attribué le 1er août 1944

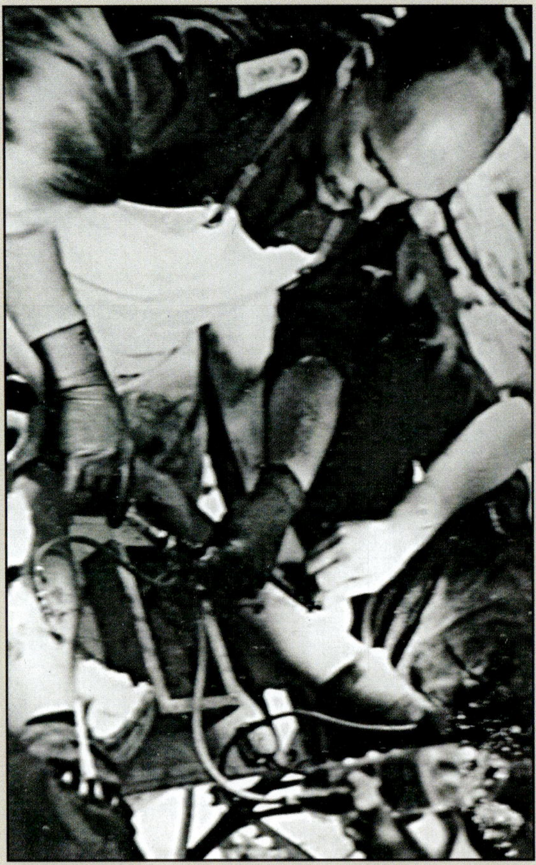

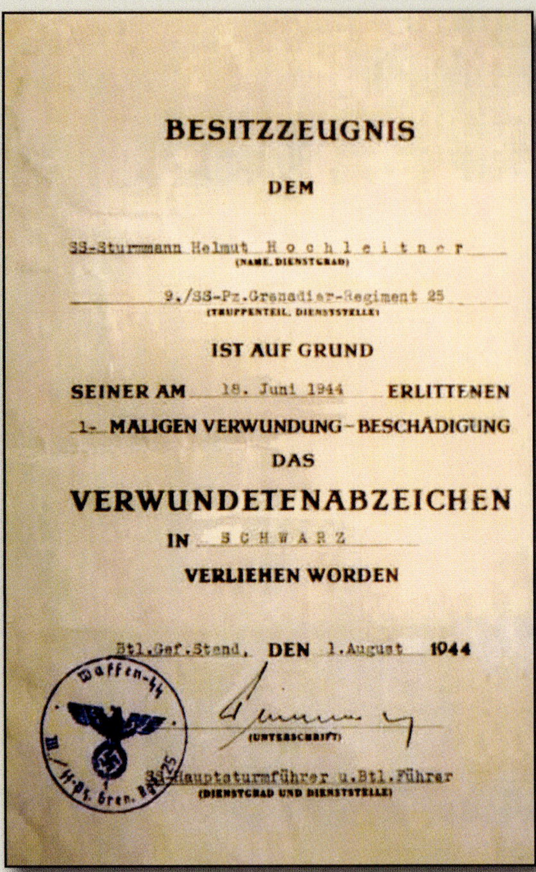

BESITZZEUGNIS

DEM

SS-Sturmmann Helmut Hochleitner
(NAME, DIENSTGRAD)

9./SS-Pz.Grenadier-Regiment 25
(TRUPPENTEIL, DIENSTSTELLE)

IST AUF GRUND

SEINER AM 18. Juni 1944 ERLITTENEN

1- MALIGEN VERWUNDUNG - BESCHÄDIGUNG

DAS

VERWUNDETENABZEICHEN

IN SCHWARZ

VERLIEHEN WORDEN

Btl.Gef.Stand, DEN 1.August 1944

(UNTERSCHRIFT)

SS-Hauptsturmführer u.Btl.Führer
(DIENSTGRAD UND DIENSTSTELLE)

Un hôpital de campagne, simplement signalé par la croix rouge à la porte avec quelques officiers de l'unité.

ver alors que le courageux Kommandeur avait utilisé lui-même le ruban de son *Ritterkreuz* afin de faire un garrot tant il perdait de sang. Mais ses efforts restèrent vains car il avait également une énorme plaie au ventre et à la poitrine. Le bataillon de pionniers perdra, dans ces quatre assauts, 80 hommes morts ou blessés. Les efforts pour prendre Norrey, qui formait la pointe avancée de la ligne de front canadienne, resteront vains. Un manque de préparation des attaques et un insuffisant soutien d'artillerie aideront les Canadiens, bien soutenus par une artillerie plus que bien approvisionnée. Avec cette dernière attaque du bataillon du génie sur Norrey se termine ainsi le **10 juin** 1944 la première phase des combats de Normandie pour la *12. SS-Panzer- Division Hitlerjugend.*

Jai rencontré également l'un des membres de la *Sanitäts-Abteilung* chez lui. Le *Rottenführer* **Karl Garrecht** avait fait partie de la *LAH* et avait combattu avec celle-ci en Russie, déjà au sein d'une *Sanitäts-Abteilung*. Il passera en 1943 lui aussi à la toute nouvelle division *Hitlerjugend* avec laquelle il combattra en Normandie. Sa tâche d'infirmier fut des plus difficiles car toutes les fonctions d'infirmier ou de brancardier durent se faire sous une pluie de balles ou d'obus. «Le nombre de blessés et de morts était très grand et notre tâche incommensurable. Je soignais comme je pus aussi bien mes camarades que nos adversaires. Nous étions tous à peu près du même âge et ce fut sans animosité que je bandais ou soulageais les blessés.»

Ci-dessus : photo dédicacée du *Sturmmann* Karl Garrecht, ici alors qu'il fait partie de la *LAH* comme la bande de manche l'indique.

Ci-contre : autre photo du *Sturmmann* Karl Garrecht, avec le sigle *LAH* sur les pattes d'épaule et le ruban de la médaille de l'hiver 41/42 montrant qu'il fit partie alors de la *LAH*.

Ci-dessous : autre photo dédicacée de K. Garrecht, ici avec deux amis sur cette photo souvenir.

Il est à noter que, le **12 juin** 1944, les 2e et 3e Batterie de l'*Art.- Reg. 12* avec leurs puissants canons de 17 cm et une portée de 32 kilomètres tireront, de leurs positions à Bretteville-sur-Orne, plusieurs salves d'obus sur les croiseurs se trouvant dans l'embouchure de l'Orne. Plusieurs coups au but furent observés, avec détonation de munitions. Aussitôt l'artillerie et l'aviation adverse ne tardèrent pas à faire taire cette opposition. Mais l'artillerie de la *12 HJ* avait déjà changé de position, et les gros obus de marine, des éclats d'obus de canons de 280 mm furent retrouvés sur place par des membres de la 3e Batterie, ne touchèrent qu'une batterie de Nebelwerfer.

Photo de K. Garrecht, alors *Rottenführer* sur le front de l'Est. Il porte semble-t-il le badge de chauffeur sur la manche gauche au-dessus de sa bande de manche.

Photo montrant deux Waffen-SS d'une unité sanitaire en train de transporter un camarade blessé sur une civière.

Un véhicule sanitaire de l'armée allemande en Normandie, pourvu de croix rouges bien grandes. Malgré celles-ci, les véhicules et trains transportant des blessés sont systématiquement la proie des Jabos alliés.

L'*Untersturmführer* **Helmut Mader** m'a également confié ses souvenirs du temps où il était à la *12. HJ-Division* et alors qu'il avait servi auparavant à la *LAH* comme beaucoup d'officiers de la toute nouvelle division. Il appartenait au *III. Bataillon* du *SS-Panzer-Grenadier-Regiment 26* sous le commandement d'Erich Olboeter pour le bataillon et de l'*Oberleutnant* Pallas pour la 10e compagnie.

« Le *III. Bataillon* du *Regiment 26* a atteint Fontenay-le-Pesnel le **7 juin** à minuit et s'y installe. Il reçoit l'ordre de s'installer à gauche et en arrière du *II. Bataillon/Rgt. 26*. Le *III. Bataillon* reçoit l'ordre d'attaquer Brouay et de s'emparer de la localité, afin de faire la liaison entre le *II./26* et l'*AA 12*. Le **8 juin** 1944, aux premières heures du jour, c'est à pied que le bataillon atteint Cristot. Le Kdr, le *Sturmbannführer* Olboeter, a réuni ses commandants de compagnie pour expliquer les buts et la façon d'opérer. Alors qu'ils sont en pleine dis-

Belle photo dédicacée de Helmut Mader alors *Obersturmführer*.

L'*Oberleutnant* Pallas dans sa tenue camouflée en toile italienne. Il commandait la 10e compagnie du *SS-Panzergrenadier-Regiment 26* et venait du *Heer*.

Deux « Stummel », SPW avec canon court de 7,5 cm dans des bosquets du bocage normand.

Un autre « Stummel » qui appuie du feu de son canon court de 7,5 cm les fantassins lors des attaques.

cussion, un tir d'artillerie adverse tombe sur eux. Les deux chefs de compagnie, l'*Oberleutnant* W. Pallas pour la 10e compagnie et l'*Obersturmführer* Hauser pour la 11e compagnie, sont gravement touchés. Je suis alors nommé chef de la 10e compagnie en remplacement de W. Pallas. Un autre tir me blesse également mais assez légèrement et je reste à la tête de mes hommes. La 11e compagnie prend au pas de charge la localité de Brouay et tombe, oh surprise, sur des éléments de la *Panzer-Lehr-Division* grandement surpris. Sur la gauche, ma 10e compagnie avance sous les obus d'artillerie adverse. Nous voyons les restes d'unité de la *Panzer- Lehr* qui ont été hachés menu par l'artillerie lourde alliée. Les véhicules, les armes et les hommes sont dans un état effroyable, on se croirait sur les champs de bataille de 1914 avec des lambeaux d'êtres humains pendant aux arbres ! Un choc pour nos jeunes combattants. Je fais avancer ma compagnie jusqu'à la voie ferrée et prends position dans une maison de garde-barrière avec l'appui d'un SPW armé d'un canon de 7,5 cm court. Un autre « Stummel » (SPW avec canon de 7,5 cm court, se place sur la voie ferrée et couvre la partie ouest du parc du château de Brouay. Dans l'après-midi, un char anglais s'approche de la voie ferrée où se trouve ma compagnie. Je fais intervenir nos mortiers et il se replie. Puis un peu plus tard, venant du bas d'Audrieu, un Sherman et un Bren Carrier approchent. L'*Unterscharführer* Spary tente de détruire le Sherman au panzerfaust mais il est repéré par le chef de l'engin qui lui tire dessus au PM, le blessant. Le char accélère et passe à côté de la maison de garde-barrière à partir de laquelle il est stoppé par un autre tir de panzerfaust. La chenillette subit également le même sort. Le char était un engin de commandement sans canon. Nous y trouvons nombre de cartes intéressantes que j'envoie au PC du bataillon. Au soir, j'envoie la section de pionniers de ma 10e compagnie sur l'aile droite de la 11e compagnie afin de couvrir davantage le pont ferroviaire ».

Helmut Mader me raconte ensuite la journée du **18 juin** 1944, au cours de laquelle il fut blessé pour la troisième fois.

« Après un bref tir de nos mortiers et de l'artillerie, les munitions étant comptées, pas comme en face, la 9e compagnie et ma 10e contre-attaquent à partir du nord de Fontenay, à l'ouest de la route menant à Cristot. Nos grenadiers, après avoir traversé un champ de blé, pénètrent dans le bois et sont tout de suite aux prises avec notre adversaire dans des combats au corps à corps très violents. Certains de nos éléments parviennent jusqu'à la partie nord du parc mais un important tir de barrage de l'artillerie lourde anglaise, déclenché par un petit avion d'observation qui a vu notre attaque, empêche l'arrivée de renforts. Les éléments avancés de nos deux compagnies arrivent sur des positions bien enterrées où la pelle et le couteau sont les armes employées pour des combats corps à corps sans pitié. Le chef de la 9e compagnie, l'*Obersturmführer* Zantop, est égorgé au poignard par un Anglais mais celui-ci est tué immédiatement par l'agent de liaison de l'officier d'une rafale de son pistolet-mitrailleur. Mais le gros de nos groupes de combat se trouvent anéantis et l'infanterie anglaise bat également en retraite, croyant que nous avions pris possession du bois et, pendant une heure et demie sans interruption,

Un très jeune *Grenadier* de la *12. HJ* vient de recevoir l'*EK II* qu'il porte avec fierté. Il a un visage poupin.

l'artillerie anglaise va pilonner le terrain ! Sur ordre de la Division, je dois rappeler mes hommes restant pour les mettre en sécurité sur la défensive au nord de Fontenay. Lors de cet important et violent tir d'artillerie lourde, je serais blessé pour la troisième fois. La nuit suivante, des hommes envoyés pour retrouver des camarades, ne ramènent que quatre corps de nos soldats. »

Lors de ces combats pour le parc de Boislonde, la 9e et 10e compagnie du *Rgt 26* subira les pertes de :

1 officier, 1 sous-officier et 15 hommes tués ainsi que 2 officiers (dont l'*Untersturmführer* Helmut Mader), 5 sous-officiers et 42 hommes blessés. 14 hommes sont portés disparus. Les Anglais signaleront avoir fait 7 prisonniers !

Autre vétéran du *Rgt. 26* qui m'a laissé quelques souvenirs sur papier est le *Sturmmann* **Aribert Kalke**, qui finira la guerre avec le grade de *Junker* en sortant de l'école de Prague en mars 1945.

« J'étais Melder (agent de liaison) et *Sturmmann* à la 1re compagnie du *SS-Pz.Gren.-Rgt 26* commandé par le *Sturmbannführer* Bernhard Krause. Nous nous trouvions aux alentours de Saint-Manvieu et j'étais à cet instant au PC du Bataillon du *Rgt 26*. Notre PC se trouve sur la route menant de Rots à Cheux. Nous subissons un intense tir d'artillerie qui se déplace pour arriver sur le bâtiment qui abrite notre PC. Outre les obus qui tombent en pluie incessante, les obus de chars arrivent également sur nous. Nous nous retrouvons dans les caves et quelques hommes restent dans les étages. Nos communications sont coupées du fait de la destruction de nos lignes téléphoniques par les obus. Au moment où le *Sturmbannführer* Krause allait m'envoyer me renseigner sur la situation des compagnies de notre bataillon, un messager de la 2e compagnie entre subitement pour

Bonne photo d'Aribert Kalke alors *Schütze*.

Autre photo d'Aribert Kalke alors *Junker* de la Waffen-SS, il me l'a dédicacée au dos et précisé que celle-ci fut prise après une formation à l'école de Prague en mars 1945.

nous annocer que la 2e compagnie vient de perdre son commandant, l'*Obersturmführer* Gröschel, ainsi que son adjoint. Après une défense au corps à corps indescriptible, la compagnie a été submergée. La 1re compagnie qui la jouxtait a été également bousculée. La masse de chars et d'infanterie a laminé le terrain, précédés par un bombardement d'artillerie sans égal. Notre Kommandeur ordonne à l'*Untersturmführer* Hölzel de joindre, deux kilomètres au sud-est de Saint-Manvieu, une compagnie de blindés de la division pour lui demander de l'aide. Il sera aidé par deux hommes dont moi-même en temps qu'agent de liaison et un autre *Untersturmführer*. Attendant une courte accalmie dans les tirs, nous sortons tous les trois à distance l'un de l'autre par une porte arrière dérobée. En passant par un champ de céréales qui nous cache à la vue de nos ennemis, nous nous perdons de vue. Alors que je traverse la route Fontenay/Caen, je suis la cible de tirs d'armes automatiques et de fusils. J'arrive à un poste de secours qui est en train de se replier vu la trop grande proximité du front et je retrouve un peu plus loin l'*Untersturmführer* Hölzel. Avec lui, nous trouvons la kompanie de panzers. Le commandant de cette compagnie ne veut pas s'engager dans des combats de rue sans assistance d'infanterie. L'*Unterstürmführer* Hölzel forme un groupe de combat en réunissant les hommes qu'il trouve. Je reçois l'ordre de joindre la 1re compagnie. Lorsque j'y arrive, je tombe sur l'*Untersturmführer* Gross qui la commande. Les pelotons de la compagnie sont au combat et plus aucun contact n'est établi avec eux. Plusieurs *Melder* (agents de liaison) sont envoyés mais avec pour seul résultat de ramener un blessé grave.

Pendant que je suis parti chercher des blindés en renfort avec les deux officiers, de durs combats se produisent au cours desquels se distinguera l'*Unterscharführer* Emil Dürr.»

Un ancien de la 8e compagnie, *Panzerjäger*, du *Panzergrenadier-Regiment 26*, l'*Untersturmführer* **Otto Berke**, se souvient lui aussi :

«Je tiens d'abord à dire que celui qui a vécu ces événements et y a survécu aura eu beaucoup de chance et ces temps durs de notre jeunesse reviendront sans arrêt, ayant à jamais marqué nos esprits. La mort et les blessures de tant de jeunes qui combattaient pour leur pays n'avait d'égal que ceux un peu plus vieux qui avaient déjà connu les combats du front russe et avaient vu la mort dans les yeux. Ceux qui avaient combattu en Russie eurent un autre sentiment lors du débarquement et qui n'avait rien à voir avec ce qu'ils avaient vécu à l'Est. Autant le sentiment de garder toujours une balle pour ne pas être fait prisonnier par les rouges dominait là-bas autant, ici à l'Ouest, il y eut un peu de plus de fair-play, tout au moins c'est ce que j'ai moi-même vécu.

Le dimanche **11 juin** 1944, la matinée est relativement calme et comme nous ne possédons que très peu de panzerfaust, je vais vers les positions du train afin d'y récupérer un maximum de panzerfaust pour nos hommes. Je reviens avec mon Kübel rempli à ras bord des précieuses armes mais, entre-temps, nos écoutes nous avaient prévenus d'une éventuelle attaque de blindés canadiens sur nos positions. Nous attendons de pied ferme mais rien ne se passe. Tous les officiers sont appelés au PC du Bataillon au Mesnil. Je laisse mon chauffeur dans le Kübel et me rends au PC au moment où l'artillerie adverse nous envoie une pluie d'obus. Je n'ai le temps que de me coucher alors qu'un obus tombe directement sur le Kübel, le réduisant en épave fumante et volatilisant le pauvre chauffeur. Nos ordres sont vite reçus et nous connaissons bien notre travail et sommes prêts à recevoir comme il le faut les chars canadiens et leurs fantassins. Lorsque leur assaut

Photo d'Otto Berke, alors *Standartenober-junker* avec sa femme.

Ce que peut voir l'équipe de tir d'un canon de Pak 7,5 cm par-dessus le bouclier de protection. Ici en Normandie.

Ci-dessous : une équipe de pièce de Pak 7,5 cm traverse un cours d'eau à l'entraînement en Belgique.

Ci-dessous à droite : quatre membres de l'équipe antichar d'Otto Berke. A noter la pelle passée dans le ceinturon et qui peut servir outre à creuser, au combat corps à corps et se révèle aussi dangereuse que le couteau.

Ci-dessus à gauche : une pièce de Pak 7,5 cm à l'exercice en Belgique, l'obus va être introduit dans la culasse. Tout le monde pose pour la photo.

Ci-dessus à droite : un canon de Pak 7,5 cm tracté par un véhicule italien très haut sur ses roues et peu apprécié par les hommes. Ils circulent sur une route pavée des Flandres.

Normandie 1944, un canon de Pak 7,5 cm tracté par un semi-chenillé fonce vers de nouvelles positions où il devra à nouveau affronter les chars anglais ou canadiens.

aura été défait et qu'ils se seront retirés, ils auront laissé onze épaves fumantes sur le terrain ainsi que nombre de morts et de blessés. Faisant l'inspection des carcasses, mes hommes seront heureux d'y récupérer cigarettes et chocolat sans compter de la nourriture en boîte. Cela fera la joie de leurs estomacs. Ces premiers combats couronnés de succès me vaudront la croix de Fer de 1re Classe dans quelques jours, le 10 juillet 1944, reçue des mains du *Sturmbannführer* Olboeter. Les pertes dues aux combats et surtout par l'artillerie et l'aviation alliée vont, petit à petit, nous laminer et diminuer notre défense. La nuit, les lueurs des V 1 survolant la Normandie pour aller arroser l'Angleterre nous redonne un peu de vaillance. Pour nos jeunes soldats qui reçoivent des nouvelles de leur famille qui subissent les terribles bombardements au pays, une telle réplique est un petit soulagement.

Le **17 juin** 1944, il y aura pour moi un tragique événement. Nous tractons l'un de nos canons de Pak 7,5 cm avec une chenillette canadienne de prise, plus basse et moins gourmande en carburant que nos gros engins italiens, très hauts et très voraces. Mais nous avions dû « bricoler » l'arrimage du canon à la chenillette car les crochets de l'un ne passaient pas sur l'autre. Cet astucieux montage avait tenu une semaine jusqu'au moment où la dénivellation du terrain fit casser le filin d'acier qui retenait le canon. Malheureusement, nous venions de passer le long d'un champ de blé qui nous camouflait à la vue des Canadiens, étant donné la faible hauteur de la chenillette. Nous avons garé celle-ci pour récupérer et ramener notre Pak 7,5 cm, lorsqu'à 200 mètres de là, un char Sherman se dévoile et nous prend pour cible. Pas d'autre solution que de faire feu également. Le pointeur de la pièce, l'*Unterscharführer* Lachmund, dirige notre canon et envoie déjà un obus antichar perforant sur le glacis du Sherman qui lui aussi a fait feu, et son obus éclate à gauche de notre canon, tuant l'*Unterscharführer* Lachmund, blessant Franz Hauck qui distribuait les obus. Il est touché par un gros éclat d'obus dans le dos. Les autres membres d'équipe du canon sont indemnes.

J'ai toujours ce souvenir que j'ai personnellement vécu pendant les combats de Norrey-le-Mesnil.

Nous étions positionnés dans de très bons emplacements, bien camouflés, d'où nous avons repoussé les assauts des Canadiens avec beaucoup de pertes dans leurs rangs. Lorsque, soudain, apparut un omnibus avec une grosse croix rouge qui s'engagea sur le terrain avec des infirmiers canadiens qui venaient ramasser leurs morts et leurs blessés. Nous avons interrompu le feu et les tirs pour leur permettre de le faire. En Russie, jamais cela ne se serait passé ! »

Un autre événement se produisit lors des combats de Fontenay-le-Pesnel : « Nous étions le dimanche **25 juin** 1944. Alors qu'une semaine auparavant nous avions dû laisser nos positions au nord du parc de Boislonde et de Cristot parce que la supériorité matérielle et le nombre d'assaillants était bien trop lourd pour notre petit groupe et que j'y avais perdu mon dernier canon de 7,5 cm, faisant partie de la 8e compagnie lourde (s.) du *SS-Pz.Gren.-Rgt. 26 « Hitlerjugend »*. Nous nous étions installés sur une nouvelle position où les tranchées et trous d'hommes étaient formidablement bien creusés et bien camouflés. Nous étions au coin d'un ensemble de bâtiments de ferme. Encore une fois, au petit matin du dimanche, un formidable déluge d'artillerie s'abattit sur nos positions tout comme lors des assauts du 11 et du 18 juin, toujours un dimanche matin ! Le déluge passé, nous avons rejoint rapidement nos positions, sachant que l'avalanche d'obus annonçait une attaque. Nous avions récupéré un canon de Pak 7,5 cm venant d'un des pelotons du régiment. Avec empressement et précision, les membres de ce canon tirèrent avec des obus explosifs dans les rangs des assaillants tandis que les rafales de nos MG 42 fauchaient les Anglais. Après que le dernier obus soit sorti du canon, c'est avec leurs armes qu'ils s'en prenaient maintenant à nos adversaires. Le chef de la pièce, l'*Unterscharführer* Knaust, posément adossé au bouclier de son canon de Pak, maintenant silencieux faute de munitions, ajustait le mieux possible de sa MP 40 les vagues d'assaillants anglais venant du champ de blé en face. Il me cria encore : *« Untersturmführer, je les hache menu »* avant de s'effondrer sur le côté gauche de son bouclier atteint par un tir meurtrier de sniper. Lorsque la situation empira encore, j'appelais le VB (observateur avancé de l'artillerie) afin qu'il dirige le tir de nos batteries sur nos propres positions pour écraser l'ennemi avant qu'il ne prenne possession de celles-ci. Il y avait environ 10 à 12 blessés qui se trouvaient dans une étable et qu'un infirmier soignait de son mieux. Finalement, je me suis résolu à demander à celui-ci de se livrer avec nos blessés afin qu'ils puissent être soignés mais tout en étant fait prisonnier pour pouvoir leur sauver la vie. Un seul ne prétendit pas être livré aux Anglais. Le *Sturmmann* Weissenborn, malgré une sévère blessure à la cuisse, ne voulait absolument pas se rendre. Notre artillerie coucha encore nos assaillants et nous en avons profité pour sortir de ce guêpier avec ce qui restait de soldats valides et notre camarade Weissenborn que j'emportais avec l'*Oberscharführer* Schwarz.

Quelques jours plus tard, alors que nous venions de détruire au panzerfaust plusieurs chars anglais (2 exactement), nous avons sorti le commandant de l'un d'eux, un capitaine écossais blessé à la jambe. Nous l'avons emmené dans un bosquet à l'abri et où un infirmier le soigna. Je dialoguais avec lui sur l'incongruité de cette guerre et de notre affrontement. Il me proposa une cigarette mais, bien que ne fumant pas, je l'acceptais. Un char de notre régiment devant rapatrier vers l'arrière nos blessés fut utilisé pour ramener ce prisonnier vers le PC du régiment avec l'infirmier, un *Unterscharführer*, pour l'escorter. Ces quelques faits pour accréditer le fait que nous ne redoutions pas le fait d'être fait prisonnier, même si par la suite nous apprendrons la façon dont furent massacrés certains de nos camarades. Pour ma part, je me suis toujours comporté de façon exemplaire avec nos prisonniers, même si, après guerre, j'ai entendu des versions différentes sur la façon de traiter les prisonniers.

Les nombreux et incessants violents combats avaient fatigué nos jeunes soldats, aussi il ne fut pas difficile aux Anglais de faire deux prisonniers parmi nos jeunes qui devaient monter la garde aux avants-postes de nos positions de Fontenay-le-Pesnel. Complètement assommés de fatigue, ils s'étaient endormis. C'était quelques jours avant le début de la grosse offensive anglaise sur l'aile gauche de notre *12. SS-Panzer-Division « Hitlerjugend »*. Ils leur fut facile de capturer ces deux jeunes complètement abasourdis de fatigue. Il fut d'ailleurs après cela impossible aux Anglais de renouveler cette opération. Les hommes furent encore plus vigilants malgré l'épuisement. Nous devions nous prémunir de ces patrouilles que faisaient régulièrement les Anglais. Aussi, avec l'*Oberscharführer* Friedrich Schwarz (ancien du front de l'Est qui sera tué le 6 juillet 1944 à l'âge de 23 ans, alors qu'il se reposait dans un hôtel de Saint-André-sur- Orne avec une dizaine de camarades, qui seront ensevelis dans les restes de l'immeuble qu'un groupe de P.38 « Lightning » prit pour cible et réduisit en ruines fumante), et un *Unterscharführer*, nous avons organisé un coup de main en avant de nos lignes dans le champ de blé qui nous faisait face. Bien tapis, nous avons attendu vers minuit qu'une de leurs patrouilles s'avance et, à très courte distance, nous avons fait un bond sans être vus vers nos positions. Dans l'obscurité, nous avions également pris soin d'enduire notre visage de noir de suie afin de nous confondre avec la pénombre. Ensuite, nous avons couru vers nos positions et nos premières lignes qui n'étaient qu'à 20 mètres de la sortie du champ de blé, bien camouflés et, lorsque la patrouille anglaise apparut, elle ne se doutait certainement pas qu'elle était attendue. Apparue à la sortie du champ de blé, elle fut cueillie par les rafales de nos MG 42 qui les attendaient, ne leur laissant aucune chance. Ils s'en retournèrent avec de nombreuses pertes. Mais, comme nous nous y attendions, l'épisode fut suivi d'un intense barrage d'artillerie qui tomba tout d'abord sur l'arrière de nos positions, 100 mètres plus loin, puis le tir se rapprocha pour tomber sur nos trous d'hommes et tranchées où nous nous sommes recroquevillé sans subir de pertes.

Lorsque je fis mon rapport au PC et expliquais notre action, je fus interloqué que l'on me demande pourquoi je n'avais pas fait de prisonniers alors que nous étions bien contents de leur avoir occasionné des pertes sans avoir de blessés parmi nous, ce qui était l'essentiel ! Encore maintenant, je suis stupéfait de la tenue de nos jeunes devant l'intensité des combats et du stress qui en découle, de leur fraîcheur et de leur état d'esprit déterminé sans parler de la camaraderie.

Pour ma part, la retraite se fait jusqu'à Rouen, de nuit, car le jour la domination du ciel par les Jabos était telle que prendre la route avec un véhicule était suicidaire ! Malgré tout, la compagnie compte encore près de 28 véhicules. Un bac nous permettra de traverser la Seine et, enfin, je peux prendre un bain dans un cantonnement qui prend des airs de luxe sans prix. Toutes les compagnies ont réussi à passer le fleuve. Je rencontre le *Sturmbannführer* Bernard Siebken qui prenait un grand soin de ses jeunes soldats et qui était respecté comme un père et adoré et qui me donne les derniers ordres pour le repli vers la frontière. Je décide donc d'en faire part à mes sous-officiers. Je prends malgré tout la route de jour en scrutant le ciel devant nous alors que le *Schütze* Heinz Rackwitz est chargé d'observer le ciel vers l'arrière de notre Schwimmwagen. Ce qui devait arriver en pareil cas arrive, lorsque Heinz crie d'arrêter immédiatement. Le temps de sortir et les premières balles et les obus nous tombent dessus en quantité incroyable. Nous sommes gravement blessés tous les deux, mais j'ai le temps de poser deux paquets de pansements sur le bas-ventre de Heinz et de voir arriver un véhicule de la Luftwaffe avec un capitaine qui nous prend en charge. Je choisis ce moment-là pour perdre connaissance. Entre-temps deux autres Jabos ont eux aussi pris pour cible notre Schwimmwagen mais celui-ci ne veut pas brûler ! Je me réveillerais le lendemain à l'hôpital de Compiègne qui sera aussi victime des Jabos, malgré les croix rouges très visibles, et transporté vers Bruxelles en train sanitaire pourvu de grandes croix rouges et qui sera lui aussi la cible des Jabos ! Encore des blessures et la mort pour certains. A l'arrivée en Allemagne, les médecins diagnostiqueront la perforation de l'avant-bras gauche, le genou droit est également touché ainsi que le bas-ventre. Ce seront les dernières blessures que je recevrais car je ne pourrais à nouveau connaître le front.»

Un des vétérans ayant servi dans l'unité de l'artillerie motorisée m'a décrit son temps à la *12. SS « Hitlerjugend »* comme suit :

« Je m'appelle **Arthur Krings** et moi aussi je fis partie de ces jeunes de l'année de naissance 1926 qui furent recommandés pour servir dans la nouvelle division *« Hitlerjugend »*. Le 5 mars 1943, je faisais mon service au RAD comme tout jeune Allemand. Puis, le 5 juillet 1943, je fus dirigé vers Prague pour y être formé militairement dans le cadre de la toute nouvelle division *« Hitlerjugend »*. J'y reçus l'instruction basique de l'infanterie.

En automne 1943, un convoi nous fit rejoindre le camp de Moll en Belgique où se trouvait déjà beaucoup de nouveaux engagés de la *12. SS-Pz. Gren.-Division « Hitlerjugend »*. Puis à nouveau un transfert en train m'amena à Grossborn en Poméranie afin de suivre un stage de conducteur d'engin chenillé. Après cette formation bien remplie et le passage avec succès des examens de conduite,

Belle photo d'Artur Krings. Notez qu'il porte l'insigne du RAD, service du travail qu'il effectuera avant de passer à la Waffen-SS, et l'insigne de tireur d'élite de la HJ.

je rejoignis avec d'autres camarades le camp de Moll en Belgique afin de faire partie de la 2e Batterie d'artillerie motorisée légère équipée de « Wespen » (canons de 10,5 cm montés sur le châssis du char Panzer II devenu obsolète).

Début avril 1944, nous rejoignons la France et la Normandie où un débarquement est plus ou moins pressenti. En mai 1944, je fais partie d'une formation pour sous-officiers dans la région d'Evreux.

Je serais des premiers combats jusqu'à l'encerclement et parviendrais à sortir du chaudron de Trun-Falaise et, avec les douze survivants de ma batterie, nous rejoindrons l'Allemagne pour participer à la reconstitution de notre unité avec de nouvelles et jeunes recrues dans la région de Kaiserslautern.

Mon chef de batterie était l'*Untersturmführer* Erwin Höke.»

Erwin Höke m'a laissé également ce petit témoignage et quelques belles photos dédicacées. Voici ce qu'il m'a écrit :

«Je suis né le 15 novembre 1920 en Westphalie. En septembre 1939, dès le commencement de la guerre avec la Pologne et âgé de 18 ans, je me suis engagé dans la *SS-Verfügungstruppe* (future division *« Reich »*). Puis je continuais mon chemin en intégrant la caserne de Berlin-Lichterfelde et cette fois dans la *LAH*. Avec cette division, je

Photo dédicacée de Erwin Höke alors *Untersturmführer*. Il porte encore la bande de manche *LAH* à laquelle il appartenait avant d'être muté à la *12. HJ*.

Une partie du personnel de la 2e batterie *(2./SS-Pz.Ar. 12)* commandée par le *SS-Untersturmführer* Erwin Höke (le 3e depuis la gauche, avec une casquette). L'adjudant de batterie, le *SS-Stabsscharführer* Mewes, est à côté de lui (casquette molle). Derrière, Mewes, qui sera mortellement blessé le 9 juin. Cette photo a subi les affres du temps.

Belle photo d'une Wespe que l'on reconnaît à son châssis de Panzer II qui lui sert de base et de l'emplacement du radio sur l'avant gauche du char.

Un automoteur « Wespe », de l'artillerie motorisée légère (canon de 10,5 cm) de la *12. HJ* en action.

participais au *Westfeldzug* en tant qu'agent de liaison de la 2e Batterie d'artillerie. Je serais légèrement blessé par un éclat d'obus non loin de Dunkerque. Puis, en 1941, la *LAH* combattra en Grèce, et là, je serais plus gravement blessé lors des combats du col de Klidi. Cela m'occasionnera un long temps d'hospitalisation. De janvier à juin 1943, je participai à une formation d'officier et, ensuite, une autre formation à l'école d'artillerie près de Prague dans le Protectorat. Lors de l'intégration à un régiment de remplacement d'artillerie, je fus envoyé pour participer à la formation de l'artillerie légère motorisée de la toute nouvelle division *« Hitlerjugend »,* en Belgique cette fois. Avec celle-ci, je serai chef de batterie de l'artillerie légère motorisée sur *Wespe* et participerai aux combats dans la région de Caen et de Falaise où, après trois blessures, je fus rapatrié vers un hôpital en Allemagne où je serais fait prisonnier dans la région de Passau.»

L'*Untersturmführer* **Rudolf Heller**, l'un des derniers chefs de batterie du *Wespen* a décrit la sortie du chaudron en ces termes :

« L'*Untersturmführer* Anger, de la *I. Artillerie-Abt. 12,* nous avait donné les directives pour la sortie du chaudron. Nous nous trouvions à ce moment-là dans les environs de Bois de Feuillet au nord de Montabard. Nous n'emportions que ce qui était nécessaire, le superflu resta sur le bas-côté. Le *Hauptsturmführer* Hagemeier dira n'avoir emporté que son nécessaire pour se laver et être rasé. Après un dernier bain et avoir enfilé un uniforme propre, il était prêt. Au matin du **20 août** 1944, nos colonnes se mirent en marche en formation large à travers champs. Alors que nous formions une cible idéale, aucun avion ennemi n'apparut dans le ciel. Le moral était très bon et, dans certaines *Wespen* on entendait même chanter. C'était une image incroyable et autant de blindés en même temps ne s'était vu que du côté adverse ! A côté de notre *Wespe* roulait Olboeter à la tourelle de son blindé. Nous avons traversé la route Départementale 916 en direction de Chambois lorsque, soudain, à la hauteur de Tournay, se produisit un bouchon. Toutes sortes d'unités du *Heer* s'agglutinaient, elles aussi, pour sortir du chaudron. Comme ce fut le cas très souvent on entendit le cri : « la Waffen-SS en avant ». Nous avons obliqué vers l'est. Des hauteurs situées au nord, nous avons commencé à être la cible de tirs ennemis et nous avons subi les premières pertes. Entre Chambois et Saint-Lambert, nous avons encore

Autre « Wespe » sur le front de Normandie, celle-ci de la 2e Batterie.

Ci-dessus : le camouflage des *Wespen* de la *Hitlerjugend* était appliqué à la peinture au pistolet. Cette pièce automotrice et blindée était très efficace, pour son calibre et surtout pour sa mobilité. Sa dénomination officielle est *10,5 cm le.FH. 18/2 auf GW. II Sd.Kfz. 124*. Elle indique qu'il s'agit d'un obusier léger de 105 mm monté sur châssis de *Panzer II*. Cet engin a été fabriqué par Famo, de 1942 à 1944 ; 682 exemplaires sont sortis des chaînes. Son poids en ordre de combat est de 11 800 kilos. Il est long de 4,80 mètres et sa vitesse maximale est de 40 km/h. Il consomme 120 litres de carburant aux 100 km/h sur route et 180 litres en tout terrain, avec des autonomies respectives de 140 et 90 kilomètres. La pièce d'artillerie, la *10,5 cm leichte Feldhaubitze 18,* a une portée maximale de douze kilomètres. Elle peut envoyer quatre et six obus à la minute. (Illustration Thierry Vallet.)

Ci-dessous : la pancarte note : « *Attention, avions volant bas* ». La menace aérienne est permanente en Normandie.

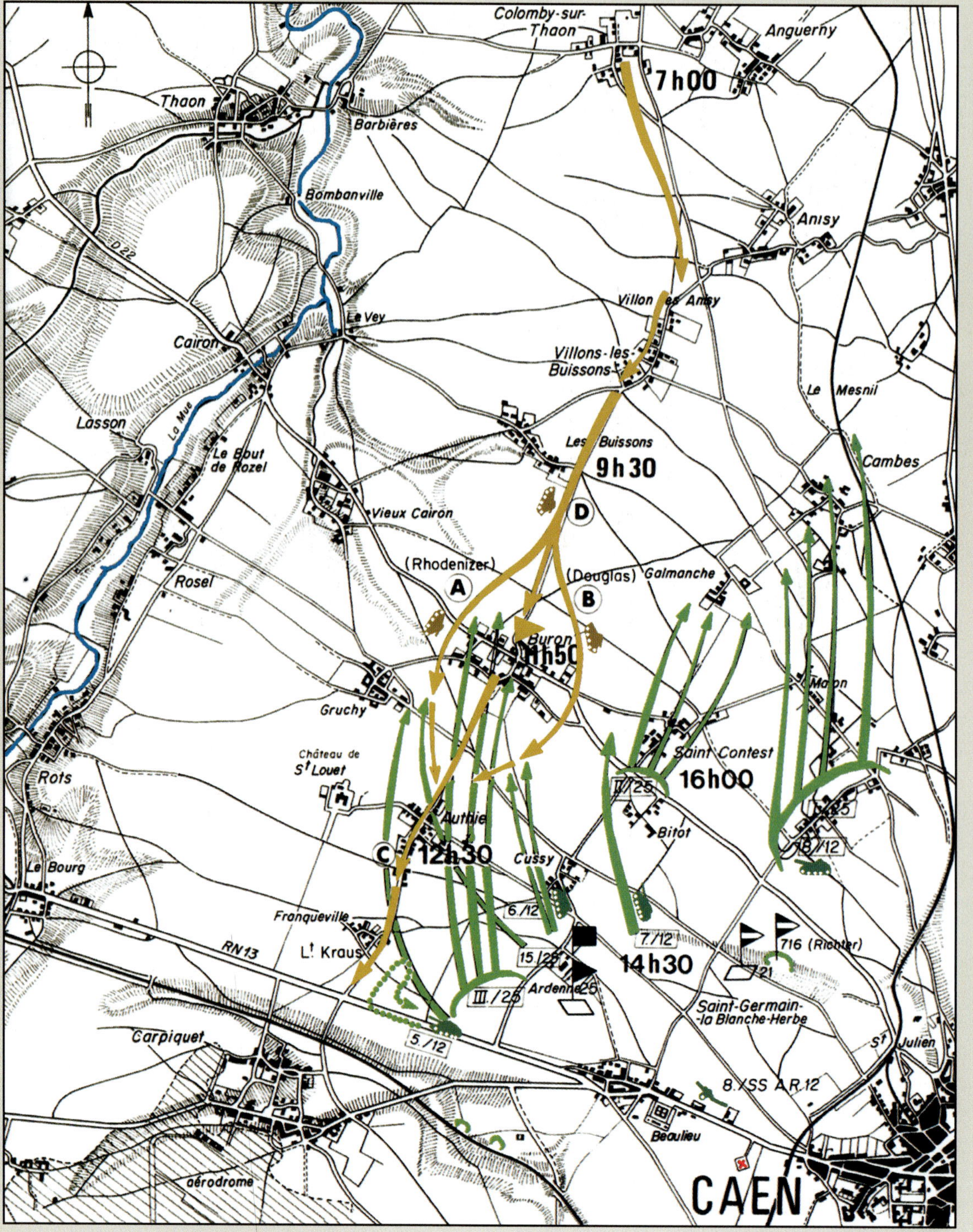

Cette carte nous montre la contre-attaque au nord-ouest de Caen le 7 juin face à l'avance canadienne en direction de Carpiquet. Cette carte illustre les témoignages de vétérans du Ier bataillon du *SS-Panzer-Regiment 12* ainsi que du *SS-Panzergrenadier-Regiment 25*, entre autres ceux de Hans Fenn (page 96) et de Karl Vasold (page 98). (Carte Heimdal.)

obliqué vers le nord et coupé la D 13. Les tirs adverses étaient précis impliquant encore des pertes. Après avoir encore bifurqué, nous avons stoppé notre colonne. Hagemeier saute de son engin et s'éloigne d'une vingtaine de mètres dans une légère courbe pour observer le terrain lorsqu'il reçoit une balle qui le blesse mortellement, sans doute d'un tireur d'élite. Nous le chargeons sur la remorque de munitions d'une de nos *Wespen*. Celles-ci sont alors disposées de chaque côté de la route. Je m'avance pour observer le terrain et trouver une cible lorsque je tombe dans une tranchée sur l'*Oberstgruppenführer* Paul Hausser et un autre officier. Il est 11 h, il me donne l'ordre avec nos *Wespen* de tirer sur certaines cibles qu'il a repérées. Je m'en retourne vers nos engins en rampant et en courant en zig-zag comme un lièvre et distribue les ordres et les cibles. Ensuite, j'observe la précision de nos tirs qui arrivent droit où il faut à l'ouest de Mont-Ormel. Alors que je cherche à rejoindre la tête de notre colonne, un obus anglais explose non loin de moi et je tombe à terre inconscient. L'*Untersturmführer* Kronegger, de l'état-major de l'*Art. 12,* me transporte dans un semi-chenillé. Alors que je suis allongé sur le plancher de celui-ci, j'entend au dehors les tirs dont les éclats viennent faire tinter le blindage. Notre semi-chenillé ne fait que des courbes dans le terrain pour éviter les tirs lorsqu'il stoppe net et tous ceux qui ne sont pas blessés sont extraits violemment de notre engin, ainsi que Kronegger dont je n'entendrai plus jamais parler. Je ne sais pas ce qui est advenu de lui et de nos hommes. Sous la garde d'un soldat canadien, notre chauffeur conduit notre blindé avec les blessés vers l'hôpital de campagne canadien de Trun. La guerre est finie pour moi. Le *Hauptsturmführer* Hagemeier aura trouvé sa dernière demeure au cimetière de La Cambe. A la suite de ces combats, l'*Oberstgruppenführer* Paul Hausser sera lui aussi blessé dans cette sortie, mais l'*Obersturmführer* Kurzbein, chef de la 5e Batterie de l'*Art. 12* l'emmènera dans un semi-chenillé qui parviendra à sortir du chaudron aux environs, de Mont-Ormel et le ramener dans nos lignes.»

L'*Untersturmführer* **Karl-Walter Decker** se souvient surtout de la façon dont il vécut la sortie du chaudron de Falaise en août 1944 :

« C'était lors de la sortie du fameux chaudron de Falaise. Je commandais un petit groupe disparate de la 2e compagnie de l'*Abteilung* de reconnaissance de la *12. SS-Pz.-Div. «Hitlerjugend»*, et nous cherchions à sortir du piège à pied puisque nos véhicules avaient été soit détruits, bloqués dans des colonnes elles-mêmes bloquées. Aux alentours de Vimoutiers, nous voulions obliquer en direction du nord-est, vers Elbeuf, afin de franchir la Seine. Notre leitmotiv était *« regarde vers l'Est, là-bas se lève le soleil rougeoyant »*. Nous devions faire fort attention aux alliés qui nous traquaient par derrière et devant nous des cohortes de civils français fuyant devant les dévastations causées par leurs « libérateurs ». Nous avions toute notre pensée dressée vers l'approche du grand fleuve et d'une possible sortie de la nasse que les alliés avaient tendues. Ainsi, dans la nuit du **24 août**, aux environs de Bernay, le vrombissement d'avions et l'apparition de parachutes avec des torches et l'ironie fut que c'était deux Heinkel 111 qui fonçaient ainsi sur nous. Nous nous étions tout naturellement jetés à terre comme

Portrait dédicacé de Karl Walter Decker alors *Untersturmführer*, photo colorisée d'époque. Notez qu'il porte le ruban des combats de l'hiver 41/42 et de l'*EK II*.

Photo d'un véhicule de reconnaissance huit roues de l'*AA 12*. Celui-ci est muni d'un canon automatique de 2 cm et d'une mitrailleuse co-axiale.

Véhicules de l'unité de K.W. Decker très bien pourvue en feuillage pour ne pas être vus des Jabos quelque part sur une route normande.

Ci-contre : photo de Harry Wontorra commandant des *Kradschützen* de l'*AA 12* alors *Oberscharführer* avec déjà pas mal de décorations et portant encore la bande de bras de la *LAH*. A noter son insigne de la HJ en losange.

Photo d'un groupe d'hommes appartenant au groupe de reconnaissance et ici à côté d'un semi-chenillé. Notez les tenues croisées.

Autre photo du même groupe à l'arrière du véhicule semi-chenillé.

toutes les personnes qui se trouvaient à ce moment-là sur cette route. En fait, la cible de cette attaque était un regroupement de forces alliées tout proche et que cherchaient à atteindre ces deux avions d'une Luftwaffe quasi absente du ciel lors du débarquement, complètement surpassée par une aviation alliée surabondante. L'un de mes hommes s'approcha de moi en rampant pour me dire qu'il était allongé à côté d'un Tommy qui lui avait parlé ! Mon petit groupe, averti silencieusement et profitant de l'obscurité revenue, se sauva en direction d'un petit bois non loin de nous. En traversant une petite route, je vis encore une Jeep abandonnée qu'il me vint à l'idée de kidnapper afin de nous rendre plus mobile. L'explosion de bombes toutes proches nous fit de nouveau abandonner notre Jeep pour nous mettre à couvert dans un fossé où du monde se trouvait déjà. Couché là, je remarquais de suite, à leur casque assez typique, qu'il s'agissait de deux soldats anglais.

Les avions ayant largué leurs bombes et étant repartis, je me dressais sur mes jambes et leur criais « *Hands up* » (haut les mains) leur signifiant en anglais que je n'en voulais qu'à leur Jeep et rien d'autre. A leur grade, je remarquais vite que nous avions fait prisonniers un *Major* et un lieutenant.

Nous nous sommes aussitôt emparés de leurs revolvers et, pour ma part, de la veste d'officier que j'enfilais sur ma tenue et du casque. Ceci afin de passer plus inaperçu avec la Jeep. Dans les poches, je trouvais une pipe et du tabac ainsi qu'un petit agenda. Je rendis la pipe et le tabac à cet officier mais gardais l'agenda (ce qui me sauvera la vie plus tard). Les bombes avaient entraîné un chaos et des fumées trahissant les points de chutes des bombes. C'est alors qu'un « Bren Carrier » (chenillette anglaise) apparut et que l'un des officiers cria de venir à leur secours. Après un court engagement où nous avions ouvert le feu pour nous permettre de nous échapper, à nouveau. Je me précipitais vers la Jeep mais, dans l'affolement, ne trouvais pas le contact pour redémarrer. Je me retrouvais avec mon petit groupe mais, devant tant de danger, nous avons décidé de nous séparer pour atteindre isolément la Seine. Je me trouvais donc à nouveau seul. Pas pour longtemps car, en chemin, deux jeunes grenadiers me rejoignirent, les *Schützen* Heinz Proft et Hermann Beikircht tous deux nés en 1926. Nous avons poursuivi notre route en longeant les petites départe- mentales normandes en faisant très attention, malgré la fatigue et le manque de sommeil, à ne pas retomber sur les troupes anglaises. Notre odorat nous aidant à deviner la proximité d'engins dont les moteurs encore fumants exhalaient leur odeur particulière. Cela était rendu plus facile par le fait que, certains de leur supériorité, les Anglais ne prenaient même pas la peine de mettre des gardes ! Le crépuscule se levant tout doucement, nous nous sommes trouvés un abri pour passer la journée à couvert. Nous étions aux alentours de Brionne où une unité complète et motorisée avait également pris ses cantonnements. Avec un tel voisin, il est difficile de sommeiller tranquillement. D'autant que l'odeur des moteurs arrivait à nos nez sans arrêt. Aussi, la nuit suivante, je décidais de plutôt trouver un abri dans une petite maison. Avec mon accoutrement de soldat canadien, je décidais de taper à la porte d'une petite maison isolée. Un jeune garçon avec une bougie à la main vint au bout d'un long moment nous ouvrir. Avec un mélange d'anglais et de français, je demandais la possibilité de pouvoir nous reposer chez eux. Le tapage matinal avait réveillé la maîtresse de maison. Je lui réitérais ma demande en expliquant notre accoutrement, deux soldats en uniforme allemand et moi en uniforme anglais de lieutenant ! J'expliquais que notre véhicule avait été détruit par les tirs allemands et que deux hommes de mon équipe, n'ayant plus d'uniforme, avaient dû enfiler ceux de soldats allemands ! Qu'elle l'ait cru ou pas, elle nous conduisit vers une chambre où nous avons pu enfin nous reposer calmement. Mais avant tout, la surprise de trouver dans cette chambre, à côté d'un bougeoir, suffisamment de quoi étancher notre soif et ravir nos estomacs. L'explication en était qu'ici se trouvait auparavant une escouade de soldats anglais qui n'avaient pas eu le temps de finir leur repas, aussi c'est nous qui en bénéficions. Une grande chance pour nous. Nous nous sommes ensuite installés dans un lit typiquement normand et douillet à souhait avec nos armes non loin, prêtes à être utilisées. Nous avions convenu d'un tour de garde toutes les heures l'un après l'autre mais le nid douillet et la grosse fatigue fit que, rapidement, tous les trois nous avons rejoint les bras de Morphée.

Au petit matin, les rayons du soleil et un peu de bruit nous réveilla. Elle venait d'ouvrir les volets de l'habitation. Rapidement, elle était près de notre lit et passant sa main au-dessus de ma coiffure me dit : « Vous êtes Allemand, n'ayez pas peur ». Je réitérais les mêmes explications que la vieille mais elle clignait de la tête par la négative en expliquant qu'avec ces décorations et l'insigne de Régiment il s'agissait d'une division canadienne mais ne parlant que le français ! Je lui demandais alors de ne rien dire et ne pas nous trahir auprès des enfants. Les mouvements dehors me faisaient craindre toujours l'apparition de soldats canadiens. Elle nous conduisit alors dans leur cave en faisant attention de ne pas être vue des voisins. Lorsque la pénombre fut tombée elle nous apporta encore de quoi manger et boire. Je promis alors de partir rapidement pour qu'elle ne soit pas inquiétée. A ma question de savoir pourquoi elle nous traitait aussi chaleureusement, elle répondit :

« J'ai un fils de votre âge qui, en tant qu'officier de l'Armée Française, avait été fait prisonnier en 1940 et se trouvait prisonnier dans une ferme en Allemagne où il était impeccablement traité. » Aussi elle s'était jurée d'en faire autant le cas échéant. A la nuit tombée, nous nous sommes quittés comme mère et fils.

Une lune blanchâtre ne facilitait pas notre fuite. Mais je pensais que mon casque anglais bien typique aiderait à faire illusion. Alors que nous parcourions une route toute en courbes, nous avons entendu les pétarades d'une moto venant vers nous. Son conducteur arrêta sa moto en nous voyant et vint vers nous. Je m'étais mis devant mes deux camarades pour les masquer et il nous demanda vers où la route continuait tout en nous demandant ce que nous faisions là. Lorsque je lui répondis que nous faisions partie de la milice locale, il devint nerveux, recula de quelques pas vers sa moto et s'empara de son PM qu'il braqua sur nous et nous demanda d'autres renseignements. Pour le rassurer, j'avançais calmement vers lui et lui posa la main sur l'épaule amicalement. Il s'était un peu assagi lorsque le bruit d'une colonne se fit entendre qui lui cria quelque chose. Il nous quitta en criant : « C'est mon convoi ». Il enfourcha la moto pour rejoindre la tête de la colonne et la diriger. A ce moment, nous en avons profité pour nous échapper sous les cris et les premiers tirs des Canadiens.

Nous avons laissé la route sur notre gauche pour trouver un couvert. Alors que je m'étais arrêté pour souffler, je fus rejoint par Heinz mais Hermann manquait à l'appel. Nous avons attendu un moment en l'appelant à mi-voix, puis, au bout d'un très long moment, ne voyant rien venir, nous sommes partis. Nous n'entendrons plus jamais parler de lui, même les recherches par la croix rouge après guerre resteront sans réponse. Nous avons continué notre route en longeant un marais qui était censé nous protéger. Nous en sommes sortis pour tomber sur une colonne de camions canadiens dont les chauffeurs étaient dans leurs cabines. L'odeur de carburant nous avait avertis de leur présence. En inspectant, nous avons décelé la présence de gardes armés qui allaient et venaient le long de la colonne. Alors, très rapidement et par bonds, nous sommes passés de l'autre côté de la route mais, avant cela, j'avais introduis un chargeur de balles dans mon fusil afin éventuellement de nous donner « de l'air » par une riposte armée. Malheureusement, nous n'avions pas vu un barrage de barbelés qui nous entrava et nous obligea à faire du bruit que remarquèrent de suite les gardes. Sans attendre leur réaction, je tirais plusieurs balles traçantes dans leur direction pour nous permettre de gagner un abri. Dans ce nouveau repli, je perdis Heinz de vue. Toutes mes actions pour le retrouver furent vaines. Après guerre, je le rencontrais avec grand plaisir et il m'expliqua qu'il s'était enfui vers un marais où les Canadiens le firent prisonnier et le traitèrent très correctement. Pour lui, ce fut la fin de ses combats en Normandie et le commencement de son temps de prisonnier. Le reste du chemin vers la Seine sera pour moi à faire, donc, seul jusqu'au 31 août où, dans une forêt près de Bourgtheroulde, je suis également rattrapé par les Anglais qui, me trouvant dans un uniforme canadien, me prennent tout d'abord pour un déserteur de leur propre troupe ! Puis ce sera en tant qu'agent double que je serais assez fortement malmené. Comme je l'ai dit j'avais, lors de la prise des deux officiers, embarqué le calepin, agenda, du lieutenant Forbes. Lors de ma fouille complète, y compris les semelles de mes chaussures, ils tombèrent sur ce fameux calepin. Dans un premier temps, ils pensèrent que j'avais tué l'officier et subtilisé ses papiers (ce qui n'était heureusement pour moi pas le cas) mais, après avoir fait des recherches, ils eurent le renseignement que celui-ci était bien vivant et avait également relaté le fait qu'il avait été fait prisonnier par des Waffen-SS et avait été traité correctement. Dès lors, le traitement s'assouplit et je fus emmené en tant qu'officier vers un camp de prisonniers. Après guerre, grâce à de bons contacts, je parviendrais à rencontrer les deux officiers canadiens qui avaient eux aussi survécu à ces années de guerre.»

L'un des pionniers de la *12 HJ*, que j'ai pu rencontrer à plusieurs reprises, m'a raconté ce qu'il a vécu en Normandie. Il s'appelle **Herbert Pospisch**. Lors de l'opération anglaise *« Epsom »*, il vécut lui-même ces terribles combats au cours desquels il tiendra tête aux Ecossais.

Le *SS-Pionier* Herbert Pospisch dont on peut voir la jeunesse sur cette photo et qui appartenait bien entendu aux pionniers de la *12. HJ Division*.

Quelque temps plus tard, Herbert Pospisch est *Oberschütze* et *Unterführer-Anwärter*, soit futur sous-officier comme le prouvent les passants sur ses pattes d'épaules.

Ecole de pionniers de Dresde. Le *Sturmbannführer* E. Klein salue ses jeunes recrues.

Les jeunes recrues présentent les armes lors d'une cérémonie dans le cadre enneigé de la capitale de la Saxe.

Ecole de pionniers de Dresde. Emil Klein fait un discours à ses jeunes recrues qui feront d'excellents pionniers à la *12 HJ*. Herbert Pospisch est parmi eux.

La compagnie marche au pas, une fois la cérémonie terminée.

L'*Untersturmführer* et commandant de compagnie devant ses hommes et face au Kommandeur.

«Avant chaque attaque, les alliés firent donner un déluge d'artillerie sur les jeunes soldats que nous étions et, tapis dans nos trous, nous ne pouvions que courber l'échine en priant le ciel qu'aucun obus ne nous ensevelisse ou ne tombe directement sur nos trous d'hommes. Mais le calme revenu, nous attendions de pied ferme nos adversaires, prêts à leur faire payer le prix le plus élevé pour chaque mètre de terrain gagné. Dans ces combats, le chef du peloton de mortiers fut fait prisonnier avec d'autres membres de la 4e compagnie du bataillon du génie. Parmi nos pionniers se trouvait le *SS-Pionier* Pelzmann, qui était observateur avancé pour nos mortiers et se trouvait sur une petite hauteur, camouflé dans un trou en dessous d'un arbre. Sa petite position avait été renforcée par une plaque de blindage de Panzer IV qu'il avait ramenée là. Pour plus de camouflage,

Devant les hommes formés en carré, le petit podium avec le drapeau et le commandeur de l'école de pionniers de Dresde. On peut apercevoir les deux MG sur leur affût trépied.

celle-ci était recouverte de terre et d'herbe et ainsi elle n'était pas détectable. Seule une mince ouverture en direction de l'ennemi pouvait trahir sa présence. Devant son emplacement, de nombreux cadavres de soldats anglais montraient la justesse de ses tirs et son excellent camouflage. Soudain, la plaque se soulève et il surgit, son fusil à lunette à la main, et commence par le briser sur l'arbre avec violence et rage de telle manière que seul le verrou de la culasse reste dans ses mains. Dans un cri de désespoir et de défi, il s'adresse aux Anglais en disant : « Je n'ai plus de munitions et je vous ai infligé pas mal de dégâts, vous pouvez me tuer. » Un grand rouquin anglais se jeta sur lui l'attrapant à la gorge d'une main et de l'autre lui tira une balle dans la tempe. Le pionnier s'affaissa en arrière. Les Anglais enverront les prisonniers enterrer les corps des Allemands tombés ainsi que ceux de leurs adversaires. Notre camarade Pelzmann sera enterré avec entre autre la trentaine d'Anglais qu'il avait atteint devant sa position camouflée.»

Photo montrant le *Sturmbannführer* Emil Klein pendant son discours.

Le *Sturmbannführer* Emil Klein salue la troupe à la fin de son discours.

1. Herbert Pospisch a fait cette photo du montage d'un pont sur l'Elbe. Intéressante, bien que floue. Ce sera monnaie courante lors des combats, surtout pour passer les fleuves dont les ponts ont sauté ou ont été bombardés.

2. C'est ici que les jeunes pionniers apprennent à se servir d'un marteau-piqueur pneumatique. Notez qu'un seul porte une tenue camouflée.

3. Autre vue du pont en cours de montage. Cela fait partie de l'apprentissage de tout bon pionnier.

4. Sur cette vue, on peut apercevoir derrière le pont un vapeur remontant le cours de l'Elbe près de Dresde, magnifique ville appelée « la Florence de l'Elbe ». Elle sera détruite à 95 % par deux jours de bombardement au phosphore entre autre.

5. Les jeunes pionniers avancent sur l'Elbe à l'aide de gros canots pneumatiques.

6. Les canots pneumatiques sont attachés les uns aux autres lors d'une manœuvre. Les jeunes pionniers doivent apprendre vite car le temps passe et un futur débarquement se fait de plus en plus pressentir.

7. Les jeunes pionniers apprennent également à se servir de multiples engins aux fonctions différentes. Ils seront appelés partout où cela est nécessaire. D'où une formation la plus complète possible.

1

2

3

4

5

6

7

1

2

Le *Hauptsturmführer* **Walter Krüger** commanda dès le mois de septembre 1943 la *1. (Fe) SS-Panzer-Nachrichten-Abteilung 12* de la toute nouvelle division « *Hitlerjugend* ». Né le 26 août 1913 à Hamburg, il avait fait ses débuts militaires le 8 juillet 1933 par son entrée volontaire à la *LAH*. Il est déjà *Oberscharführer* le 9 novembre 1937. En 1938, il participe à l'entrée en Autriche et, le 1er octobre, à l'entrée dans les Sudètes. Le 1er septembre, il participe aux combats de Pologne. En mai 1940, il sera du *Westfeldzug* et devient *Hauptscharführer* et chef du 2e Peloton *(Zug)* des *Nachrichten* de la *LAH*.

En 1941, il fait la campagne de Grèce et est nommé *Untersturmführer*, le 20 avril 1942, c'est avec le grade d'*Obersturmführer* et la fonction de chef de la batterie d'état-major du *SS-Pz.-Art. Rgt. 1 LAH* qu'il participe aux premiers combats en Russie.

En mai 1943, il est chef de la *3. (Feldfernkabel) SS-Pz.-Nachrichten-Abt. 1 LSSAH*. Pour être promu, en septembre 1943, *Hauptsturmführer* et chef de la *1.(Fe) SS-Pz.-Na-Abt. 12*.

1. Photo originale signée au dos par le *Hauptsturmführer* Walter Krüger en 1944.

2. Autre photo originale montrant le *Sturmbannführer* Erich Pandel des *Nachrichten* qui commandait l'unité jusqu'au 20 août 1944, date à laquelle il tomba au combat.

3. Trois membres des transmissions, ici lors de la formation en Belgique.

4. Très intéressante photo d'un jeune *Sturmmann* de l'unité de transmissions portant le ruban de l'*EK II,* l'insigne des transmissions (l'éclair dans un losange), au-dessus de la bande de bras «*Hitlerjugend*».

3

4

De juin à août 1944, il sera sur le front de Normandie au milieu de nombreux combats car les transmissions furent lourdement à contribution pour que les communications restent au mieux alors que la ligne de front ne cessait de bouger.

En juin 1944, il recevra l'*E.K. I* pour ses actions.

Son prédécesseur à la tête des *Nachrichten* de la *12. SS-Panzer-Division « Hitlerjugend »* était le *Sturmbannführer* Erich Pandel qui tombera le 20 août 1944. A propos de la mort de Pandel, sa veuve reçut une lettre d'un de ses hommes, le *Sturmmann* **Werner Halbroth** en ces termes :

« Nous avions reçu l'ordre de quitter les environs de Falaise le 18 août 1944 et de nous rapprocher d'Orbec. Nous y sommes parvenus le 19 août et avons rencontré le PC du Corps d'Armée avec Paul Hausser. Là, il reçut les ordres pour la percée du chaudron Argentan-Falaise afin de sauver le maximum de soldats de notre division. Puis nous nous sommes dirigés vers notre véhicule. Pour la première fois, j'entendis Erich Pandel parler calmement de la mort sans mot couvert. Je me souviens encore lui avoir répondu : « *Sturmbannführer*, cela ne peut aller aussi vite ». De là, nous avons rejoint de nuit, pour éviter les Jabos, notre position de départ pour cette percée. Le lendemain matin de très bonne heure, je conduisais notre Kübelwagen avec mon camarade Clemens Roehsing à l'arrière et, à l'avant droit, le *Sturmbannführer* Erich Pandel qui me servait de navigateur et d'observateur du ciel !

Alors que nous étions en train de gravir une hauteur, nous nous sommes retrouvés sous une pluie d'obus de mortier. Dès le début, un obus de mortier toucha notre véhicule. Clemens, à l'arrière, fut légèrement blessé. Erich Pandel, soit de lui-même ou projeté par le souffle de l'explosion, fut extrait du véhicule. Pour ma part, je ne fus pas blessé et aussi je pus stopper notre engin et sortir rapidement. Je me mis à couvert et, en quelques bonds, je rejoignis notre Kommandeur. Il était allongé sur le côté gauche avec une vilaine plaie au dos, il était également touché à l'avant-bras droit et à l'épaule. Une grosse plaie également se trouvait sur sa poitrine qui provenait de l'éclat de l'obus qui avait traversé depuis le dos. Après l'avoir appelé par son grade plusieurs fois, sans réponse, je pris son pouls qui battait très faiblement. Après de nouveaux appels, il ouvrit tout doucement les yeux, me prit la main gauche et me dit : *« Werner porte toi bien et salue ma femme chérie pour moi »* et ainsi la vie d'un chef aimé de ses hommes se termina. Je n'arrivais pas à y croire et l'appelais encore de nombreuses fois, ainsi que Clemenz qui était parvenu entre-temps à nous rejoindre. Je repris son pouls mais cette fois il n'y avait plus rien.

Il avait déjà perdu au cours d'un combat sa bague d'honneur de la SS et sa bague de mariage. Vu l'averse d'obus, nous n'avons pu donner une sépulture descente à votre mari mais nous avons espéré que l'ennemi le ferait très bientôt. Les Anglais trouveront sa dépouille le 20 août et l'enterreront au cimetière de Aubry-en-Exmes. Pour ma part, je serais moi-même gravement blessé le 20 août, transporté à l'hôpital de campagne puis fait prisonnier par les Anglais quelques heures après y être arrivé. Encore plus ou moins dans le coma, je fus envoyé par avion en Angleterre (vu mes blessures) où je resterais un an et demi dans divers hôpitaux.»

Dans la nuit du 20 au 21 août 1944 beaucoup de matériels et d'hommes à pied parvinrent à s'échapper du chaudron et à rejoindre les lignes allemandes, que ce soit par groupe ou individuellement. Le dernier passage se trouvant à Champosoult qui était tenu par les derniers éléments de la Division *« Das Reich »*. A midi, la division reçut l'ordre de se retirer elle aussi sur les lignes Le Boscq–Rénoult, 7 kilomètres est-sud-est de Vimoutiers-Le Sap, pour rejoindre les positions de La Follelière à 4 kilomètres au sud d'Orbec. Ainsi se terminait les combats du chaudron de Falaise.

Un autre vétéran des *Nachrichten* m'a donné son itinéraire l'ayant conduit aux combats de Normandie. Il s'agit du *Schütze* **Harald Pfefferkorn**. Voici ce qu'il m'a écrit le 22 avril 2002 :

« Je suis né le 11 mars 1926 à Limbach en Saxe et, comme beaucoup de jeunes de cette annéelà, nous avons eu les consignes de nous engager dans la toute nouvelle division *« Hitlerjugend »* qui devait être formée avec un maximum de jeunes nés en 1925 et 1926, ce qui était mon cas. Etant une arme d'élite avec beaucoup de publicité, la Waffen-SS ne pouvait que nous convenir. Le 15 avril 1943, je fus donc dirigé vers un camp de pré-entrainement dit *Wehrertüchtigungslager der Hitlerjugend*. Les candidats pour la division étaient dispensés de leur temps au RAD. La formation dans le camp de Wildflecken an der Rhön dura un mois, du 1er au 30 mai 1943. Après trois semaines de permission, je fus envoyé à l'école de transmission de Nuremberg. La formation durera du 21 juin 1943 au 7 décembre 1943. Mon chemin passera par plusieurs stages afin de perfectionner ma fonction dans les transmissions qu'elle soit de fantassin comme de radio-tankiste, car la division était devenue en octobre 1943 une *Panzer-Division*. Depuis le 23 décembre, j'appartenais à un peloton de transmission du *SS-Panzer-Grenadier-Regiment 26*, plus précisément à la compagnie d'état-major». Avec cette compagnie, il participera aux combats en Normandie avec le grade d'*Oberfunker* (radio de 1re Classe). Le 2 août 1944, il est sérieusement blessé et se retrouve dans une succession d'hôpitaux. Il ne reprendra le combat que les 4 et 5 mai 1945 dans la région de Leitmeritz- Teplitz- Schönau. Entre-temps, il aura participé à des stages, de nouveau à l'école de Nuremberg puis d'Aussig.

Photo de famille de Harald Pfefferkorn. Son père à gauche fait déjà partie de la Kriegsmarine.

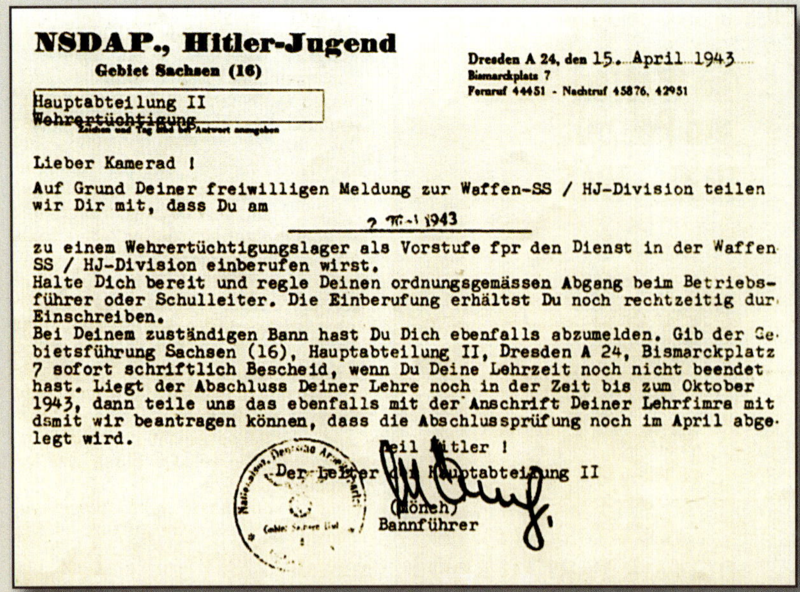

NSDAP., Hitler-Jugend
Gebiet Sachsen (16)

Dresden A 24, den 15. April 1943
Bismarckplatz 7
Fernruf 44451 - Nachtruf 45876, 42951

Hauptabteilung II
Wehrertüchtigung

Lieber Kamerad !

Auf Grund Deiner freiwilligen Meldung zur Waffen-SS / HJ-Division teilen wir Dir mit, dass Du am 2. V. 1943 zu einem Wehrertüchtigungslager als Vorstufe fpr den Dienst in der Waffen SS / HJ-Division einberufen wirst.
Halte Dich bereit und regle Deinen ordnungsgemässen Abgang beim Betriebsführer oder Schulleiter. Die Einberufung erhältst Du noch rechtzeitig durch Einschreiben.
Bei Deinem zuständigen Bann hast Du Dich ebenfalls abzumelden. Gib der Gebietsführung Sachsen (16), Hauptabteilung II, Dresden A 24, Bismarckplatz 7 sofort schriftlich Bescheid, wenn Du Deine Lehrzeit noch nicht beendet hast. Liegt der Abschluss Deiner Lehre noch in der Zeit bis zum Oktober 1943, dann teile uns das ebenfalls mit der Anschrift Deiner Lehrfimra mit damit wir beantragen können, dass die Abschlussprüfung noch im April abgelegt wird.

Heil Hitler !
Der Leiter der Hauptabteilung II
(Mönch)
Bannführer

Document officiel affirmant que Harald Pfefferkorn s'est engagé dans la Waffen-SS et qu'à ce titre il subira tout d'abord la préparation militaire dans un camp prévu à cet effet *(Wehrertüchtigungslager)* avant son passage à la division *Hitlerjugend*.

Le jeune **Helmut Schmedtlevin** fit également partie de l'*Abteilung* des transmissions de la *12 HJ Division*. Voici ce qu'il m'a écrit :

«Né en 1926, je m'engageais comme mes camarades pour faire partie de la toute nouvelle division *« Hitlerjugend »* pour laquelle les publicités nous vantaient un engagement comme le firent nos aînés. Déjà, alors que plus jeune nous faisions partie des *« Pimpfe »*, nos journaux spécifiques nous relataient les faits glorieux de ceux qui avaient endossé l'uniforme de l'armée.

Après une instruction à l'école de transmission de Nuremberg, je rejoignis la Belgique où le reste de la future division s'entraînait. Puis nous avons rejoint par chemin de fer la région d'Evreux en France car un débarquement allié y était attendu. Puis dès le 6 juin 1944, les combats s'enchaînèrent avec violence car les bombardements de l'artillerie et de l'aviation alliés furent sans commune mesure avec ce que l'armée allemande avait connu jusqu'à lors. Nous étions, nous les gars des transmissions, toujours sur la brèche pour maintenir les liaisons entre les pelotons, compagnies et bataillons.

Je serais des combats autour et dans Caen ainsi que lorsque nous avons réussi à sortir du chaudron de Falaise. J'ai réussi également à traverser

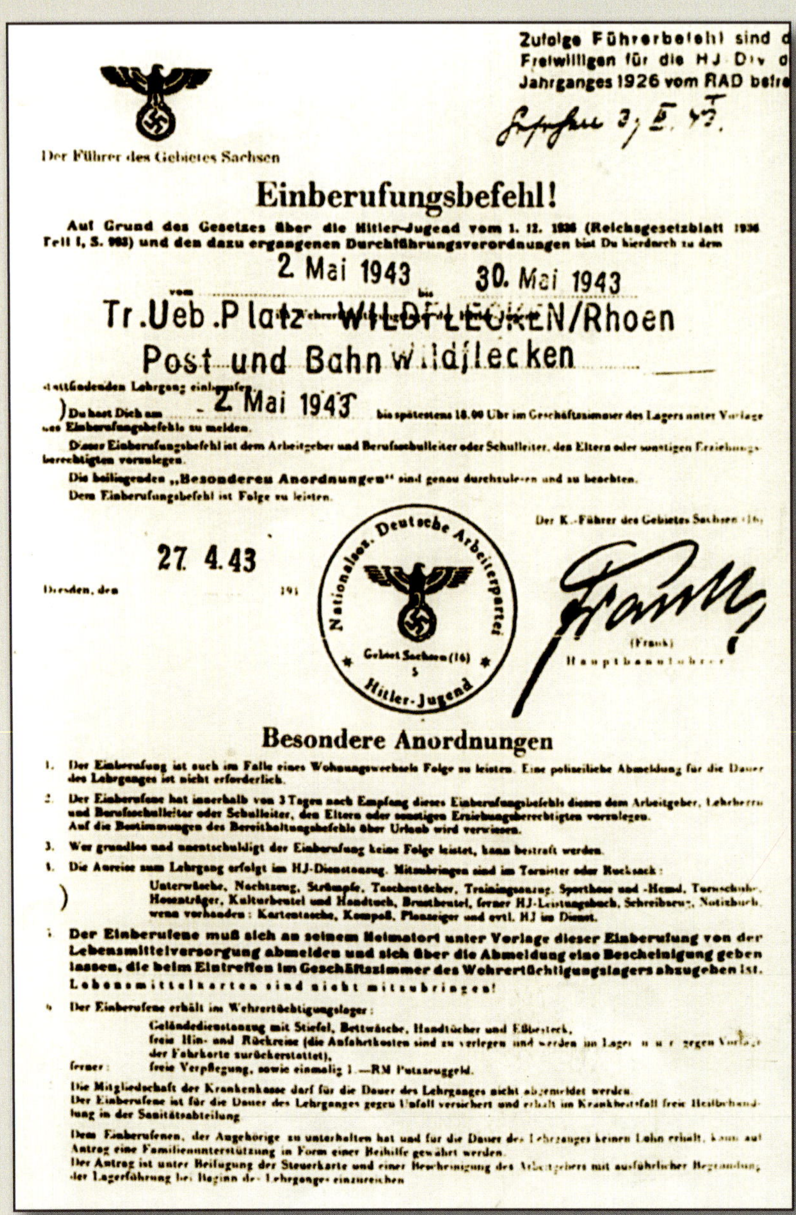

Zufolge Führerbefehl sind d
Freiwilligen für die HJ Div d
Jahrganges 1926 vom RAD befr

Der Führer des Gebietes Sachsen

Einberufungsbefehl!

Auf Grund des Gesetzes über die Hitler-Jugend vom 1. 12. 1936 (Reichsgesetzblatt 1936 Teil I, S. 993) und den dazu ergangenen Durchführungsverordnungen bist Du hierdurch zu dem vom 2 Mai 1943 bis 30. Mai 1943 Tr.Ueb.Platz WILDFLECKEN/Rhoen Post und Bahn Wildflecken stattfindenden Lehrgang einberufen.

Du hast Dich am 2. Mai 1943 bis spätestens 18.00 Uhr im Geschäftszimmer des Lagers unter Vorlage des Einberufungsbefehls zu melden.

Dieser Einberufungsbefehl ist dem Arbeitgeber und Berufsschulleiter oder Schulleiter, den Eltern oder sonstigen Erziehungsberechtigten vorzulegen.

Die beiliegenden „Besonderen Anordnungen" sind genau durchzulesen und zu beachten.

Dem Einberufungsbefehl ist Folge zu leisten.

Dresden, den 27. 4. 43

Der K.-Führer des Gebietes Sachsen (16)
(Frank)
Hauptbannführer

Nationalsoz. Deutsche Arbeiterpartei – Gebiet Sachsen (16) – Hitler-Jugend

Besondere Anordnungen

1. Der Einberufung ist auch im Falle eines Wohnungswechsels Folge zu leisten. Eine polizeiliche Abmeldung für die Dauer des Lehrganges ist nicht erforderlich.
2. Der Einberufene hat innerhalb von 3 Tagen nach Empfang dieses Einberufungsbefehls diesen dem Arbeitgeber, Lehrherrn und Berufsschulleiter oder Schulleiter, den Eltern oder sonstigen Erziehungsberechtigten vorzulegen. Auf die Bestimmungen des Bereitschaftsbefehls über Urlaub wird verwiesen.
3. Wer grundlos und unentschuldigt der Einberufung keine Folge leistet, kann bestraft werden.
4. Die Anreise zum Lehrgang erfolgt im HJ-Dienstanzug. Mitzubringen sind im Tornister oder Rucksack: Unterwäsche, Nachtzeug, Strümpfe, Taschentücher, Trainingsanzug, Sporthose und -Hemd, Turnschuhe, Hosenträger, Kulturbeutel und Handtuch, Brustbeutel, ferner HJ-Leistungsbuch, Schreibzeug, Notizbuch, wenn vorhanden: Kartentasche, Kompaß, Planzeiger und evtl. HJ im Dienst.
5. **Der Einberufene muß sich an seinem Heimatort unter Vorlage dieser Einberufung von der Lebensmittelversorgung abmelden und sich über die Abmeldung eine Bescheinigung geben lassen, die beim Eintreffen im Geschäftszimmer des Wehrertüchtigungslagers abzugeben ist. Lebensmittelkarten sind nicht mitzubringen!**
6. Der Einberufene erhält im Wehrertüchtigungslager: Geländedienstanzug mit Stiefel, Bettwäsche, Handtücher und Eßbesteck, freie Hin- und Rückreise (die Anfahrtkosten sind zu verlegen und werden im Lager nur gegen Vorlage der Fahrkarte zurückerstattet), ferner: freie Verpflegung, sowie einmalig 1.—RM Putzzeuggeld.

Die Mitgliedschaft der Krankenkasse darf für die Dauer des Lehrganges nicht abgemeldet werden. Der Einberufene ist für die Dauer des Lehrganges gegen Unfall versichert und erhält im Krankheitsfall freie Heilbehandlung in der Sanitätsabteilung.

Dem Einberufenen, der Angehörige zu unterhalten hat und für die Dauer des Lehrganges keinen Lohn erhält, kann auf Antrag eine Familienunterstützung in Form einer Beihilfe gewährt werden. Der Antrag ist unter Beifügung der Steuerkarte und einer Bescheinigung des Arbeitgebers mit ausführlicher Begründung der Lagerführung bei Beginn des Lehrganges einzureichen.

Photo du *Sturmmann* Hemut Schmedtlevin.

Autre document stipulant le camp de Wildflecken comme camp de préparation militaire pour Harald Pfefferkorn du 1er mai au 31 mai 1943.

1. Un groupe des transmissions à côté d'un de leurs véhicules, équipé d'une antenne de toit particulière. Notez les tenues camouflées.

2. Un groupe de combat de l'*Abteilung* des transmissions. Remarquez qu'ils portent le pantalon camouflé mais pas la veste !

3. En Normandie, par contre, certains toucheront des uniformes taillés dans de la toile camouflée italienne comme ici.

4. Photo dédicacée d'un autre jeune de la *12. HJ* qui faisait partie des transmissions.

5. Photo dédicacée de Julius Schmid qui fit partie lui aussi de l'unité de transmissions.

Photo de l'*Untersturmführer* Karl Heinz Boegel qui est en fait un portrait dessiné car il n'avait plus de photo de lui. On peut voir tout de même ses décorations et le fait qu'il a fait partie du Régiment « *Deutschland* » car il porte la patte de col avec le chiffre 1.

la Seine pour rejoindre l'Allemagne. Je serais encore des combats de la Division dans les Ardennes fin 1944 puis en 1945 en Hongrie. Mon dernier grade sera celui de *Sturmmann*.

L'*Untersturmführer* **Karl-Heinz Boegel** *(2./26)* était *Zugführer* (chef de peloton). Il avait 21 ans lors du débarquement. Il avait débuté sa carrière à la 6e compagnie du Régiment « *Deutschland* » avec laquelle il avait fait la campagne de Russie sous les ordres de l'*Obersturmführer* Werner Damsch. Son parcours à la Jeunesse Hitlérienne en faisait un cadre tout à fait adéquat. Il avait été *HJ Gebietsführer* en Westphalie. De ce fait, il fut envoyé à l'école de Braunschweig, à l'école d'encadrement de la *HJ*.

Voici ce qu'il raconte des derniers combats en août 1944 en Normandie :

« Après l'enfer au sud de Falaise, il fut ordonné aux survivants de se former en groupes de combat et de se diriger vers le sud dans la région d'Argentan. Ceci uniquement de nuit ou lorsque le plafond bas empêchait la venue des Jabos ! Le **14 août** 1944, je reçus du Kommandeur de la Division, l'ordre de lancer une patrouille, vers le village de Rânes, de me rendre compte s'il était occupé par l'ennemi, si oui par quelle force et l'importantce de cette force. Si possible refouler l'occupant et tenir le village jusqu'à ce que nos forces arrivent. Libre à moi d'organiser cette patrouille. A ma disposition, deux groupes de fantassins, deux SPW semi-chenillés et un SPW équipé d'un canon automatique de 2 cm. C'était tout ce que nous avions pu ramasser à droite et à gauche. La situation était celle-ci : d'importantes forces mécanisées américaines avaient percé vers Avranches et mettaient en danger nos arrières. L'encerclement se précisait de plus en plus. Il n'y avait plus réellement de ligne de front stable en tant que telle.

Avec la venue de l'aurore, nous nous sommes mis en route dans un léger brouillard. L'une des données de cette petite opération était l'élément de surprise et la rapidité. Grâce à une manœuvre tournante, y pénétrer et laisser la route libre pour nos troupes. Traverser très rapidement le village et n'ouvrir le feu qu'à courte distance. La prise de la localité devait se faire rapidement et sans coup férir. Malgré une mauvaise vue sur le village, j'avais pu voir à l'entrée une position de canon antichar. Maintenant, nous devions avoir des nerfs d'acier. Pour un canon de Pak, un SPW n'est qu'une boite de conserve à ouvrir. L'épaisseur du blindage n'étant que de 1,4 cm, celui-ci ne résisterait pas à un obus antichar. En fonçant à toute vitesse et en faisant feu de toutes nos armes nous avons cassé le calme qui régnait sur place. Les premières grenades à mains étaient lancées sur les premières maisons. Notre coup de main inattendu surprit nos ennemis et réussit pleinement. Les GIs s'envolèrent, pris de panique. Pratiquement aucun coup de feu provenant de chez eux.

Je donnais l'ordre de stopper. Calmement, nous avons pris possession de Rânes, évitant de poursuivre l'ennemi et tomber sur une embuscade ou un nombre trop important de chars. Comme un gros coup de poing, tout fut réglé en peu de temps. Aucune perte à déclarer. Aussitôt je communiquais au bataillon que Rânes était occupé par des compagnies ennemies et que maintenant nous occupions le terrain. Maintenant, nous nous occupions des denrées que nos adversaires avaient abandonnées, à notre grande satisfaction. Nous avons également récupéré une jeep. Mais, avec les premiers rayons de soleil, apparurent les Jabos, prévenus, très certainement, du malheur de leur troupe. Vague après vague, ils s'acharnèrent sur nous qui nous étions réfugiés à l'abri dans les caves.

Par contre, nos maigres forces mécanisées, nos SPW, furent eux broyés comme du papier par leurs rafales d'armes et leurs roquettes. Au sud, nous avons entendu et aperçu la formation d'une troupe blindée américaine. Nous étions gonflés à bloc et voulions les affronter avec nos panzerfaust.

Un blindé de pointe léger, bien dissimulé, ne fut pas décelé. Il nous envoya un obus anti-personnel. Il ne nous atteignit pas directement mais les éclats de l'obus nous touchèrent et je fus atteint à la tête. Je m'évanouis et ne me réveillerais que plus tard dans un camion hôpital blindé. De l'hôpital de campagne, je serais transporté par voie ferrée vers Verdun et ensuite je me retrouverais à Prag-Podol.

Au final je perdrais l'œil droit, l'os frontal très endommagé, l'ouïe endommagée et un éclat près du cerveau. Je resterais à Prag-Podol jusqu'en janvier 1945 pour être ensuite incorporé pour les derniers combats à l'unité antichar *Dora*.

L'*Untersturmführer* **Franz Joseph Kneipp** lui m'a raconté un événement suvenu en juin 1944. Il faisait partie de l'état-major du *III. Bataillon* du *SS-Panzer-Grenadier-Rgt 25* de la *12 HJ Division*.

Photo couleur du KB Woscidlo de l'*Untersturmführer* Franz Josef Kneipp, chef de la *Kompanie* d'état-major du *SS-Pz.Gren.-Rgt. 25.*

Photo intéressante du jeune *Sturmmann* Egon Maier de l'état-major de la Division et qui porte une bande de manche vraiment particulière ! L'explication qu'il m'en a été donné est celle-ci : pour les besoins du photographe et voulant montrer son appartenance à la division fut improvisé cette bande de manche, très certainement unique !

1. Autre photo prise par le KB Woscidlo où l'on voit FJ. Kneipp jouer de la guitare. Lorsqu'il m'a envoyé cette photo avec une dédicace, F.J. Kneipp m'a expliqué que celle-ci ne l'avait pas quitté durant les combats et qu'elle apportait un peu de gaîté lors des pauses.

2. Bien que connue, cette photo est intéressante dans la mesure où Hubert Meyer, la de la division, me l'a dédicacée mais aussi l'*Oberscharführer* et KB Herbert Reinecker que l'on voit à l'arrière-plan. Il interviewera M. Wittmann après la destruction d'une colonne anglaise. Celui-ci n'est autre que l'auteur de la très célèbre série télévisée « Inspecteur Derricks » et auteur de romans, il m'a envoyé plusieurs de ses livres. Photo prise à l'abbaye d'Ardenne, PC de la Division non loin de Caen. Il est décédé le 26 janvier 2007.

3. Deux *Krad-Melder* (agents de liaison motocycliste) de l'état-major complètement harassés et cherchant un peu de sommeil à l'Abbaye d'Ardenne.

Bonne photo du *Sturmmann* Karl Miehe qui appartenait à la *LAH* avant d'être muté à la *12. HJ*. Il porte déjà des décorations obtenues avec sa première division.

Le Kommandeur de la *12. HJ Division,* ici avec Teddy Wisch alors qu'ils étaient à la *LAH*.

« Je devais me rendre compte avec une patrouille de l'occupation ou pas du village de Buron. Nous étions dans de violents combats d'attaques et de défenses de villages que les alliés voulaient à tout prix prendre pour augmenter leur implantation sur la côte. Notre division était sans cesse sur la brèche. J'organisais donc, vers 4 heures du matin, cette patrouille avec un sous-officier et trois hommes de troupe afin de m'assurer que Buron n'était pas encore occupé. Je devais organiser cela de bonne heure car, dès l'apparition du jour, les Jabos tiraient sur tout ce qui bougeait que ce soit véhicules ou soldats allemands. Ce qui en disait long sur leur maîtrise totale du ciel. Leur seule crainte était les Flak Vierling et les Flak 3,7 qui pouvaient leur faire beaucoup de mal. Mais chaque soldat allemand était une cible potentielle qu'il fallait détruire, le jeu du chat et de la souris !

Nous nous approchons du village avec aussi à l'esprit la possibilité de trouver de quoi manger. La première maison que nous avons trouvée était vide. Mes hommes restaient dehors à faire le guet pendant que je cherchais à l'intérieur. Ne trouvant rien, j'allais quitter les lieux lorsqu'instinctivement je me retournais brusquement ayant senti ou pressenti un mouvement derrière moi. Je ne vis qu'un grand tonneau blanc mais, en y regardant de plus près, le dessus bougeait très légèrement. J'appelais doucement l'un de mes hommes afin qu'il soit en position avec son arme prête à tirer au cas où, pendant que le levais doucement le couvercle. Et cela pour trouver non seulement de la crème mais sous la crème un soldat canadien complètement recouvert par cette crème. Je vis deux mains tout d'abord sortir doucement du tonneau puis, lentement le reste du corps de ce jeune soldat canadien qui tenait encore dans sa main un petit récipient pour cette fabuleuse crème. Il était aussi jeune que mes deux soldats. Dans l'autre main, il tenait aussi un agenda en papier avec tous les animaux de la ferme trouvables en Normandie. Il ne sortait pas du tonneau car la vue de nos têtes de mort l'avait paralysé. Il tremblait de peur. Nous l'avons aidé à sortir du tonneau. Il essuya toute la crème qui le recouvrait car, à notre vue il s'était jeté dans le tonneau pour se cacher. Il ne disait mot et nous l'avons ramené jusqu'à l'Abbaye d'Ardenne au PC du Régiment. Je lui souhaitais un bon retour après avoir connu nos camps de prisonniers. Il se décontractait un petit peu maintenant.»

L'*Untersturmführer* F.J. Kneipp était très content de se reconnaître sur les photos couleurs que le KB Woscidlo avait prises à l'époque. Il m'en a envoyé plusieurs avec une dédicace au dos.

Un autre engagé volontaire de la division *« Hitlerjugend »* m'a donné son cheminement qui l'a conduit entre autre à faire partie de la *12. HJ Division*. Il s'appelle **Karl Miehe** *(3./25)* et m'a laissé son cheminement pendant ces années terribles pour de jeunes hommes à peine sortis de l'enfance.

Entré dans la Waffen-SS dès 1941, il est incorporé à la caserne de Berlin-Lichterfelde à la division *LSSAH*. Il participera avec cette division aux combats de Russie. Pendant l'hiver 1942-1943, il se retrouve non loin de Stalingrad avec un groupe de combat envoyé pour tenter de recueillir les survivants de l'encerclement de la ville phare de l'état communiste de Staline. Puis, en juillet 1943, il est détaché de la division pour faire partie des cadres de la toute nouvelle division *« Hitlerjugend »*. Après avoir entraîné les jeunes recrues,

Un jeune *Sturmmann* dans son uniforme camouflé et portant une bande de munitions pour le MG, la grenade à manche passée dans le ceinturon et souriant montrant le moral élevé de la troupe malgré les turpitudes des combats.

Normandie 1944, arrivée de la *12. HJ* dans la région d'Evreux. Une jeune fille offre à boire à ces jeunes de son âge. Le jeune porte l'insigne en losange de la *HJ* ainsi que l'insigne de sport argent de la *HJ*.

notamment en Belgique, il se retrouvera en avril 1944 en Normandie, notamment à Vimoutiers. Puis ce seront les premiers combats dès le début du débarquement. Les combats autour et dans Caen seront pour lui des souvenirs incrustés dans son cœur, avec la mémoire de ses nombreux camarades pleins d'enthousiasme qui donnèrent le meilleur d'eux-mêmes mais que l'implacable, machine de guerre alliée allait écraser.

Un autre jeune membre de cette division fut **Horst Schätzke**, qui deviendra un habitant de la partie Est de l'Allemagne et devra garder jusqu'à la chute du mur ses souvenirs dans son cœur car il n'était pas bon de clamer, en DDR, son appartenance à une des divisions d'élite de la Waffen-SS pendant la guerre.

«Moi aussi, étant né en 1926, je m'engageai en 1943 dans la Waffen-SS qui avait à l'époque une aura d'élite tout comme les parachutistes ou les sous-mariniers. Je fus tout d'abord incorporé à la *4. SS- Polizei-Division* et me retrouvais en Hollande où, en plus de mon instruction, je ferais également de la protection en gardant des ponts stratégiques ou des nœuds ferroviaires. En juillet 1944, je fus envoyé en Belgique pour être incorporé à la *12. Hitlerjugend*, car comme j'étais de l'année 1926, cette division était principalement formée avec cette génération de jeunes hommes, j'y fus appelé. Après une autre formation en Belgique à Beverloo, je serais incorporé au *I. Bataillon* du *SS-Panzergrenadier Regiment 25* sous le commandement du *Sturmbannführer* Waldmüller (qui sera

Très nette photo de Horst Schätzke, le montrant lors de son incorporation à la *12. HJ Division* en Hollande en novembre 1943, lors de son instruction.

Horst Schätzke au volant de son véhicule camouflé par une peinture avec un dessin original. Il m'a indiqué au dos que la photo a été prise en juillet 1944 en Normandie.

Deux photos montrant Horst Schätzke avec ses camarades lors de l'instruction en Hollande en avril 1944, selon ce qu'il m'a écrit au dos. Sur la première, il est le troisième en partant de la gauche, sur la seconde, il est le premier à gauche.

assassiné par des partisans en Belgique en septembre 1944) lors du repli vers l'Allemagne. J'effectuerais les combats de la poche de Falaise ainsi que le repli du Nord de la France à l'Allemagne en passant par la Belgique. Son dernier grade sera celui de *Sturmmann*.

Le *Sturmmann* **Karlfried Bach** que j'ai rencontré plusieurs fois chez lui, m'a raconté son petit parcours qui commencera par la *12. HJ Division* et se finira par la Division *Frundsberg* sur le front de l'Oder. Il commence :

« En mai 1943, comme bon nombre des camarades de mon âge, j'avais 17 ans en 1943, je commençais ma formation militaire qui se fera dans le camp d'entraînement de Wildflecken puis se poursuivra dans les camps de la région de Prague. De là, des convois ferroviaires nous conduisirent en Belgique au camp de Beverloo afin d'y poursuivre notre formation et notre entraînement. Ce sera, début 1944, la France que nous connaîtrons dans la région de Moulin-la-Marche près d'Evreux. Nous y aurons toujours un très bon contact avec les populations locales.

Dès l'annonce du débarquement allié, notre division est envoyée vers les plages où une multitude de bateaux ont débarqué leurs soldats qui s'enfoncent dans les terres avec comme objectif la prise de Caen. Nous leur opposerons une résistance acharnée mais, contre une aviation qui avait la suprématie du ciel et s'attaquait à tout ce qui bougeait et une artillerie de campagne et marine qui nous écrasait sous une pluie d'obus, nous ne pouvions que retarder l'échéance. Nous avons perdu beaucoup de jeunes camarades qui ont montré beaucoup de courage mais, devant la quantité qui nous était opposée, ce furent des combats d'attrition, car notre ravitaillement en munitions, carburant et hommes de remplacement n'était que limité. J'étais radio et, en tant que tel,

nous n'étions pas bien vus des fantassins car, dès que nous nous installions quelque part, nous ne tardions pas à être décelés par les écoutes adverses et alors une pluie d'obus et des attaques de Jabos survenaient inéluctablement ce qui contribuait à des pertes.

Je serais des combats dans la région de Caen et participerais à beaucoup de ces combats qui firent grand mal aux Canadiens et aux Anglais. Je ferais également partie de l'équipe, momentanément suite aux blessures de membres de l'équipage, d'un *Flak Vierling* et j'aurais la chance de survivre à plusieurs attaques de Jabos et d'avoir pu contribuer à la destruction d'un Mustang, je crois, qui avec deux autres avions avait pris notre engin pour cible. Malgré la pluie de balles qui nous environnait, tout le monde restait à son poste et la riposte envoya l'un d'eux au tapis dans une grande gerbe de feu. Les camarades présents nous acclamèrent et, surtout, la joie d'avoir détruit l'un de ces maudits Jabos nous avait envahis et ragaillardis.

Malheureusement pour moi, le **14 août** 1944 dans la région de Falaise, je serais gravement blessé par le tir, précisément d'un Jabo. Je serais rapatrié sur un hôpital près de Paris puis le lendemain par train nous avons rejoint l'Allemagne tout en étant plusieurs fois la cible des Jabos malgré les grosses croix rouges qui ornaient nos wagons. Je resterais encore une longue période à l'hôpital en Rhénanie puis je rejoindrais à nouveau le front sur l'Oder, cette fois au sein de la Division « *Frundsberg* ». J'y serais à nouveau blessé au genou, et serais envoyé dans un hôpital dans le protectorat de Bohème à Karlsbad, pour y être fait prisonnier par les Russes. Une semaine après, ceux-ci nous livrèrent aux Polonais qui nous ont très mal traités. Sur les 750 camarades qui y étaient avec moi, plus de la moitié, 380 exactement, sont morts de sévices, de coups, de malnutrition et de maladie.

Ci-dessus : le jeune *Sturmmann* Karlfried Bach, qui porte sur cette photo la médaille des blessés noire et le ruban de l'EK II.

Ci-contre : photo prise en juillet 1944 en Normandie et montrant Horst Schätzke entre deux de ses camarades, debout en pantalon camouflé.

Ci-dessous : dessin au fusain du *Sturmmann* Martin Glade et la bande de manche de sa division « *Hitlerjugend* ».

Un superbe Flak Vierling de 2 cm sur un semi-chenillé, vu ici en Normandie. De tels engins étaient très redoutés par les Jabos qui seront des cibles pour les jeunes grenadiers, imperturbables derrière leur pièce.

1. Photo dédicacée de Karl Heinz Aevers qui figure dans la première partie et servait dans la Flak de la *12. HJ*.

2. Photo dédicacée de Hans Krieg qui faisait partie de la *Flak 12. HJ* et m'a laissé un long récit publié dans la première partie.

Très bonne et nette photo du *Sturmmann* Georg Folkens, de la *2./SS-Pz.Gren.Rgt. 26.*

Une très pénible époque où je connus le travail forcé dans les mines de charbon pendant cinq longues années. Ce ne fut pas sans séquelles sur ma santé qui laisseront des traces toute ma vie durant.»

Le jeune **Georg Folkens** *(2./26)* fut lui aussi, dès ses 17 ans, pressenti pour faire partie de la nouvelle division créée à base de volontaires venant des Jeunesses Hitlériennes, déjà galvanisés par leurs aînés engagés depuis quelques années sur tous les fronts.

Il ne sera pas très disert sur ses souvenirs mais il m'a envoyé, sa boucle de ceinturon de la Waffen-SS, sa médaille des blessés et son *EK II* avec encore le ruban de l'époque et sa bande de manche ainsi qu'une petite photo de lui lors de son engagement et plusieurs photos de camarades de sa division.

Différentes photos de jeunes « *Hitlerjugend* » de la division envoyées par Georg Folkens.

Ci-contre : petits souvenirs appartenant à Georg Folkens : son *EK II*, sa boucle de ceinturon, sa médaille des blessés noire et sa bande de manche originale « *Hitlerjugend* ».

Un semi-chenillé 1 To Demag couvert de feuillages pour le camouflage traverse Saint-Pierre-sur-Dives lors de la montée vers le front.

Photo du *Sturmmann* Heinz Haelbig, alors *Schütze*.

De même, **Heinz Haelbig**, né le 27 avril 1927, s'engagea dès le début dans la division *Hitlerjugend* avec laquelle il participera aux combats de Normandie et à ceux des Ardennes où il sera fait prisonnier. Lors de ma visite, il me confiera sa bande de manche et son *Winkel* de *Sturmmann* et une petite photo qu'il avait pu sauver des pillages des soldats américains parce qu'il les avait introduits dans la doublure de son manteau. Ces journées de combats l'avaient profondément marqué et il ne préférait pas trop en parler, gardant dans son cœur ces souvenirs d'une jeunesse particulière et qui l'avaient blessé pour toute sa vie.

Page ci-contre : différentes photos de jeunes « *Hitlerjugend* » de la division envoyées par Georg Folkens.

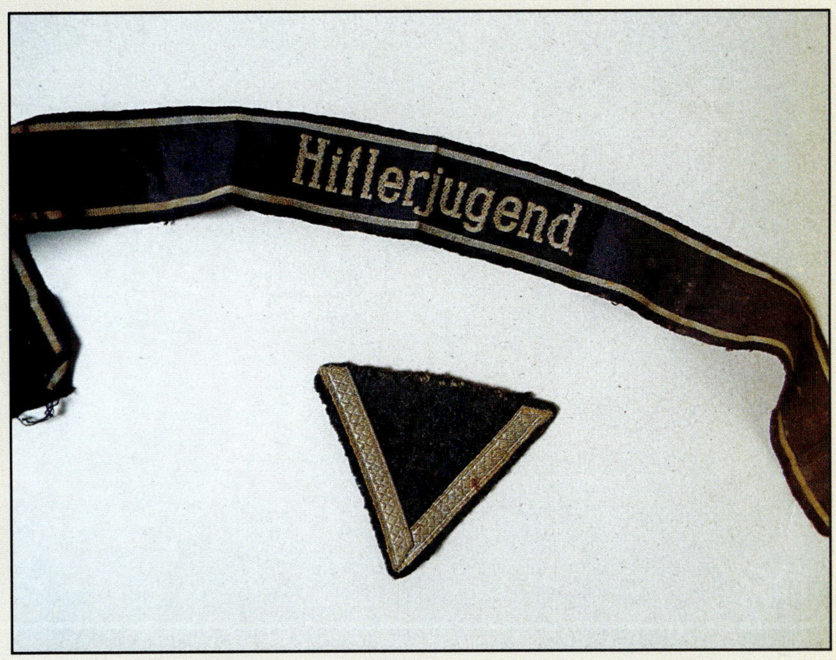

La bande de manche originale et le *Winkel* de *Sturmmann* que H. Haelbig *(SS-Pz.Jg.-Abt. 12)* a pu conserver en les cachant dans la doublure de sa capote qu'il porta jusqu'à sa libération et qu'il put ainsi sauver du vol. Il me les a remis il y a quelques années maintenant.

Superbe photo d'un *SdKfz.232* battant en retraite à travers les ruines de Caen. (MNZS.)

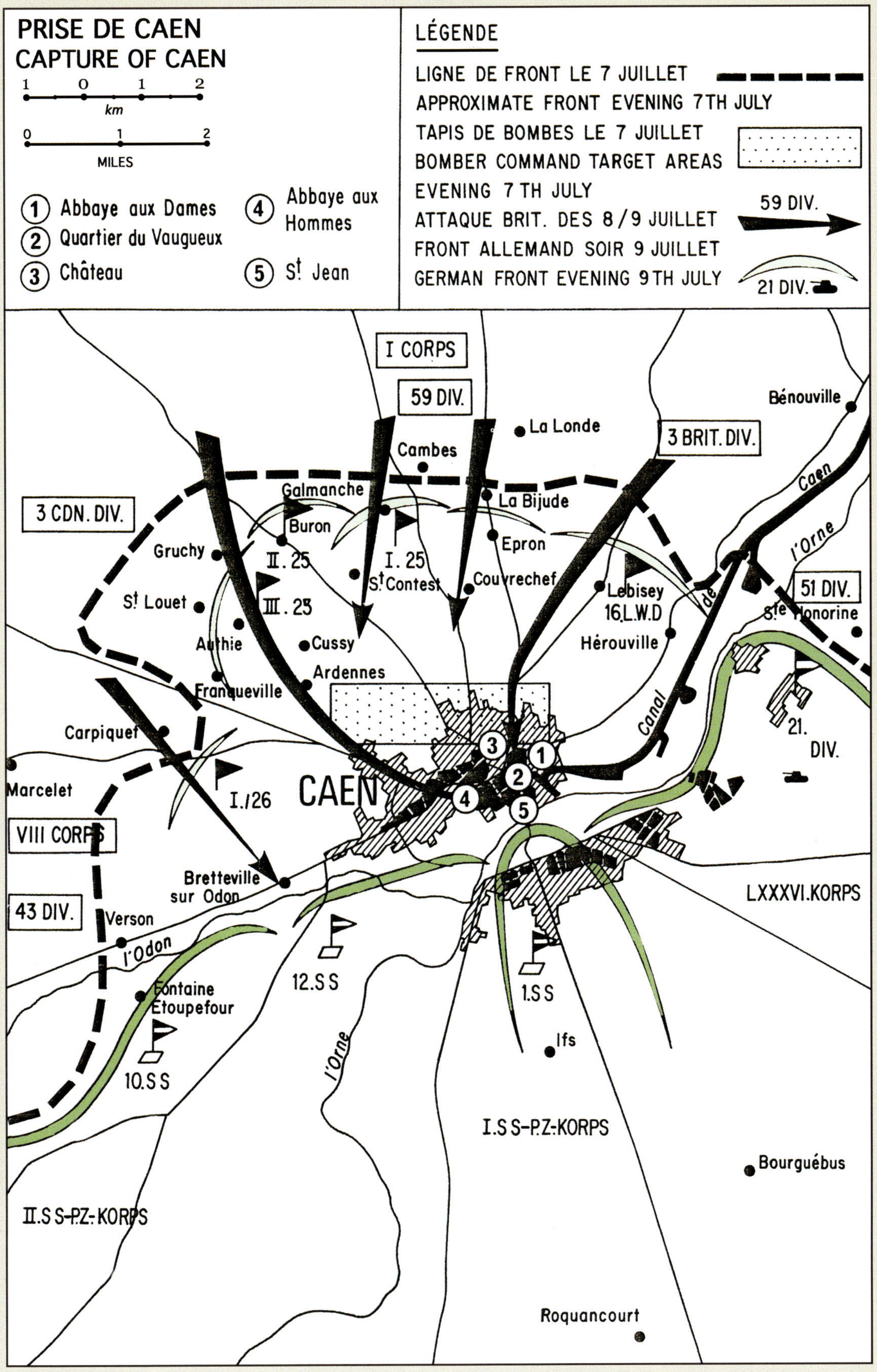

Cette carte montre la bataille finale pour Caen, du 7 au 9 juillet.

Très bonne photo de l'*Unterscharführer* Erich Schöbel *(15./26)* qui porte ici de nombreuses décorations dont la *Nahkampfspange* (combats corps à corps) en bronze.

1

2

Un autre vétéran de cette division, l'*Unterscharführer* **Erich Schöbel**, avait combattu deux ans au sein de la *LAH* et il passera ensuite, comme bon nombre de sous-officiers et d'officiers, à la *12. Hitlerjugend Division* avec laquelle il combattra également presque deux ans. En automne 1942, avec la *LAH,* il s'étant trouvé déjà une première fois en France, à la Chaise Dieu du Theil, 15 kilomètres à l'ouest de Verneuil-sur- Avre. La *12. HJ Division* le conduira à nouveau dans la région normande. Il fera également les combats des Ardennes et de Hongrie jusqu'à la capitulation.

Un autre vétéran m'a également confié son cheminement de la *LAH* à la *12. HJ*. Il terminera la guerre avec le grade d'*Untersturmführer* qu'il obtiendra en 1944.

1. Groupe de jeunes de la *12. HJ* en Belgique, à Beverloo. Erich Schöbel est en bas assis avec son groupe.

2. Groupe de combat de la *12. HJ* avec à sa tête Sepp Mahl.

Photo dédicacée d'Adolf Brückmann.

«Je me nomme **Adolf Brückmann**, je suis né à Cologne en 1912 et j'entre dès le 10 mai 1933 à la *LAH*, à la caserne de Berlin-Lichterfelde. Je ferais le *Westfeldzug* de 1940 et combattrais devant Dunkerque puis je serais des combats pour la prise de Saint-Etienne. Je ferais ensuite la campagne de Russie et notamment la prise et la défense de Charkow. Je faisais partie de l'état-major de Kurt Meyer et, à ce titre, en juillet 1943, je suis muté avec nombre d'officiers et de sous-officiers à la toute nouvelle division *« Hitlerjugend »*. Je suis alors *Hauptscharführer*. J'instruis les jeunes recrues à Beverloo, puis la division est transférée au printemps 1944 en Normandie dans la région d'Evreux parce qu'un débarquement allié est attendu dans le Nord de la France. Je participe aux combats de la région de Caen et ensuite de Falaise d'où j'arrive à m'extraire pour rejoindre ensuite l'Allemagne pour reformer la division qui a perdu 20 % d'effectifs (morts et 40 % blessés et disparus). Je suis nommé alors *Untersturmführer*. Je participerais encore aux combats de la bataille des Ardennes *(Wacht am Rhein)* et de Hongrie pour me rendre aux Américains dans la région d'Ems.»

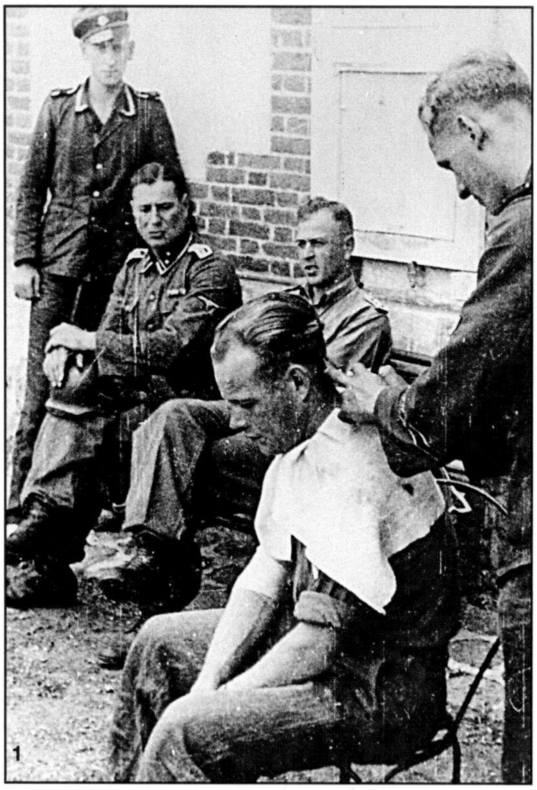

1. Photo d'Adolf Brückmann avec le grade de *Hauptscharführer* en 1944, en Normandie.

2. Photo d'Adolf Brückmann attendant son tour pour être « rafraîchi » par le *Friseur*.

3. Autre photo dédicacée d'Adolf Brückmann alors *Hauptscharführer* et portant la KVK en dessous du losange de la *HJ*.

Il restera dans différents camps jusque fin 1947.

Je finirais en citant deux exemples typiques de la fougue avec laquelle les jeunes de la *12 Hitlerjugend Division* ont combattu en Normandie. Ceci est bien connu mais cela donne une idée de l'état d'esprit qui guidait ces jeunes hommes dans un conflit terrible pour tous ces combattants.

Le cas d'**Emil Dürr** de la 4e compagnie du *SS-Panzer-Grenadier-Regiment 26* en est un bon exemple. Voici ce que les *Kriegsberichter* (correspondants de guerre) de l'époque ont écrit sur ses dernières heures :

«Aux premières heures du 26 juin 1944, alors que le soleil paressait encore derrière les collines normandes, le tonnerre de l'artillerie anglaise avait déjà retenti. Trois heures durant, le roulement de tambour des salves se succédait sur la ligne de front de Saint-Manvieu et dans le village même. Les trous d'hommes étaient détruits, les nids de mitrailleuses et de mortiers fracassés, les blessés se traînaient par ci par là, les dépôts de munitions explosaient aussi lorsqu'une salve les atteignait. Lorsque le tonnerre des explosions diminua pour se taire, il laissa place au bruit des chenilles de chars que l'on ne put distinguer que lorsque le brouillard artificiel lancé par les Anglais se soit dissipé.

La masse des blindés envahit Saint-Manvieu. Comme une meute de loups affamés, ils envahirent le parc. Les yeux ébahis, les survivants du bataillon d'état-major en comptèrent 15. Ils se tenaient devant le mur du parc et dans les champs de blé devant le parc. Tout ce qui était capable de combattre fut réquisitionné et placé face à des meurtrières dans le haut mur du parc et partout où ils pouvaient retarder ou repousser l'avance anglaise qui cherchait à prendre le dernier pont sur l'Orne, celui de Saint-André, et ainsi aboutir à la route Caen-Falaise et parvenir à contourner Caen par le sud. Le bataillon de l'état-major était devenu l'objet de toutes les attentions. Avec ce qu'il lui restait de force, l'*Unterscharführer* Emil Dürr était le dernier rempart face aux Anglais. Ses braves grenadiers cherchaient à atteindre de leur tir les chefs de char qui pour avoir une meilleure vue de la bataille sortaient le buste hors de leur tourelle ainsi que les gradés à la tête de leur troupe qui se montraient trop imprudents. Les heures passées au stand de tir durant leur jeunesse et pendant l'instruction avait fait d'eux de terribles tireurs. Certains blindés reculèrent devant cette résistance acharnée. Le calme revenu ne dura guère car, de nouveau, d'autres blindés pointèrent leur nez en tirant tout ce qu'ils avaient d'obus. Soudain, un cri de terreur se fit entendre. Il annonçait l'arrivée à l'entrée du parc d'un char lance-flammes. La terreur de tout fantassin quel qu'il soit. Sans hésiter, Emil Dürr s'écria : « J'y vais ». Il s'empare d'un panzerfaust et s'en approche mais le terrain ne se prête pas à l'utilisation de cette arme. Il étudie le terrain et bondit vers le mur du jardin. Il épaule et envoie la charge creuse qui rate sa cible. Il perçoit à ce moment un choc sur la poitrine. Une balle l'a touché alors qu'il tirait son panzerfaust. En colère, il se redresse et se replie pour récupérer un autre panzerfaust. Avec ce deuxième engin, il s'approche du *Flammenpanzer* anglais. Il tire et le touche à la chenille qui tombe à terre. Grâce aux tirs de mitrailleuses MG 42 de ses camarades, il revient à nouveau vers son groupe. L'un de ses hommes essaie de lui faire un bandage à la poitrine car la blessure saigne abondamment. Il n'a cure des soins car il sait pertinemment que le blindé, bien qu'immobilisé, est encore très dangereux et que les jets mortels de liquide enflammé va leur nuire tant qu'il ne sera pas totalement détruit. Pour la troisième fois, il franchit le mur avec cette fois-ci une charge creuse magnétique tripode *(Hollaftladung)*. Il parvient en rampant jusqu'au blindé anglais sur lequel il plaque la charge creuse. En reculant, il entend le bruit sourd de la charge qui est tombée par terre. Le magnétisme n'a pas l'air d'avoir fonctionné. N'écoutant que son courage et voulant toujours montrer l'exemple à ses hommes, il ramasse la charge creuse et la plaque avec son corps sur le char.

La charge creuse fait son office et, à l'intérieur du char, une longue flamme jaillit. Mais le vaillant *Unterscharführer* est une nouvelle fois blessé, il ne sent plus rien, allongé à côté du char qu'il vient enfin de mettre hors service. Celui-ci ne sera plus dangereux. L'*Unterscharführer* Förster le tire à l'abri. Emil demande une cigarette et également demande si le char est bien détruit. Il est allongé à l'abri d'un arbre, la poitrine encore rouge de sang qui avait inondé le bandage. Lentement, ses grands yeux bleus clignotent en observant ses camarades qui entourent leur valeureux et exemplaire chef de groupe. Tous sont silencieux. Sa main gauche s'accroche à l'herbe cherchant un appui, il murmure encore : *« Embrassez ma femme, ne vous souciez pas de moi et continuez le combat »,* puis il ferme les yeux après avoir poussé un dernier long soupir. Pour son courage, et à tire posthume, il sera fait chevalier de la Croix de Fer. Il repose maintenant au cimetière de La Cambe avec nombre de ses jeunes camarades.»

Seule photo connu de l'*Unterscharführer* Emil Dürr. Le montage avec la Croix de Chevalier est dû à Walter Ott.

Un autre exemple d'abnégation est celui de l'*Unterscharführer* **Eberhard Köpke** de la 1re compagnie du *SS-Pz-Gren.-Regiment 25*. Dès le **7 juin**, c'est en tant que *SS-Sturmmann* qu'il en détruit déjà deux.

Le **9 juillet**, il se trouve avec ses hommes près d'un champ d'avoine qui n'en a plus que le nom tellement il a été retourné. Une odeur de poudre et de brûlé envahit l'atmosphère. Il explique :

« En me rendant vers le PC en rampant, j'aperçois une énorme quantité de blindés de tous types, lourds aussi bien que légers, et de chenillettes. Je m'empare d'un panzerfaust mais, étant trop éloigné, je n'ajuste pas bien mon tir qui se perd. Un deuxième panzerfaust mettra fin aux destinés d'un Sherman. Je cours chercher un troisième panzerfaust au PC et, avec mon camarade Gerold, nous nous approchons à nouveau des blindés. Alors que je fais feu sur un autre char qui est lui aussi atteint par mon tir, j'entends gémir mon camarade qui vient de recevoir une balle dans le cou. Le deuxième peloton est presque entièrement calciné par un char lance-flammes. Deux autres sont au-dessus de notre tranchée. Schomer en détruit un avec une roquette de panzerschreck bien ajustée et je détruis le second avec un panzerfaust. Il ne reste plus grand monde en état de combattre dans notre 2e Peloton et nous nous réunissons pour faire front. De nouveaux chars arrivent jusqu'au talus de la voie ferrée. Là, avec un autre panzerfaust, je vais encore faire mouche sur l'un de ces chars. Il y a énormément de pertes de part et d'autre mais nous ne pouvons être suffisamment ravitaillés en armes,

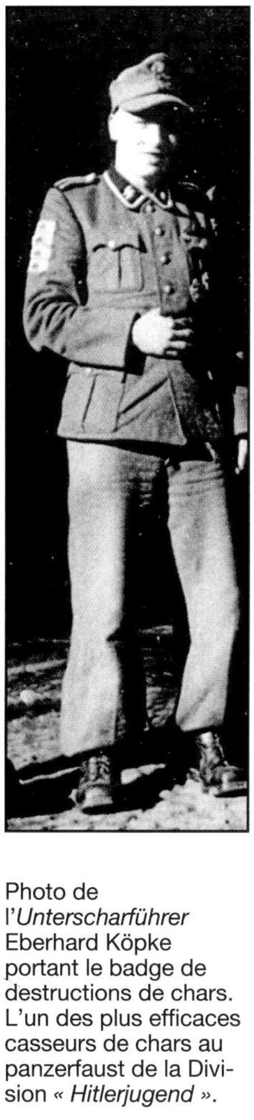

Photo de l'*Unterscharführer* Eberhard Köpke portant le badge de destructions de chars. L'un des plus efficaces casseurs de chars au panzerfaust de la Division *« Hitlerjugend »*.

notamment des panzerfaust, très efficaces dans la lutte contre les blindés, et surtout en personnel de remplacement.»

Eberhard Köpke est décédé le 1er août 1989.

Ces deux exemples sont symptomatiques de l'état d'esprit de ces jeunes et de leur âpreté au combat. Ils furent en partie la cause de la lenteur avec laquelle les alliés ont avancé en Normandie.

1. Photo de l'*Unterscharführer* Eberhard Köpke qui porte l'*EK I*, la *Nahkampfspange* et avec deux bandes de destructions de chars.

2. Diplôme d'attribution d'un badge de destruction de char à Eberhard Köpke le 9 octobre 1944.

3. Diplôme d'attribution de l'*EK I* à Eberhard Köpke.

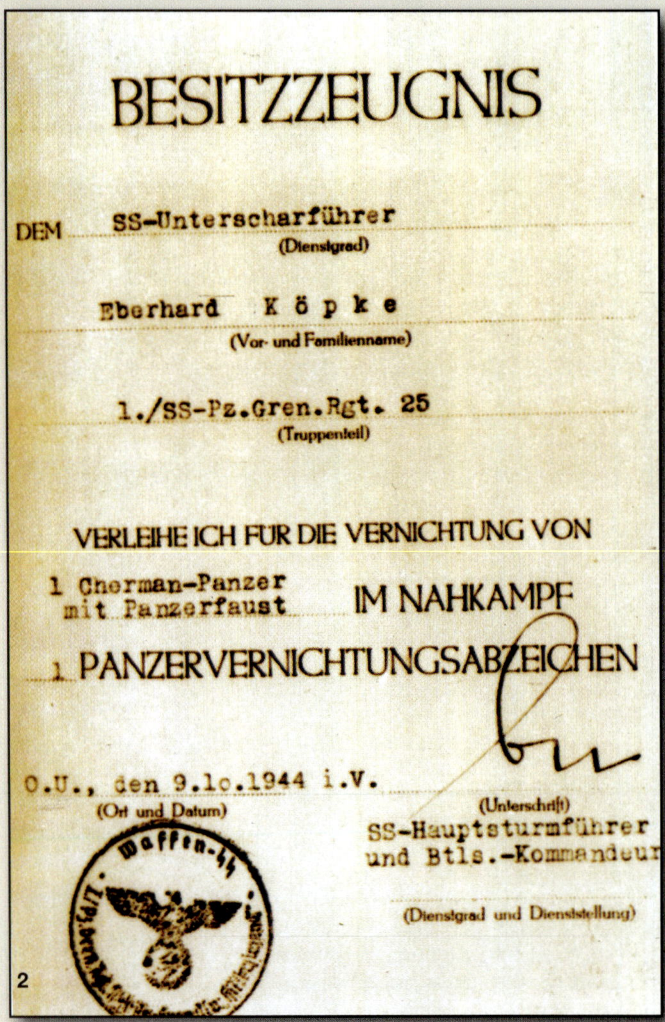

BESITZZEUGNIS

DEM SS-Unterscharführer
(Dienstgrad)

Eberhard K ö p k e
(Vor- und Familienname)

1./SS-Pz.Gren.Rgt. 25
(Truppenteil)

VERLEIHE ICH FÜR DIE VERNICHTUNG VON

1 Cherman-Panzer mit Panzerfaust IM NAHKAMPF

1 PANZERVERNICHTUNGSABZEICHEN

O.U., den 9.10.1944 i.V.
(Ort und Datum)

(Unterschrift)

SS-Hauptsturmführer
und Btls.-Kommandeur

(Dienstgrad und Dienststellung)

2

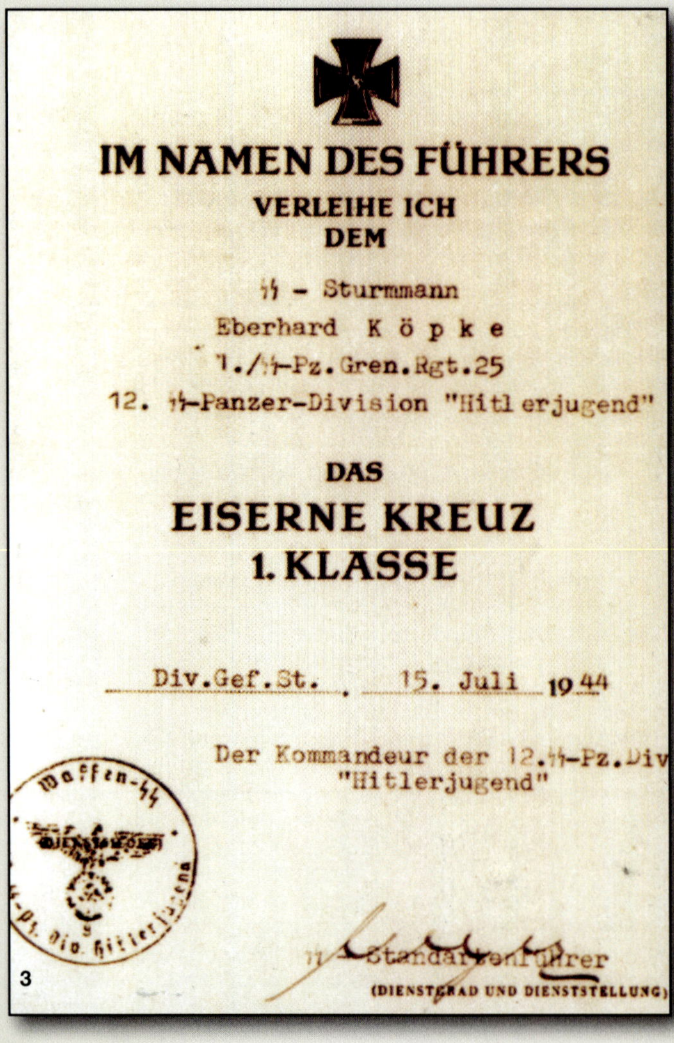

IM NAMEN DES FÜHRERS
VERLEIHE ICH
DEM

ϟϟ - Sturmmann
Eberhard K ö p k e
1./ϟϟ-Pz.Gren.Rgt.25
12. ϟϟ-Panzer-Division "Hitlerjugend"

DAS
EISERNE KREUZ
1. KLASSE

Div.Gef.St., 15. Juli 1944

Der Kommandeur der 12.ϟϟ-Pz.Div
"Hitlerjugend"

ϟϟ-Standartenführer
(DIENSTGRAD UND DIENSTSTELLUNG)

3

Achevé d'imprimer sur les presses de l'imprimerie de Champage (52 Langres)
en mars 2017 pour le compte des Editions Heimdal, Georges Bernage éditeur